最新改訂版　らくらく　あんしん

妊娠・出産

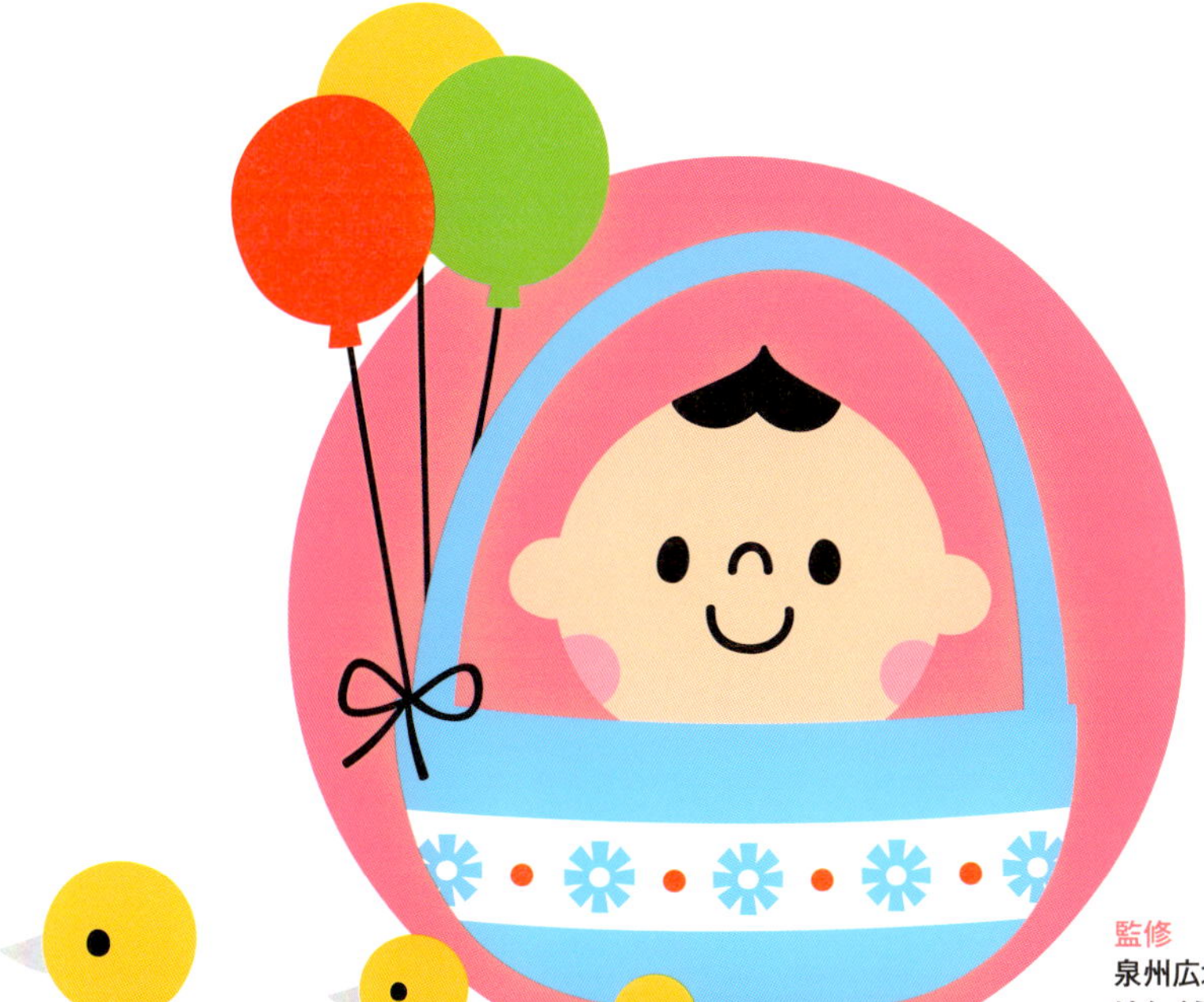

監修
泉州広域母子医療センター長 兼
りんくう総合医療センター産婦人科 部長
荻田和秀

Gakken

はじめに

この本を手にとってくださった妊婦さん、あるいはパートナーの方、ご妊娠おめでとうございます。

僕が好きな言葉のひとつに、「妊娠は子どもと出会うための命がけの旅」というものがあります。これは南米の先生がいっていた言葉で、インディオの言い伝えだそうです。産科医としての臨床経験からも、妊娠中やお産はいつ何が起こるかわからない、まさに命がけの旅だというのがぴったりだと思いますし、妊娠を旅にたとえたところも素晴らしい。妊娠は、出産に至るまでの10カ月の長い旅です。ママとパパ、ふたりで歩めば考え方の相違もあるでしょうし、トラブルもあるかもしれません。でも、そういったことも乗り越えて、赤ちゃんと出会うために進んでいってほしいと思います。

本書では、妊娠月数別に、ママの体やおなかの赤ちゃんにどんな変化が起こるのか、どのようなことに気をつけて過ごせばよいのかを紹介しています。

本書を読んでいただくことによって、みなさんの不安を安心に変える、肩の力を抜いて妊娠生活を送るお手伝いができればと思います。

みなさんのお産が素晴らしいものになりますようにと願っています。

監修

泉州広域母子医療センター長　兼

りんくう総合医療センター産婦人科 部長

荻《おぎ》田《た》和秀《かずひで》

泉州広域母子医療センター長、りんくう総合医療センター（大阪府泉佐野市）産婦人科部長。1966年、大阪府生まれ。香川医科大学卒業。大阪警察病院、大阪府立母子保健総合医療センター等を経て、大阪大学医学部博士課程修了。産科医にしてジャズピアニスト。「週刊モーニング」（講談社）の連載漫画「コウノドリ」の主人公・鴻鳥サクラのモデルとなった医師である。

らくらくあんしん

妊娠中の過ごし方 まるわかりガイド

はじめてママ&パパは知りたいことがいっぱい。
本書では、妊娠がわかってから出産までに必要な情報をまとめました。

妊娠中、これだけは押さえておきたい!

過ごし方 2 つのポイント

ママとおなかの赤ちゃんが安心して妊娠生活を送るために、守りたいことは次の2つです。

ポイント1 妊婦健診は必ず受けよう!

妊婦健診は、無事に赤ちゃんを出産できるように、出産まで定期的に行われる健康診断のこと。健診ではママの健康状態や、おなかの赤ちゃんの成長の様子などを確認します。

あんしん

健診を待たずに相談を

具合が悪いときや体調の異変を感じたときは、次の健診日を待たずに医師に電話で相談のうえ、受診するようにしましょう。

妊婦健診はこう活用!

ママやおなかの赤ちゃんのトラブルを早期発見!

妊婦健診を受けることで自覚症状のない病気もいち早く発見でき、治療や改善指導が受けられます。

疑問や心配ごとを解消!

妊婦健診には、食事や生活全般のアドバイスから、妊娠・出産・育児に対する不安や悩み相談まで含まれます。気がかりなことは遠慮せず相談しましょう。

ポイント2 食事や生活習慣を見直そう

妊娠中はママのおなかで赤ちゃんを育てる大切な時期です。食事や生活習慣に気を配り、体の調子を整えて出産にのぞみましょう。

妊娠中に心がけたい 6 つの健康習慣

(詳しくはp.82～83参照)

栄養バランスのよい食事

主食+主菜+副菜がそろった献立を意識しましょう。

1日3食を規則正しい時間に

規則正しく食事をとると、体重管理もしやすくなります。

適度な運動を習慣に

出産に必要な筋力や体力をつけるために、無理のない範囲で。

十分に睡眠をとり、疲れをためない

妊娠中は疲れやすくなっているので、無理をせず体を休めましょう。

体を冷やさない

体が冷えるとおなかが張りやすくなり、腰痛や便秘につながります。

ストレスをためない

妊娠中は体形の変化や出産・育児への不安もありますが、なるべくリラックスしておなかの赤ちゃんと過ごす期間を楽しみましょう。

らくらく

産後も役立つ!

妊娠中の健康的な食事や生活習慣は、産後、家族の健康を守ることにもつながります。

妊娠初期の過ごし方

ママの体が出産に向けて準備開始！

することリスト

- □ たばこやお酒をやめる
- □ 激しい運動を控える
- □ 新型コロナウイルスなどの感染症に注意する
- □ 薬の服用は医師に相談してから
- □ 葉酸を積極的に摂取する

妊娠1カ月（0～3週）

p.20～23

妊娠の可能性がある人は規則正しく健康的な生活を

妊娠1カ月はおなかに赤ちゃんが宿るまでの時期。まだママに自覚症状はありません。妊娠の可能性がある人は、規則正しい生活を心がけ、たばこやお酒は控えたり、葉酸を積極的に摂取したりするなど、できることをしましょう。

することリスト

- □ 産婦人科を受診する
- □ 出産する病産院を検討する
- □ 栄養バランスのよい食事を心がける
- □ 葉酸を摂取する
- □ 自己判断の薬の服用をやめる
- □ 感染症予防を心がける

妊娠2カ月（4～7週）

p.24～41

妊娠検査薬で陽性が出たら産婦人科へ

月経予定日の1週間ほど後を目安に妊娠検査薬を試し、陽性反応が出たら早めに産婦人科を受診。市販の妊娠検査薬は、子宮外妊娠や流産などでも陽性の反応が出るため、トラブルがないか調べるためにも早めに受診します。

することリスト

- □ 母子手帳を受け取る
- □ 里帰り出産を検討する
- □ 出産する病産院を決め、分娩予約を入れる
- □ 職場の上司に妊娠を報告する
- □ つわりの症状に合わせてらくな方法で過ごす

妊娠3カ月（8～11週）

p.42～59

超音波検査で心拍を確認 つわりはらくな過ごし方で対処を

つわりがひどく食事がきちんととれなくても、水分がしっかりとれていればひとまず大丈夫。いちばんらくな方法で乗り切りましょう。このころまでに超音波検査で心拍が確認できれば、初期流産の可能性は低くなります。

することリスト

- □ つわりが治まったら体重管理を始める
- □ 栄養バランスのよい食事を心がける
- □ マタニティ用のインナーやウエアを用意する

妊娠4カ月（12～15週）

p.60～71

体を締めつけないマタニティウエアを用意

つわりが治まり食欲が回復する人もいる時期。症状が落ち着いたら栄養バランスのとれた食事と体重管理を心がけましょう。体形も変化が見え始めるころ。体を締めつけないマタニティインナーやウエアに切り替えましょう。

妊娠中期の過ごし方

妊娠中、心身ともに最も安定するとき

妊娠5カ月（16～19週）

p.74～89

するこ とリスト

- ☐ 両親学級の日程を調べて、できるだけ参加する
- ☐ 歯科検診を受診する
- ☐ 医師の許可があれば適度な運動を始める
- ☐ 栄養バランスのよい食事をとる
- ☐ 体重管理をする

ママとパパでいっしょに両親学級に参加しよう

この時期に行われることが多い両親学級では、妊娠中の過ごし方や出産の進み方、産後の赤ちゃんのお世話などについて学びます。栄養バランスのよい食事や適度な運動、十分な睡眠を心がけ、規則正しい生活を。

妊娠6カ月（20～23週）

p.90～105

することリスト

- ☐ 適度な運動を習慣にする
- ☐ 便秘や腰痛などのマイナートラブルが増える時期なので予防や対策をする
- ☐ 栄養バランスのよい食事をとる
- ☐ 体重管理をする

適度な運動でマイナートラブル改善

妊娠経過に問題がなければ、ウオーキングや自宅でできるエクササイズ、マタニティヨガなど、適度な運動を習慣に。出産時や産後の赤ちゃんのお世話のための体力作りになりますし、便秘改善や腰痛予防、気分転換にもなります。

妊娠7カ月（24～27週）

p.106～115

することリスト

- ☐ 栄養バランスのよい食事をとる
- ☐ 体重管理をする
- ☐ 適度な運動を習慣にする
- ☐ 便秘や腰痛などマイナートラブルが増える時期なので予防や対策をする
- ☐ ベビーグッズや赤ちゃんスペースを準備する

体調が安定していても早産には注意

おなかがせり出し、腰や背中への負担も大きくなるこの時期。早産に気をつけます。妊婦健診で早産が予測される症状が発見されることも多いので、必ず受診しましょう。体調が安定しているからと油断して動きすぎないように。

全国のママ&パパの妊娠生活

p.72、116、166

他のママやパパの様子も参考にしよう

「この時期にこれをしておいてよかった」「体調に合わせて妊娠中に楽しんだこと」「どんなお産だったか」……先輩ママ＆パパたちの様子も参考にして、自分の妊娠生活に役立てたり、出産のイメージをふくらませましょう。

妊娠後期の過ごし方

体がお産の準備に入る時期

妊娠8カ月（28～31週）

p.118～131

することリスト

- □ 栄養バランスのよい食事をとる
- □ 体重管理をする
- □ 適度な運動を習慣にする
- □ ベビーグッズや赤ちゃんスペースを準備する
- □ **入院グッズを準備する**
- □ **バースプランを立てる**

妊娠後期に起こりがちなトラブルに注意しよう

妊娠後期に入ると急激に体重が増えるママも多いです。妊娠合併症のリスクが高まったり、微弱陣痛の原因になったりします。体重管理に気を配るとともに、妊婦健診はきちんと受診して予防や早期発見に努めましょう。

妊娠9カ月（32～35週）

p.132～143

することリスト

- □ 栄養バランスのよい食事をとる
- □ 体重管理をする
- □ 適度な運動を習慣にする
- □ ベビーグッズや赤ちゃんスペース、入院グッズの最終確認をする
- □ **出産の流れをイメージしておく**
- □ **出生届など産後の手続きを確認する**
- □ **内祝いや出産報告はがきを準備する**

出産のイメージトレーニングをしておこう

入院の準備の他、出産当日の流れをイメージしておくと、落ち着いてお産を迎えられるでしょう。おなかが大きくなり寝つきが悪くなることもありますが、横向きに寝るなど、らくな姿勢を探して眠るようにしましょう。

妊娠10カ月（36～39週）

p.144～165

することリスト

- □ 栄養バランスのよい食事をとる
- □ 体重管理をする
- □ 適度な運動を習慣にする
- □ **出産が始まるサインを知っておく**
- □ **出産の流れをイメージしておく**
- □ **入院時の交通手段を確認しておく**

出産が始まるサインを見逃さない

いつお産が始まってもおかしくないので遠出は控え、規則的な陣痛や破水など、出産が始まるサインが見られたら病産院へすぐ連絡を。陣痛が始まったら分娩までできるだけリラックスして、呼吸法を意識しながら過ごしましょう。

産後1カ月の過ごし方

p.168～189

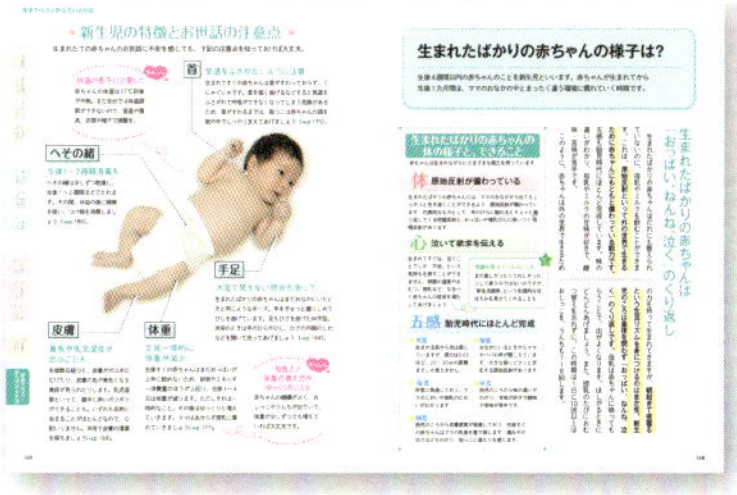
新生児の特徴とお世話の注意点

生まれたばかりの赤ちゃんの様子は?

赤ちゃんのお世話に少しずつ慣れよう

生まれたばかりの赤ちゃんは昼夜なく「おっぱい、ねんね、泣く」のくり返し。少しずつお世話に慣れましょう。産後はママの体の回復にとっても大事な時期。赤ちゃんが寝たときにいっしょに休むなど、無理をしないようにします。

らくらくあんしん

妊娠中の気になること まるわかりガイド

はじめての妊娠・出産は、だれでもわからないことだらけ。情報はあふれているものの、どうすればよいのかわからなくて困ることも。気になることをテーマ別に紹介します。

気になること 1

どこで、どのように産む？

出産の方法や場所を詳しく知ろう！

妊娠したら、まず考えるのが出産方法や出産する施設。ママとおなかの赤ちゃんが安心して出産にのぞむためにも、妊娠がわかったらいちばんにチェックして検討開始！　新型コロナウイルス感染症の流行中は出産の方法や施設の選択肢に制限があることも。早めの分娩予約がおすすめです。

ここをチェック！

どこで、どのように出産する？ ➡p.36

出産のイメージをふくらませよう ➡p.124

気になること 2

仕事、お金……これからの生活のことが気になる！

妊娠中の仕事やお金、準備品をチェック

働くママは、妊娠がわかるとまず仕事のことが気になるはず。また、妊娠・出産は基本的に健康保険がきかないため、妊婦健診や出産費用などにお金がかかります。ベビーグッズなど赤ちゃんを迎える準備も必要です。そんな生活の変化にどう対応するか考えておきましょう。

ここをチェック！

妊娠中から産後の仕事と保育園 ➡p.50

妊娠中の下着や服の選び方 ➡p.68

赤ちゃんを迎える準備をしよう ➡p.112

出産の入院準備をしよう ➡p.138

妊娠・出産で受けられるお金のこと ➡p.140

気になること 3

妊娠中だからしかたない？

マイナートラブルや美容の気がかり、解消したい

便秘や腰痛などのマイナートラブルや、髪質の変化、妊娠線といった美容の悩み……妊娠したからしかたないとあきらめないで。妊娠中も笑顔で過ごすことが大切！　気になるマイナートラブルや美容の悩みの解消法を知っておきましょう。

ここをチェック！

妊娠中のボディケア・ヘアケア ➡p.86

マイナートラブル解消法 ➡p.96

気になること

4 おなかの赤ちゃんの様子が気になる!

妊娠中のトラブルを知っておこう

無事にお産を迎えられるよう、妊娠中に起こる可能性のあるトラブルについて、ひととおり頭に入れておきましょう。この本では予防策や治療法も紹介しています。むやみに不安にならないように、また、万が一のときにあわてないように、正しい知識を持つことが大切です。

ここをチェック!

「妊娠中の薬」について知ろう ➡p.38
ママと赤ちゃんの心配ごと(妊娠初期) ➡p.40
つらいつわりを乗り切るには ➡p.48
妊娠中は感染症予防を心がけて ➡p.52
ケース別 妊娠生活のポイント ➡p.56
妊娠中に気をつけたい病気 ➡p.100
ママと赤ちゃんの心配ごと(妊娠中期) ➡p.104
逆子の気がかりを解消しよう ➡p.128
ママと赤ちゃんの心配ごと(妊娠後期) ➡p.130

気になること

5 お産はどうやって始まる?

お産が始まるサインと流れを知ろう

お産の始まりにはどんなサインがある? 出産はどのように進むの? はじめての出産はわからないことばかり。陣痛の始まりから赤ちゃん誕生まで、知識があるのとないのとでは、不安や緊張の度合いが違います。出産にのぞむ前にイメージトレーニングをして、心の準備をしましょう。

ここをチェック!

出産が始まるサインを覚えておこう ➡p.150
出産の流れ(進み方)を知ろう ➡p.152
陣痛から出産までを知ろう ➡p.154
出産がスムーズに進まないとき ➡p.160
帝王切開で出産するとき ➡p.164

気になること

6 赤ちゃんのお世話、どうやるの?

少しずつお世話に慣れよう!

抱っこや授乳のしかた、おむつの替え方に沐浴……はじめての育児はわからないことだらけ。産後すぐは、ママの体調の変化もあり、赤ちゃんのお世話が大変な時期。「ここを押さえておけばOK」なポイントを知り、がんばりすぎず少しずつお世話に慣れていきましょう。

ここをチェック!

生まれたばかりの赤ちゃんの様子は? ➡p.168
産後のママの体と心の変化を知ろう ➡p.170
退院後の育児に少しずつ慣れよう ➡p.172
赤ちゃんのお世話をマスター! ➡p.174
赤ちゃんが生まれた後にすること ➡p.188

らくらくあんしん

妊娠・出産の最新トピックス

まるわかりガイド

はじめての妊娠・出産にのぞむママ&パパを取り巻く環境は、時代とともに変化しています。安心して妊娠生活を送り、無事に出産を迎えられるよう、最新事情をチェックしておきましょう。

出産施設によって対応が異なるので事前によく確認しよう

働くママや高年初産のママが増え、家族のあり方が多様化するにつれて、妊娠・出産についての考え方も変わりつつあります。とくに新型コロナウイルスの流行にともなって、妊娠中に気をつけなくてはならないこと、出産時にできなくなったことも増えました。

出産施設によっては、感染症対策の観点から、健診の付き添いや出産の立ち会い、入院中の面会などを制限している場合があります。また、厚生労働省が、新型コロナウイルスの流行中は、基本的に住んでいる地域での出産をお願いしているため、里帰り出産をしない決断をする人も。そのほか、自治体や出産施設で開催される両親学級なども、人数制限が設けられたり、オンライン開催に切り替えられたりするなどの傾向があります。

妊娠がわかったら、どこで、どのような出産をしたいのか、家族でよく話し合い、早めに下調べを始めましょう。出産施設によって対応はさまざまなので事前によく確認するとよいでしょう。また、日ごろから手洗いや消毒を徹底する、3つの「密」を避けるなどの感染症対策は万全にしてください。

トピック1

感染症対策を踏まえた妊娠生活&出産計画を

自治体の産後ケアサービスなども上手に活用して

新型コロナウイルスの感染拡大により、妊娠中の過ごし方や、出産施設の対応にさまざまな変化がありました。

厚生労働省の発表によると、新型コロナウイルスにかぎらず、妊婦さんが呼吸器感染症にかかった場合、妊娠していない女性よりも重症化する可能性があるとされています。この傾向は、とくに妊娠後期において顕著になるようです。そのほか、高年齢での妊娠、肥満、高血圧、糖尿病なども重症化のリスク因子になり得るという報告もあります。妊娠中は、ふだんにも増して感染症対策の徹底を。

また、自治体や出産施設の対応にも変化があります。感染流行中は、里帰り出産ができないことも。実家から遠く離れて生活している人は、里帰りしない場合、自治体の産後ケアサービスを利用するなど、ひとりでがんばりすぎず、上手にまわりに頼るようにしましょう。

出産時の注意点は…?

入院の際には、感染症予防のためにマスクを持参することを忘れずに。また、新型コロナウイルスの流行中は、立ち会い出産や入院中の面会に制限が設けられていることがあります。できるだけ希望どおりのお産ができるよう、医師や助産師に相談しながら出産計画を立てましょう。入院中は、少しでも不安をやわらげ、赤ちゃんが誕生する喜びを家族で共有できるよう、ビデオ通話などを活用して、コミュニケーションをとるとよいでしょう。

妊娠中の過ごし方は…?

妊娠がわかったら、どこでどのようなお産がしたいのかを考え、医師や助産師とも相談しながら、早めに出産施設のリサーチをして、分娩予約を入れましょう。また、日ごろから手洗いや消毒を徹底し、3つの「密」を避けるなど、できるかぎりの感染症対策をすることも忘れずに。両親学級に参加できなかった場合は、妊娠中の過ごし方や出産の進み方、産後の赤ちゃんのお世話の方法などのオンライン講座を受講してみてもよいでしょう。

赤ちゃんのお世話は…?

新型コロナウイルスが流行している間は、赤ちゃんがいる家庭では感染症対策を徹底すること。何よりも家族がウイルスを家の中に持ち込まないことが第一です。赤ちゃん自身はマスクなどで自衛することができませんから、とにかくママとパパがきっちりとできるかぎりの対策をしましょう。3つの「密」を避け、こまめに手洗いや消毒をすることはもちろん、1人で外出したあとはお風呂に入って着替えてから赤ちゃんに触れるようにすると安心。

トピック2 産休・育休制度を活用しよう

産前・産後休業

出産するすべての人が取得できる

労働基準法で定められた産前6週間（多胎の場合14週間前）、産後8週間に取得できる休業のこと。出産前後の母体保護の観点から定められています。無給のことが多いですが、健康保険から出産手当金を受け取ることができます。

育児休業

子どもを育てるために休業できる制度

育児・介護休業法に基づく休業制度のことで、原則として1歳に満たない子どもを養育する従業員が勤務先に申し出ることで取得できます。雇用期間などいくつかの要件があるものの、性別にかかわらず取得することが可能です。

パートナーと話し合ってワークライフバランスを

働いている人は、出産後の働き方について早い段階から考えておきましょう。子育ては、みんなでするものです。働くママとパパがどのような育児をするのか、お互いの働き方について、パートナーとよく話し合っておきましょう。

また、母子ともに健康に出産の日を迎えるために、妊娠中に無理は禁物です。とくに新型コロナウイルスの流行中は、リモートワークや時差通勤などの制度も利用しながら、体調を最優先に過ごすことを心がけてください。

トピック3 高年初産のママが知っておきたいこと

メリットとリスク両方を頭に入れておこう

近年、晩産化しているといわれています。高年妊娠、高年初産の場合、妊娠中や出産時にトラブルが起こる確率が少しだけ高くなることを頭に入れておきましょう（→p.57）。高年齢での妊娠が、新型コロナウイルスの重症化のリスク因子になり得るという報告もあります。いっぽう、社会経験が豊富な高年初産のママならではのメリットも。比較的落ちついて出産にのぞむことができ、余裕をもって子育てができるということもあります。

こんなとき
どうする…？

ウィズコロナ時代の妊娠・出産Q&A

Q 妊娠中に新型コロナウイルスに感染してしまったら…？

A 母子感染のリスクは低いと考えられている

厚生労働省の見解によると、いまのところ、新型コロナウイルスの胎内感染は、ごくまれとされています。また、ウイルスが原因で、おなかの赤ちゃんにトラブルが起きる可能性も低いと考えられています。ただし、アメリカでは、妊娠中に感染した場合、早産になりやすいという報告も。状況は日々変化していますから、氾濫する情報に惑わされず、医師に相談しましょう。

Q 出産後、赤ちゃんとパパはいつ対面できる？

A 出産施設によって対応が異なる

出産の喜びは、家族と一緒に分かち合いたいところですが、新型コロナウイルスの流行中は、分娩の立ち会いや入院中の面会を制限する病産院もあります。感染の流行状況によっても対応は変わると思われますが、出産施設選びの際に確認しておくとよいでしょう。退院まで赤ちゃんとの対面ができない場合も、ビデオ通話などを活用するとよいでしょう。

Q 妊娠中の運動不足を解消するには？

A 自治体などが主催するオンラインサービスの活用を

妊娠中の適度な運動は、体重管理にも、ストレス解消にも役立ちます。感染症予防のためには、不要不急の外出は控えたいところですが、運動不足にならないよう、家のなかでできるエクササイズやヨガなどにチャレンジするとよいでしょう。病産院や自治体が、マタニティヨガなどのオンライン講座を開催している場合もあります。

Q 妊婦健診をキャンセルしてもよい？

A かかりつけ医と相談しながら必要な検査を受けて

妊婦健診は、ママと赤ちゃんの健康を守るために必要なもの。自己判断でキャンセルせず、医師の方針に従いましょう。新型コロナウイルスの流行中は、健診の回数を最低限に減らす病産院もあるようです。また、自身が感染したり濃厚接触者になったりして、健診を受けられなかったときは、医師に相談のうえ、必要な検査を受けましょう。

妊娠月数別に
よくわかる

最新改訂版 らくらく あんしん 妊娠・出産

この本の使い方

本書では、はじめてママとパパがらくらく・あんしんな気持ちで妊娠生活を送り、出産を迎えられるように、知っておきたい情報をわかりやすく丁寧に解説しています。まずは、この本の使い方のポイントをご紹介。

2ステップでよくわかる! 妊娠中の過ごし方

忙しいママ&パパも、じっくり読みたいママ&パパも、必要な情報がすぐに手に入ります。

まずはここをチェック!

ステップ1

妊娠月数別に情報を掲載

妊娠月数ごとに知っておきたい「ママの体の変化」「赤ちゃんの様子」「この時期の過ごし方」など、最低限知っておきたいことをまとめました。ひと月につき6ページ。詳しくは左ページで紹介しています。

妊娠中を「らくらく」「あんしん」に過ごすポイントを紹介しています

らくらく　肩の力を抜いて妊娠生活を送るために知っておくとよいポイントを紹介。

あんしん　ママとおなかの赤ちゃんが安心して出産を迎えるために押さえておきたいポイントを紹介。

時間がないときは、見出しと本文マーカー部分だけチェックすれば、ひとまず大事なポイントがわかります。

もっと詳しく知りたい人は

ステップ2

テーマごとに情報をまとめて詳しく紹介

「つわりがつらいけどどうしたらいい?」「出産する場所はどうやって決める?」など、新米ママ&パパが知りたい情報をテーマごとにまとめて詳しく紹介。

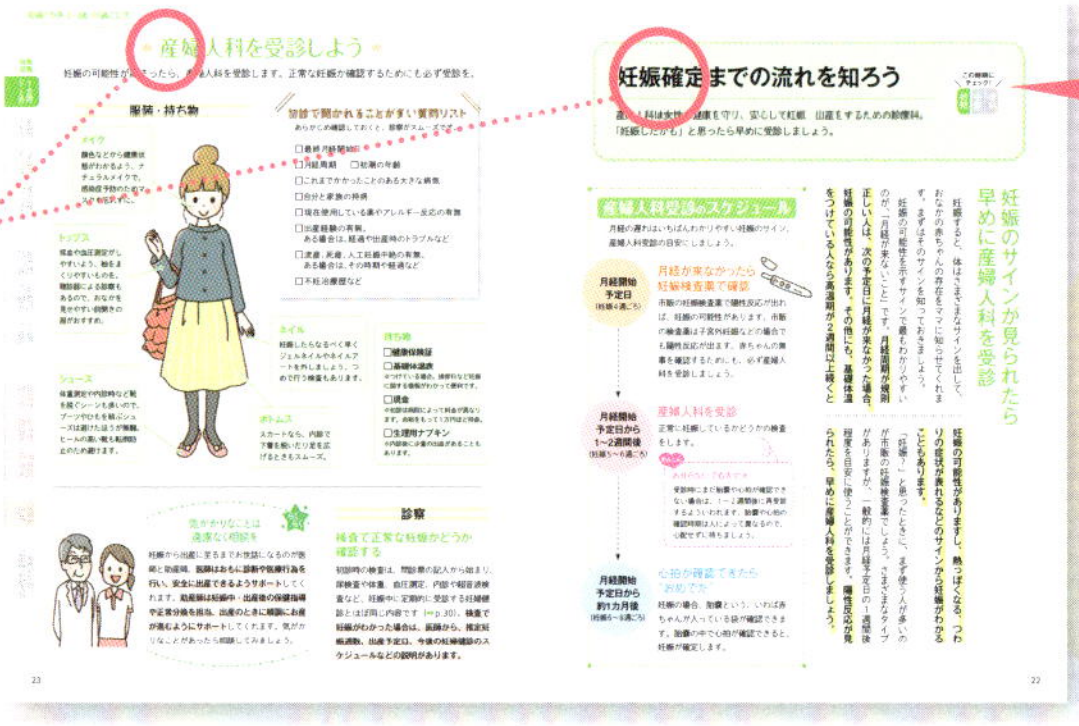

この時期にチェック!
初期　中期　後期

妊娠中、いつ読むべきかがすぐわかる!

妊娠中のどの時期に確認しておきたい内容かがわかります。これは妊娠初期のママ・パパ向きのページです。

妊娠月数別に知っておきたい情報が詳しくわかる！

食事や生活の注意点など、時期によって異なる過ごし方のポイントを詳しく紹介しています。

妊娠2ヵ月（4〜7週）

パパができること

妊娠中、パパがおなかの赤ちゃんやママに対してできることを紹介します。

この時期の過ごし方

何に気をつけたらよいのか、何をやっておいたらよいのか、妊娠中の過ごし方のポイントを掲載しています。

ママの体の変化&赤ちゃんの様子

その時期、ママの体に表れる変化やおなかの赤ちゃんの成長がわかります。

体調の変化に注意して過ごそう
4週
5週
6週
7週
不安定な妊娠初期。無理は禁物
この時期のすることリスト

週数別生活ポイント

生活上の注意点やその時期にやっておきたいことなどを、週数別にさらに詳しく紹介しています。

することリスト

その時期にしておきたいことをわかりやすくチェックリストにまとめました。もれがないように確認しましょう。

ドクター荻田のアドバイス

産婦人科医の荻田和秀先生からの、妊娠中の過ごし方についてのアドバイスやメッセージを掲載しています。

妊娠2カ月の気がかりなことQ&A
ビタミンB群を積極的に摂取

気がかりなことQ&A

はじめての妊娠・出産は気になることがいっぱい。その時期によくある疑問に答えます。気がかりなことや不安はここでスッキリ解消しましょう。

知っておきたいこと

その時期に注意しておきたい病気や、知っておくとらくらく・あんしんして妊娠生活が過ごせる情報をご紹介。

食事ポイント

妊娠中は、ママと赤ちゃんの健康を考えた食事をとることが大事。その時期に心がけたい食事のポイントを紹介しています。少しずつ無理なく理想的な食事に近づける情報がいっぱい！

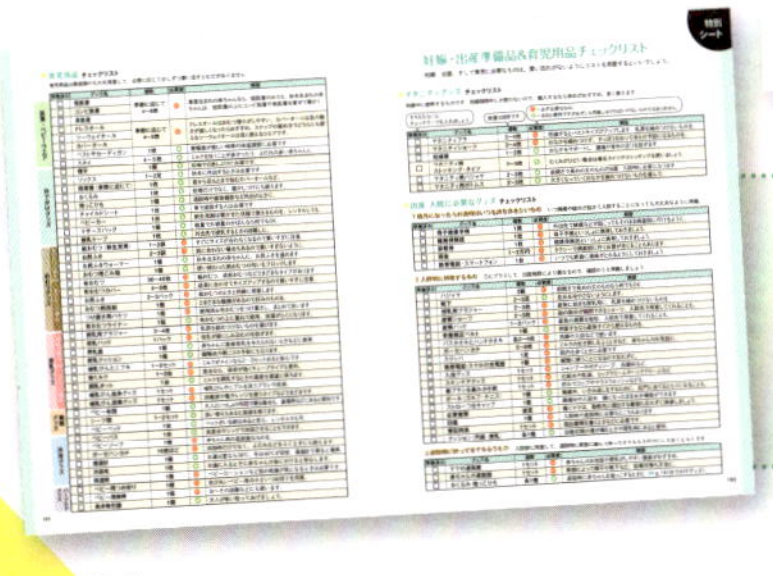
妊娠・出産準備品&育児用品チェックリスト

妊娠・出産準備品&育児用品チェックリスト

巻末にはマタニティグッズやベビーグッズを準備するときに使えるチェックリストを掲載。

最新改訂版 らくらく あんしん 妊娠・出産

CONTENTS

らくらく あんしん 妊娠中期

らくらく あんしん 妊娠後期

らくらく あんしん 妊娠初期

はじめての妊娠は、赤ちゃんができた喜びとともに、わからないことも多く、不安に感じるときもあるでしょう。妊娠を希望する人が気をつけたい生活面の注意点や、妊娠がわかったら知っておきたいことを、妊娠月数別に紹介していきます。

妊娠1カ月（0～3週）

妊娠を希望する人は健康的な生活を

妊娠を望む人や可能性がある人は、積極的に葉酸を摂取したり、たばこやお酒を控えたりするなど、いつも以上に体調管理に気をつけ、規則正しい生活や食事を心がけましょう。妊娠がわかってから慌てなくてすみます。

「妊娠1カ月」は赤ちゃんを育む準備期間

妊娠1カ月（0～3週）は、おなかに赤ちゃんが宿るまでの時期。妊娠週数は**最終月経開始日を0週0日**として数えます。赤ちゃんが宿る――つまり、パパの精子とママの卵子が出会って**受精するときを妊娠2週ごろと数えます。受精卵が着床して妊娠が成立するのは妊娠3週ごろ**になります（詳しくは左ページ）。

なお、受精卵が着床するときに、月経様出血といっておりもののような出血が1～2日続くこともありますが、とくに心配はいりません。

ママの体の変化と赤ちゃんの様子

＊この時期のママは、妊娠の自覚症状はありません。

＊おなかの赤ちゃんは、妊娠3週末ごろでわずか約1㎜です。

＊おなかの赤ちゃんは、まだ「胎児」ではなく「胎《たい》芽《が》」と呼ばれ、「胎嚢《たいのう》」という袋に入っています。

妊娠の可能性がある人　気をつけることリスト

☐ **たばこやお酒をやめる**（➡p.28）

赤ちゃんの成長に悪影響を及ぼす危険があります。

☐ **激しい運動を控える**

妊娠初期は不安定な時期で流産しやすいので、ランニングなど心拍数が上がるような強度の運動は避けます。

☐ **新型コロナウイルスや風邪など感染症に注意する**（➡p.52）

感染症の中には、おなかの赤ちゃんに影響を及ぼすものも。妊娠中は免疫力が低下して感染症にかかりやすいので注意します。

☐ **薬の服用は医師に相談してから**（➡p.38）

おなかの赤ちゃんに影響を及ぼす可能性もあるので、妊娠を希望する人や可能性のある人は慎重に。

☐ **葉酸を積極的に摂取する**

おなかの赤ちゃんの先天性の障害である神経管閉鎖障害（右記参照）のリスクを減らすといわれています。

知っておこう！

妊娠を希望する人は葉酸摂取を

葉酸とは、ビタミンB群の一種。おなかの赤ちゃんの脳や脊髄《せきずい》の発達異常である、**神経管閉鎖障害のリスクを減らすことができます。**妊娠1カ月以上前から妊娠後期にかけて、積極的に摂取したい栄養素です。

あんしん　サプリメントの活用も

厚生労働省は、妊娠初期の目標摂取量として、食事以外にサプリメントで400μg《マイクログラム》の葉酸の摂取を推奨しています。サプリメントは食品よりも体内に吸収されやすいため、1日640μgの摂取量を守りましょう。

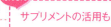

出産予定日の計算の仕方

※0週は0週0日～0週6日まで、7日目は1週0日となります。
※母子健康手帳では「○w○d」と表記する場合もあります。wは週数、dは日数を表します。

	月数	週数
初期	1カ月	0 1 2 3
初期	2カ月	4 5 6 7
初期	3カ月	8 9 10 11
初期	4カ月	12 13 14 15
中期	5カ月	16 17 18 19
中期	6カ月	20 21 22 23
中期	7カ月	24 25 26 27
後期	8カ月	28 29 30 31
後期	9カ月	32 33 34 35
後期	10カ月	36 37 38 39
		40

0週0日
最終月経開始日を0週0日と数え、カウント開始。

4週0日
月経周期が28日の人は、次の月経開始予定日はすでに4週を迎えている計算に。

9～10週ごろ
主治医が赤ちゃんの大きさを計測し、9～10週ごろまでにより正確な出産の予定日を算出します。

16週ごろ
胎盤が完成。

22週0日～
ここからの出産は早産となり、流産と区別されます。

36週0日～
「臨月」は36週から。もうすぐ出産という意味です。

37週0日～41週6日
妊娠37週から41週の間は分娩経過や母子にリスクが少ない「正産期」。

40週0日
出産予定日。過去の統計で最も出産が多いと割り出された日数ですが、あくまでも目安と考えて。

ママのおなかに赤ちゃんが宿るまで

スタート！
排卵
月経開始から約2週間後、1個の卵子が卵巣から放出されます。**この排卵後、卵子は24時間未満しか生存できません。この間に精子と出会わないと、妊娠が成立しないのです。**

スタート！
精子が卵子を目指す
射精で数億もの精子が放出されますが、その生存は数日という短い期間。さらに膣《ちつ》内は強い酸性なので多くが死滅します。**厳しい環境の中、精子は卵子を目指します。**

受精
たどり着いた精子のうちたったひとつが卵子にもぐり込み、受精卵ができます。受精卵は約1週間かけて細胞分裂をくり返しながら、子宮を目指します。

ゴール！
着床
受精卵は子宮の中で、これから育つ場所（子宮内膜）を探してもぐり込みます。これを着床といいます。こうして妊娠が成立します。

おなかの赤ちゃんが過ごすのはこんなところ！

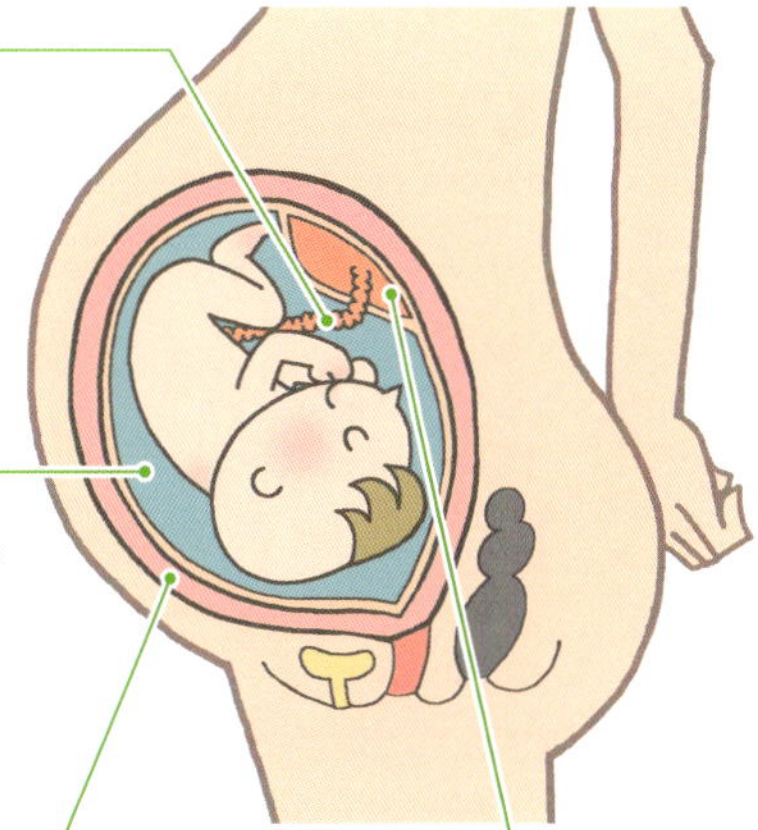

へその緒
へその緒（臍帯《さいたい》）は長さ約40～60cm。**胎盤と赤ちゃんをつなぎ、**栄養や酸素、老廃物や二酸化炭素を運びます。

羊水
ほとんど透明で弱アルカリ性、薄い塩味の羊水が子宮に満たされています。

子宮
妊娠前は鶏卵くらいのサイズですが、**妊娠後期には直径30cm以上に。**

胎盤《たいばん》
おなかの赤ちゃんが成長するために**必要な栄養や酸素を届け、不要な老廃物や二酸化炭素をママの体に送り出します。**

妊娠確定までの流れを知ろう

この時期にチェック！
初期 中期 後期

産婦人科は女性の健康を守り、安心して妊娠・出産をするための診療科。
「妊娠したかも」と思ったら早めに受診しましょう。

妊娠のサインが見られたら早めに産婦人科を受診

妊娠すると、体はさまざまなサインを出して、おなかの赤ちゃんの存在をママに知らせてくれます。まずはそのサインを知っておきましょう。

妊娠の可能性を示すサインで最もわかりやすいのが、「月経が来ないこと」です。**月経周期が規則正しい人は、次の予定日に月経が来なかった場合、妊娠の可能性があります。その他にも、基礎体温をつけている人なら高温期が2週間以上続くと妊娠の可能性がありますし、熱っぽくなる、つわりの症状が表れるなどのサインから妊娠がわかることもあります。**

「妊娠？」と思ったときに、まず使う人が多いのが市販の妊娠検査薬でしょう。さまざまなタイプがありますが、一般的には月経予定日の1週間後程度を目安に使うことができます。**陽性反応が見られたら、早めに産婦人科を受診しましょう。**

産婦人科受診のスケジュール

月経の遅れはいちばんわかりやすい妊娠のサイン。
産婦人科受診の目安にしましょう。

月経開始予定日
(妊娠４週ごろ)

月経が来なかったら妊娠検査薬で確認

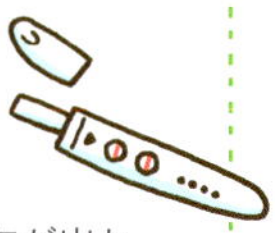

市販の妊娠検査薬で陽性反応が出れば、妊娠の可能性があります。市販の検査薬は子宮外妊娠などの場合でも陽性反応が出ます。赤ちゃんの無事を確認するためにも、必ず産婦人科を受診しましょう。

月経開始予定日から1〜2週間後
(妊娠５〜６週ごろ)

産婦人科を受診

正常に妊娠しているかどうかの検査をします。

あんしん

あせらないでも大丈夫

受診時にまだ胎嚢《たいのう》や心拍が確認できない場合は、１〜２週間後に再受診するよういわれます。胎嚢や心拍の確認時期は人によって異なるので、心配せずに待ちましょう。

月経開始予定日から約1カ月後
(妊娠6〜8週ごろ)

心拍が確認できたら“おめでた”

妊娠の場合、胎嚢という、いわば赤ちゃんが入っている袋が確認できます。胎嚢の中で心拍が確認できると、妊娠が確定します。

妊娠初期
1カ月（0-3週）
2カ月（4-7週）
3カ月（8-11週）
4カ月（12-15週）
妊娠中期
5カ月（16-19週）
6カ月（20-23週）
7カ月（24-27週）
妊娠後期
8カ月（28-31週）
9カ月（32-35週）
10カ月（36-39週）
出産の流れ
産後の生活と新生児のお世話

産婦人科を受診しよう

妊娠の可能性が高まったら、産婦人科を受診します。正常な妊娠か確認するためにも必ず受診を。

服装・持ち物

メイク
顔色などから健康状態がわかるよう、ナチュラルメイクで。感染症予防のためマスクも忘れずに。

トップス
採血や血圧測定がしやすいよう、袖をまくりやすいものを。聴診器による診察もあるので、おなかを見せやすい前開きの服がおすすめ。

シューズ
体重測定や内診時など靴を脱ぐシーンも多いので、ブーツやひもを結ぶシューズは避けたほうが無難。ヒールの高い靴も転倒防止のため避けます。

ネイル
妊娠したらなるべく早くジェルネイルやネイルアートを外しましょう。つめで行う検査もあります。

ボトムス
スカートなら、内診で下着を脱いだり足を広げるときもスムーズ。

持ち物
- □健康保険証
- □基礎体温表
  ※つけている場合。排卵日など妊娠に関する情報がわかって便利です。
- □現金
  ※初診は病院によって料金が異なります。余裕をもって1万円ほど持参。
- □生理用ナプキン
  ※内診後に少量の出血があることもあります。

初診で聞かれることが多い質問リスト

あらかじめ確認しておくと、診察がスムーズです。

- □最終月経開始日
- □月経周期　□初潮の年齢
- □これまでかかったことのある大きな病気
- □自分と家族の持病
- □現在使用している薬やアレルギー反応の有無
- □出産経験の有無。
  ある場合は、経過や出産時のトラブルなど
- □流産、死産、人工妊娠中絶の有無。
  ある場合は、その時期や経過など
- □不妊治療歴など

らくらく

気がかりなことは遠慮なく相談を

妊娠から出産に至るまでお世話になるのが医師と助産師。**医師はおもに診断や医療行為を行い、安全に出産できるようサポート**してくれます。**助産師は妊娠中・出産後の保健指導や正常分娩を担当、出産のときに順調にお産が進むようにサポート**してくれます。気がかりなことがあったら相談してみましょう。

診察

検査で正常な妊娠かどうか確認する

初診時の検査は、問診票の記入から始まり、尿検査や体重、血圧測定、内診や超音波検査など、妊娠中に定期的に受診する妊婦健診とほぼ同じ内容です（➡p.30）。**検査で妊娠がわかった場合は、医師から、推定妊娠週数、出産予定日、今後の妊婦健診のスケジュールなどの説明があります。**

妊娠 2カ月（4〜7週）

もしかして妊娠? 小さな命の誕生に気づくころ

「月経が来ない」「熱っぽくて風邪かと思っていた…」。多くの人は、そうしたサインで妊娠に気づくようです。おなかの中では着実に新しい命が育っています。あらかじめ妊娠についての知識を得ておけば、安心して日常生活を送れます。

ママの体の変化

月経の遅れや体調の変化が現れる

この時期、子宮の中では赤ちゃんがぐんぐん成長していますが、**ママのおなかの大きさは妊娠前と変わりません。** ママの体調の変化としては、下に挙げる以外にも、**便秘がちになったり、トイレが近くなったりするなど、不快な症状が出てくることもあります。**

ママに現れる心身の変化の多くは、妊娠を維持しようとするホルモンの変化の影響によるもの。おなかの中で赤ちゃんを育もうと、体ががんばっているのです。

ママの体の変化と健康管理

子宮の大きさ
レモンくらい。

体の変化
* 月経が来ません。
* おりものが増えます。
* 熱があるように感じます。
* 乳房が張ったり、乳首が敏感になる人も。
* つわりの症状が出る人もいます。

体重増加の目安
妊娠前と変化なし。

妊婦健診
1〜2週に1回。

ママができること

流産しやすい時期なので無理をしないで

妊娠初期は、流産しやすい時期でもあります。この時期の流産は胎児側に原因があるケースがほとんどですが、**ママは日ごろの生活習慣を見直して、ゆったりと過ごすことが大切です。お酒やたばこを控え、葉酸を積極的に摂取する（➡p.20）など、できることを心がけましょう。**

妊娠初期
1カ月（0-3週）
2カ月（4-7週）
3カ月（8-11週）
4カ月（12-15週）
妊娠中期
5カ月（16-19週）
6カ月（20-23週）
7カ月（24-27週）
妊娠後期
8カ月（28-31週）
9カ月（32-35週）
10カ月（36-39週）
出産の流れ
産後の生活と新生児のお世話

赤ちゃんの様子

脳や脊髄《せきずい》など体作りがスタート

赤ちゃんはこの時期、「胎芽《たいが》」と呼ばれ、人間というよりは魚のような姿です。えらや尻尾があります。7週の終わりごろには14㎜程度の大きさになって2頭身になり、手足の区別がつくようになります。

この時期は赤ちゃんの脳や脊髄、目や口の原型、心臓や消化器官など、体のあらゆる器官が形成され始めていて、薬や放射線、ウイルスなどの影響を最も受けやすい「絶対感受期」にあたります（⬇p.38）。

妊娠7週末ごろの赤ちゃん

赤ちゃんの大きさの目安は
ぶどうのデラウェア1粒分くらい

＊胎児ではなく「胎芽」と呼ばれます。
＊中枢神経、心臓、消化器などのほか、手足もでき始めます。
＊心臓が拍動を開始します。早ければ妊娠6週ごろから超音波検査で心拍が確認できます。

身長 **約14㎜**　体重 **約4g**

パパができること

赤ちゃんができた喜びをママと共有しよう

ママの体形は妊娠前と変わらないし、相変わらず元気だし……パパにとっては、「まだ父親になる実感がわかない」というのが、正直なところかもしれません。けれども、ママといっしょにこれからのことを勉強したり、感染症対策や予防接種（➡p.52）など、パパが具体的に行動できることもたくさんあります。**妊娠期間中に気持ちや体調が不安定なママに寄り添うことも、ママにとって大きな安心になるでしょう。**

あんしん
喜びを言葉にしよう
「赤ちゃんができてうれしい」という気持ちや、「体を大事にしてね」という気づかいを言葉で表してみましょう。

この時期の過ごし方

妊娠検査薬で陽性反応が出たら産婦人科へ

右ページの「ママの体の変化」で紹介した熱っぽさや乳房の変化といった妊娠の自覚症状は、着床時期である妊娠3〜4週ぐらいから始まることもあります。ただし、月経前の症状とよく似ているため、この症状だけでは妊娠したことに気づかないママもいます。月経周期が一定の場合、月経が遅れていることから、「もしかしたら……」と妊娠検査薬を試したことで、妊娠のサインを知った人も多いのではないでしょうか。

陽性反応が出たら、早めに産婦人科を受診しましょう（⬇p.22）。最初から「ここで産みたい」と思う病産院に通うことができればベストですが、まずは受診することが先決です（出産場所の探し方は⬇p.36）。

また、**市販の妊娠検査薬は、子宮外妊娠や流産などでも陽性の反応が出ます。そうしたことがないかをきちんと診断するためにも、早めの受診が肝心です。**

妊娠2カ月（4～7週）に知っておきたいこと・することリスト

不安定な妊娠初期。無理は禁物

妊娠2カ月（4～7週）の時期に、ママとパパが知っておきたいこと、するべきことは、ここをチェックしておけば安心です。

[知っておきたいこと ❶]

真っ赤な出血があったら即受診！

ただでさえ心配な性器からの出血やおなかの痛み。こうした症状が見られたら、「普通ではない」と考えて、まずは病院へ連絡したほうがよいでしょう。**とくに注意したいのは、性器からの出血が真っ赤な鮮血の場合。大量であったり腹痛があったりする場合は、救急車を呼びます。**

あんしん

少量の出血でも注意を

色の薄い血が少量であったり、茶褐色だったりする場合はそれほど緊急性が高くないと考えられますが、原因を確かめるために受診します。

らくらく

がまんしすぎず相談を

次の健診を待たずに受診するか、相談を。点滴を打つだけでらくになることも。

[知っておきたいこと ❷]

つわりがひどかったら

症状もつらさも個人差が大きいつわり。この時期から悩まされる人もいます（つわりがひどいとき➡p.48）。自然に治まるのを待ちますが、**症状が重い場合は「妊娠悪阻《おそ》」と診断され、治療が必要になります。そのようなときは医師に相談しましょう**（症状が重いときの受診の目安➡p.49）。

全員チェック！

この時期のすることリスト

- □ 産婦人科を受診する ➡p.22
- □ 出産する病産院を検討する ➡p.36
- □ 栄養バランスのよい食事を心がける ➡p.28
- □ 葉酸を摂取する ➡p.20
- □ たばこやお酒をやめる ➡p.28
- □ 自己判断の薬の服用をやめる ➡p.38
- □ 感染症予防を心がける ➡p.52

必要な人はチェック！

こんな場合はここをチェック！

- □ つわり症状が出てきたら ➡p.48
- □ 便秘や眠気など、体の不調が気になる ➡p.96
- □ 多胎《たたい》・高年出産、持病がある場合は ➡p.56
- □ 仕事のやり方を見直したいとき ➡p.50
- □ 妊娠中やっていいこと、悪いことを知りたい ➡p.66

Dr.荻田'sアドバイス

リラックスして健康結果を待つ

妊娠検査薬で「陽性＝おめでた」かといえば、そうではありません。**超音波検査では6週くらいで胎嚢《たいのう》が見え、8週くらいから心拍が確認できます。胎嚢が見えていても妊娠が継続するかどうかは判断できないため、心拍が確認できた8週以降に妊娠の確定を告げる病院も少なくありません。**リラックスして次の健診を待つようにしましょう。

妊娠2カ月（4～7週）の生活ポイント

体調の変化に注意して過ごそう

はじめてママ＆パパが「らくらくあんしん」に出産を迎えられるような妊娠中の過ごし方をまとめました。

4週

出産予定日まであと252日

あんしん

月経が遅れていたら

妊娠検査薬で確認し、陽性だったら産婦人科を受診しましょう。

月経の遅れに気づいたら受診を

この時期は、少量の出血が見られる人も。月経様出血（着床出血）といって、受精卵が着床したときに起こります。**月経時と比べて出血量は少なく、2～3日で治まります。**月経周期の遅れに気づいたら、早めに産婦人科を受診しましょう。

5週

出産予定日まであと245日

らくらく

禁煙・禁酒を

お酒やたばこは妊娠がわかった時点でストップすれば大丈夫です。

妊娠したらたばこやお酒は×

妊娠がわかったら、たばこやお酒はやめましょう（➡p.28）。パパもたばこは控えて。妊娠に気づかずたばこを吸ったりお酒を飲んだりしてしまっても、**赤ちゃんが順調に育っていることが確認されていれば、それ以前の喫煙や飲酒の影響は心配しなくてもよいでしょう。**

6週

出産予定日まであと238日

らくらく

体の変化に注目

熱っぽくなるなど、つわりの症状が見られたら妊娠の可能性があります。

体調の変化にも注意

月経が遅れがちな人は、月経周期だけで妊娠に気づくことはむずかしいかもしれません。**前回の月経が来た日から40～45日後を目安として、妊娠検査薬を使用しましょう。**また、p.24で紹介している体の変化にも注意を向けて、妊娠の可能性を探りましょう。

7週

出産予定日まであと231日

あんしん

マタニティマークを入手

母子手帳と同時にもらえたり、鉄道駅で無料配布していたりする場合も。

マタニティマークをつける

おなかが目立たない妊娠初期は、マタニティマークをバッグなどにつけておきましょう。万が一、外出先で体調が悪くなったり、事故にあったりして救急車で病院に運ばれても、**救急隊員や医師に妊娠中であることがわかるので、適切な処置を受けることができます。**

妊娠2カ月（4〜7週）の食事ポイント

ビタミンB群を積極的に摂取

赤ちゃんは、おなかの中でママから栄養をもらって成長します。
妊娠中は、食事や嗜好品のとり方にも注意しましょう。

ポイント1 ビタミンB群をとる！

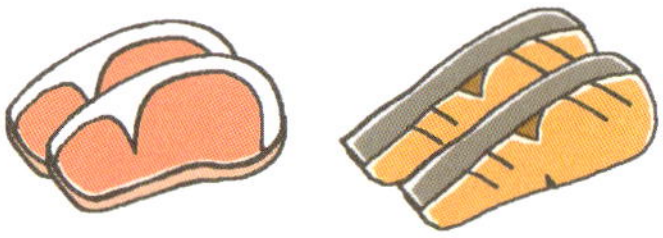

ママの健康維持と赤ちゃんの成長に不可欠

ビタミンB群はビタミンB_1、B_2、B_6、B_{12}、ナイアシン、パントテン酸、葉酸、ビオチンの8種類があります。これらはエネルギーの代謝に欠かせない栄養素で、互いに協力し合うことで力を発揮する性質があります。**妊娠中はビタミンB群が非常に不足するので、積極的にとりたい栄養素です。**

摂取のポイント！

ビタミンB群は豚肉や鮭に豊富ですが、つわりで食べ物がとれないときはビタミンB群のサプリメントを活用しましょう。

あんしん

ウェルニッケ脳症にも注意

ビタミンB群（とくにビタミンB_1）が慢性的に不足すると、ママがウェルニッケ脳症という命に関わる脳炎を起こすこともあります。妊娠悪阻《おそ》でおう吐がひどいときなども危険があるので、がまんせず受診しましょう。

ポイント2 たばこはやめる！

リスクが大きいのですぐやめて！

たばこに含まれるニコチンには血管収縮作用があり、おなかの赤ちゃんに栄養や酸素が届きにくくなります。喫煙のリスクは、**「流産率が2倍になる」「早産率が1.5倍になる」「常位胎盤早期剥離《はくり》のリスクが2〜3倍になる」「低出生体重児になる」「赤ちゃんの精神発達への悪影響」**と、とても深刻です。絶対に禁煙しましょう。

家族も禁煙を！

ママが吸っていなくても、家族のたばこの副流煙もおなかの赤ちゃんへの影響が大きいので、いっしょに禁煙しましょう。

らくらく

妊娠がきっかけの禁煙成功率は7割！

妊婦が喫煙していた場合、**8割以上が妊娠を機に禁煙したいと思い、7割が成功した**というデータもあります。

ポイント3 お酒はやめる！

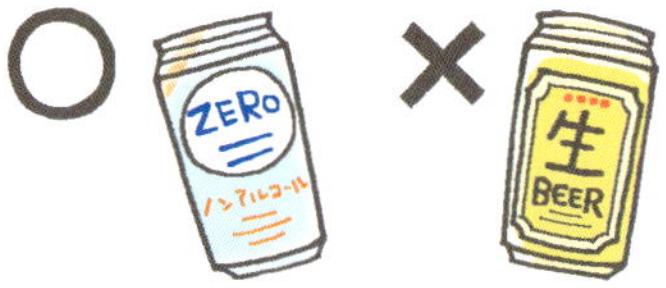

妊娠中はノンアルコールを

妊娠中の飲酒は、赤ちゃんの脳の発育を阻害する胎児性アルコール症候群のリスクを高めてしまいます。たまにビールをコップ1杯飲むぐらいなら許容範囲ともいわれますが、人によってアルコール耐性は異なるため、妊娠中に何をどれくらいの量なら飲んでも大丈夫とはいえません。お酒は飲まないようにしましょう。

飲酒はストレスに！

妊娠中は少量の飲酒でも酔いやすく、気分が悪くなりやすいので、お酒を飲むことがかえってストレスになることも。

らくらく

ノンアルコール飲料は0.00%のものを

ノンアルコール飲料もたくさんの種類が市販されているので、気分転換をしたい場合は活用しても。**アルコール0.00%という表示を確認した**うえで、商品を選びましょう。

妊娠2カ月の気がかりなことQ&A

Q 産婦人科は早めに受診しないとだめ？

A 経過に問題がないか確認するためにも早めに。

異所性妊娠といって**正常な妊娠でない場合でも、妊娠検査薬では陽性が出ます。**異所性妊娠は子宮外妊娠ともいい、受精卵が子宮にきちんと着床しないこと。とくに多いのが卵管に着床してしまうケースで、そのまま胎嚢《たいのう》が大きくなると卵管が破裂してしまいとても危険です。こうしたトラブルを防ぐためにも、早めに受診しましょう。

Q 妊娠に気づかずレントゲンを撮ってしまった！

A X線は非常に少ないので、心配いりません。

レントゲン撮影（X線撮影）はおなかの赤ちゃんへの影響が心配かもしれませんが、医療におけるX線被曝量は非常に少ないので心配はいりません。事前に問診票や口頭で妊娠の可能性を聞かれることが多いので、**妊娠しているかもしれない人はレントゲン撮影を避け、産婦人科に相談してからにしましょう。**

Q 過去に中絶経験があると流産しやすい？

A 適切な処置が行われていれば、流産の原因にはなりません。

妊娠中絶の手術を何度もくり返すと妊娠しにくくなることはありますが、流産リスクとは別問題。中絶時に適切な処置が行われ、現在妊娠して経過も順調であれば、中絶手術を原因とする流産のリスクが高まることはほとんどありません。

らくらく

主治医にはきちんと伝えて

今後の妊娠経過によっては中絶経験の有無を考慮する必要がある場合もあります。主治医にはきちんと伝えておきましょう。

Q 不妊治療した人は自然妊娠より流産しやすい？

A 妊娠が成立すれば、流産リスクは自然妊娠と変わりません。

不妊治療では、受精卵が着床して妊娠が成立するかがポイント。妊娠が成立し、異所性妊娠（子宮外妊娠）でないことが確認されれば、以降の流産リスクは自然妊娠の場合と変わりません。

あんしん

子宮筋腫《きんしゅ》の場合などは

子宮筋腫などが原因で妊娠しにくくなっていた場合や、これまでに何度か流産を経験している場合は、引き続き注意が必要です。

妊婦健診はきちんと受診を

この時期にチェック！
初期 中期 後期

産婦人科を受診して妊娠が判明すると、出産まで定期的に妊婦健康診査（以下、妊婦健診）を受けて経過を見守ることになります。

妊婦健診は必ず受診し気がかりなことは相談を

妊娠は病気ではないですが、体の中ではさまざまな変化が起こっています。ママや赤ちゃんにトラブルがないかを調べるためにも、妊婦健診を定期的に受けましょう。**健診で問題が見つかったとしても、「早めに対処できたので大事にいたらずにすんだ」というケースも多いのです。**また、無事に出産を迎えるためには、食事や日常生活などさまざまなことに気を配る必要もあります。助産師など専門家のアドバイスを受け、気がかりなことは遠慮せずに相談しましょう。

妊婦健診は補助を活用！ らくらく

妊婦健診の際は、母子健康手帳だけでなく、妊婦健診受診票を持っていくことを忘れないようにしましょう。負担する費用が軽くなります。

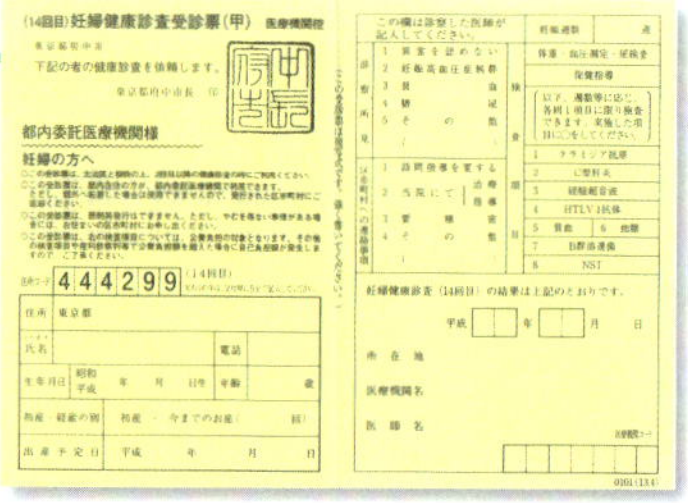

妊婦健診受診票

妊婦健診のスケジュール例

医療機関の方針などによりさまざまですが、厚生労働省が例示している検査の例を紹介します。

<table>
<tr><th>時期</th><th>月数（週数）</th><th>健診回数</th><th>毎回行う 基本的な検査</th><th colspan="2">必要に応じて行う 医学的な検査</th></tr>
<tr><td rowspan="3">初期</td><td>2カ月（4〜7週）</td><td rowspan="2">1〜2週間に1回</td><td rowspan="9">◆検査・計測
＊体重測定
＊血圧測定
＊尿検査
＊浮腫《ふしゅ》の検査
＊腹囲・子宮底長測定
＊おなかの触診
＊胎児心拍の確認
＊内診

◆健康状態の把握や保健指導
妊娠週数に応じた問診・診察。妊娠期間を心身ともに健やかに過ごすための食事や生活のアドバイス。</td><td rowspan="5">［妊娠初期〜23週］
●血液検査
（初期の早いうちに1回）
●子宮頸《けい》がん検診（細胞診）
（初期の早いうちに1回）
●超音波検査
（初期の間に1回）</td><td rowspan="7">●性器クラミジア
（初期〜妊娠30週までに1回）
●血液検査
（HTLV-1抗体検査について。妊娠30週までに1回）</td></tr>
<tr><td>3カ月（8〜11週）</td></tr>
<tr><td>4カ月（12〜15週）</td><td rowspan="3">4週間に1回</td></tr>
<tr><td rowspan="3">中期</td><td>5カ月（16〜19週）</td></tr>
<tr><td>6カ月（20〜23週）</td></tr>
<tr><td>7カ月（24〜27週）</td><td rowspan="3">2週間に1回</td><td rowspan="3">［妊娠24週〜35週］
●血液検査
（中期の間に1回）
●超音波検査
（中期の間に1回）
●B群溶血性連鎖球菌（GBS）検査（24〜35週までに1回）</td></tr>
<tr><td rowspan="3">後期</td><td>8カ月（28〜31週）</td></tr>
<tr><td>9カ月（32〜35週）</td><td rowspan="2">—</td></tr>
<tr><td>10カ月〜（36週〜出産）</td><td>1週間に1回</td><td>［妊娠36週〜出産まで］
●血液検査（後期の間に1回）
●超音波検査（後期の間に2回）</td></tr>
</table>

妊婦健診の流れと内容

妊婦健診の基本的な流れを紹介します。

スタート!

1 採尿(尿検査)

妊婦健診では必ず尿検査があります。おもに**尿たんぱくや尿糖をチェックします。**尿糖の「+」が続くと妊娠糖尿病の可能性が、尿たんぱくの「+」が続くと妊娠高血圧腎症の可能性が。2回以上続いたら詳しい検査が必要です。

あんしん　できれば検査の2〜3時間前に飲食をすませて

2 体重測定

妊娠中は、健診ごとに体重測定があります。体重測定では、洋服は着たまま、靴だけを脱いで体重計に乗ります。**妊娠中は体重管理がとても大切**になるので、こまめに量って適度な増加の範囲内にコントロールする必要があります。

3 血圧測定

待合室などにある自動血圧計で、自分で測る場合が多いです。不安や緊張を感じると血圧が上がることもあるので、**リラックスして測りましょう。**最高血圧140mmHg、最低血圧90mmHg以上だと妊娠高血圧症候群のおそれがあります。

あんしん　自動血圧計で数値が印刷された紙は提出するのでなくさないこと

4 腹囲・子宮底長測定

腹囲はおなかのいちばん太い部分の周囲の長さ、子宮底長は恥骨《ちこつ》の上から子宮のいちばん上の部分(子宮口から見た場合の底)までの長さを測ります。赤ちゃんが発育するにつれて、腹囲と子宮底長の数値が増えていきます。

らくらく　個人差があるので数値はあくまでも目安に

5 浮腫《ふしゅ》(むくみ)検査

妊娠中は体内の血液量が変化。血液量が妊娠前の1.5倍まで増えるため、むくみやすい状態になります。**足のすねなどを指で押して、へこみの戻りをチェックします。**へこんだ部分の戻りが遅いと「むくみ」と診断されます。

6 内診

内診では腟《ちつ》鏡という器具を使い、視診や指を入れての触診が行われます。**初期は子宮の形や大きさ、炎症や感染症などの有無を、中期以降は子宮口が閉じているかどうか、臨月には子宮口のかたさや開き方の様子を診ます。**

らくらく　緊張すると痛みが増すのでリラックスして

7 外診(おなかの触診)

おなかをさわって子宮の大きさやかたさ(おなかの張り具合)、赤ちゃんの位置、大きさ、骨盤の位置などを確認します。**妊娠初期は子宮筋腫《きんしゅ》の有無、中期・後期では、おなかの張りを見て早産の危険がないかをチェックします。**

8 超音波検査

超音波を子宮に当てて子宮内を調べます。非妊娠時や妊娠初期には、超音波を発するプローブを内診時に腟に入れて検査(経腟検査)。中期以降はおなかの上からプローブを当てます(経腹検査)。原則として妊娠中に4回検査します。

9 問診

検査がすべて終わった後、妊娠の経過について医師(または助産師)と話します。問診は医師とコミュニケーションをとる貴重な機会。**聞きたいことがある場合は、事前に質問をまとめておくとよいでしょう。**

らくらく　疑問や気がかりなことは遠慮せずに質問を

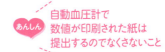

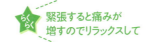

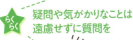

時期や必要に応じて行う検査

妊婦健診で行うさまざまな検査の内容を紹介します。

その他の検査

検査内容や費用は医療機関によって異なります。

▷子宮頸《けい》がん

内診で簡単に発見できるので、妊婦健診で調べます。

▷性器クラミジア

母体が感染していると早産を引き起こしやすくなります。また、出産時に赤ちゃんに感染してクラミジア結膜炎や肺炎などを発症することもあります。早期発見して出産前に治療します。

▷B群溶血性連鎖球菌（GBS）検査

膣《ちつ》内のおりものを採取して菌の有無を調べます。母体が感染している場合は、出産時の赤ちゃんへの感染を防ぐため、分娩時に点滴をします。

▷ATL（成人T細胞白血病）

母乳で感染する可能性があるので、発見された場合、母乳による授乳を禁止される可能性があります。

▷トキソプラズマ

猫などのペットからや、加熱が不十分な肉を食べることなどで感染します。感染したらすみやかに治療を開始します。

▷骨盤X線

赤ちゃんの頭の大きさに対して母体の骨盤が狭いときに、詳しく調べるために行います。

▷NST（ノンストレステスト）

妊娠34週以降、子宮の収縮と赤ちゃんの心拍数をチェックします。赤ちゃんが元気かどうかを診て、母子ともに出産に問題がないかどうかを調べます。

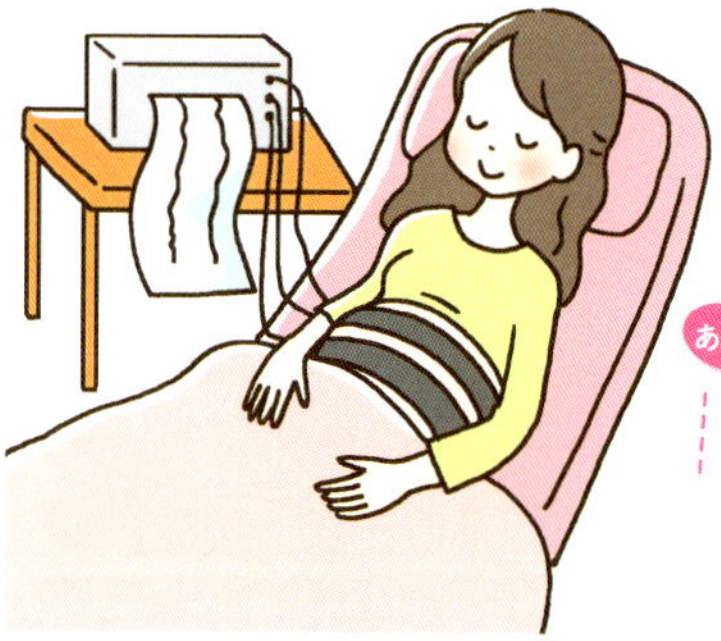

あんしん

NSTは20〜40分程度かかるので、時間に余裕をみて

血液検査

初期

血液型
血液不適合妊娠の可能性などを調べます。

C型肝炎
陽性の場合、詳しい検査と治療をします。

血算
血液中の赤血球や白血球などを調べ、貧血や感染症などの病気の有無を調べます。

梅毒
感染がわかった場合は、赤ちゃんへの感染を防ぐ治療を始めます。

血糖
妊娠糖尿病の可能性を調べます。血糖値が高い場合は再検査をします。

風疹
妊娠中にかかると赤ちゃんに影響があります。抗体がない場合は感染症予防を徹底。

B型肝炎
陽性の場合、出産後すぐに赤ちゃんにワクチンを接種。

HIV
陽性の場合は帝王切開で母子感染を防ぎます。

中期

血糖
妊娠初期同様、妊娠糖尿病の可能性を調べ、血糖値が高い場合は再検査をします。

血算
妊娠初期と同じように、貧血や感染症などの病気の有無を調べます。

後期

血算
貧血や感染症などの病気の有無を調べます。後期になるとさらに貧血になりやすくなるので注意。

知っておこう！

健診費用の領収書は保管を

妊婦健診費用に保険は適用されません。妊婦健診受診票で費用が助成されますが、一般的には助成を受けても他に5万〜10万円程度の費用が必要になります。なお、**妊婦健診にかかった費用は、医療費控除の対象となります。**確定申告で申請をする予定の人は、領収証の保管を忘れないようにしましょう。

超音波検査って？

超音波検査はエコー検査ともいわれ、おなかの赤ちゃんの様子を映像で映し出すことができます。**超音波検査では、おなかの赤ちゃんに異常がないかどうかの他、胎盤や羊水の状態を確認しますが、すべての異常がわかるわけではありません。**妊娠期間中に4回行うのが原則ですが、ほぼ毎回行う医療機関もあり、回数はそれぞれです。検査の種類もいろいろあります。

＼詳しく知りたい！／

超音波検査について

おなかの赤ちゃんの超音波写真を見ると、妊娠の実感がわき、生まれてくるわが子が待ち遠しくなる人も多いでしょう。ここでは超音波検査について詳しく紹介します。

超音波検査の方法

2D、3D、4Dといった種類があります。

2D

平面の超音波写真。背骨や頭蓋骨などかたい部分は白く、羊水などの液体は黒く、筋肉や内臓、脂肪はグレーに映ります。

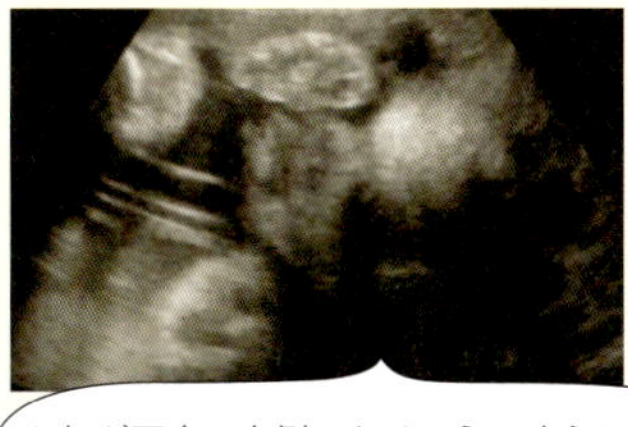

お顔が写真の右側にあり、うっすら目や鼻の部分が陰になっているの、わかるかな？

3D・4D

3Dは赤ちゃんの様子が立体的に映ります。4Dは赤ちゃんが動く様子が見られます。

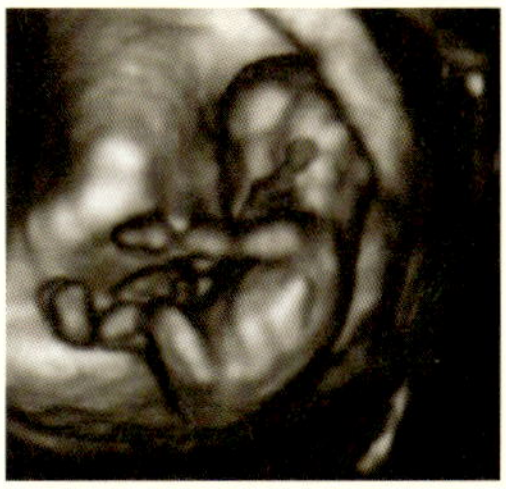

らくらく

超音波写真はコピーやスキャンを

超音波写真は感熱紙に印刷される場合が多く、時間がたつと薄くなり消えてしまうことも。コピーやスキャンなどをして保存しておくのがおすすめです。超音波写真をフォトブックに加工できるオンラインサービスもあります。

超音波写真からわかること

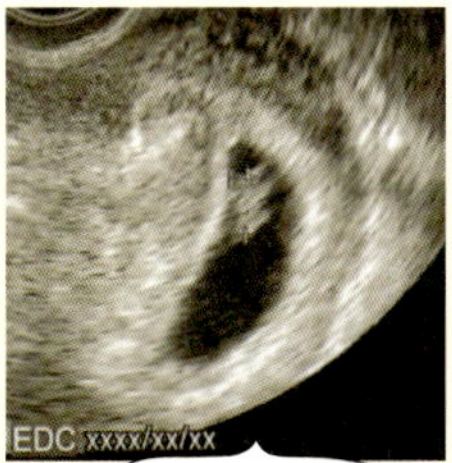

大きさは数mm！

1 妊娠の確認（初診時）

妊娠初期に子宮内に胎嚢《たいのう》があるかどうか、子宮以外の場所に受精卵が着床していないかなど、異常がないかを確認します。

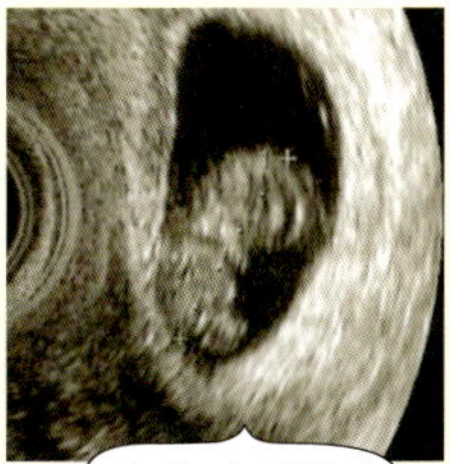

すでに人の形に！

2 正確な妊娠週数を調べる（妊娠9〜10週）

妊娠9〜10週ごろまでの間に赤ちゃんの大きさを測れば、より正確な妊娠週数と出産予定日がわかります。

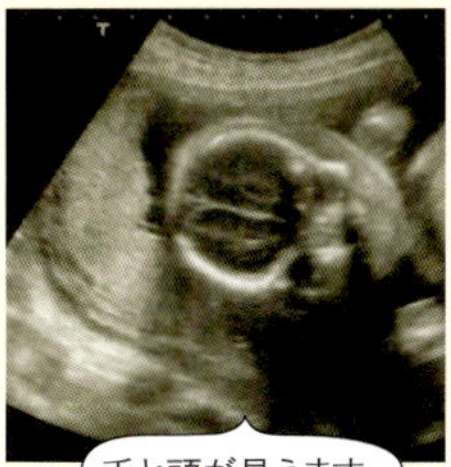

手と頭が見えます。

3 体の各臓器を見る（妊娠20週ごろ）

胃や腸、腎臓、肝臓などの内臓が判別できるようになります。

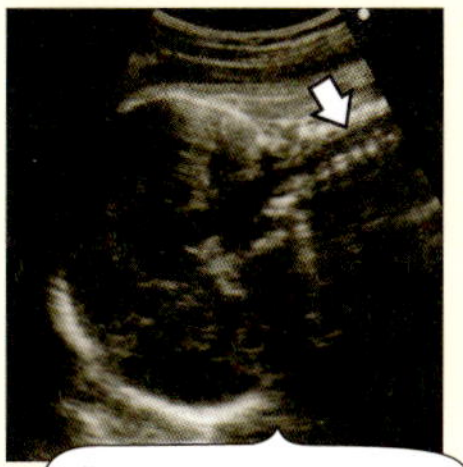

背骨の形をしっかり確認。

4 母体トラブルをチェック（妊娠28週ごろ）

妊娠高血圧症候群などトラブルが起こりやすい妊娠28〜31週ごろや、赤ちゃんの体の機能がほぼ新生児と同じになる36〜38週にも行います。

母子手帳の見方・使い方

この時期に
チェック！
初期　中期　後期

母子手帳の正式名称は「母子健康手帳」。ママと赤ちゃんについてのさまざまな情報を管理するための手帳です。

妊娠の経過などを記入する母子手帳。外出時には必ず携帯しよう

母子手帳は妊婦健診の記録や出産の様子、出生時の赤ちゃんの健診結果や予防接種の記録などが記される大事な資料です。母子手帳には全国共通の内容と、市区町村の制度により任意で記される内容があります。

妊娠の経過や里帰り出産によって転院するときはもちろん、突発的なアクシデントによって主治医以外の産婦人科医にかかるときも、**母子手帳があれば、必要な情報がほぼ書かれているので安心です。外出時には必ず携帯しましょう。**緊急の場合でもすぐに持ち出すことができるよう、保管場所を家族に伝えておくとよいでしょう。

また、歯科や内科など産婦人科以外の診療科を受診するときにも、母子手帳を提出します。母体の状態や妊娠週数などがしっかり把握できるため、安全な治療法を選択してもらえます。

母子手帳はいつ、どうやってもらえるの？

1 健診で指示があったら

赤ちゃんの心拍が確認できたら、「次回の健診までに母子手帳を受け取っておいてください」と指示があります。

らくらく

母子手帳は代理人でも受け取り可能！

つわりで体調が悪いなど、役所に行けない場合は、パパなど代理人が交付してもらうこともできます。

2 市区町村の役所または保健所へ

住んでいる（住民票がある）市区町村の役所、または保健所にある妊娠届用紙に記入、提出すると母子手帳がもらえます。

あんしん

必要なものは事前確認

印鑑や保険証、マイナンバーや医師の証明書が必要な場合もあるので、ホームページや電話で事前に確認しましょう。

© Mercis bv

母子手帳はこう使おう！

出産施設が記入する欄だけでなく、家族が記入するスペースもあります。

病産院の記録で健康を管理

妊娠中は、**妊婦健診の検査記録**（体重、血圧、腹囲、子宮底長、尿検査、浮腫《ふしゅ》）などを記入します。また、出産時は**分娩の経過や所要時間、赤ちゃんの状態**を記録します。**出産後の母体の回復経過や赤ちゃんの健康状態を記入**する欄もあり、これは、医療機関で記入されます。

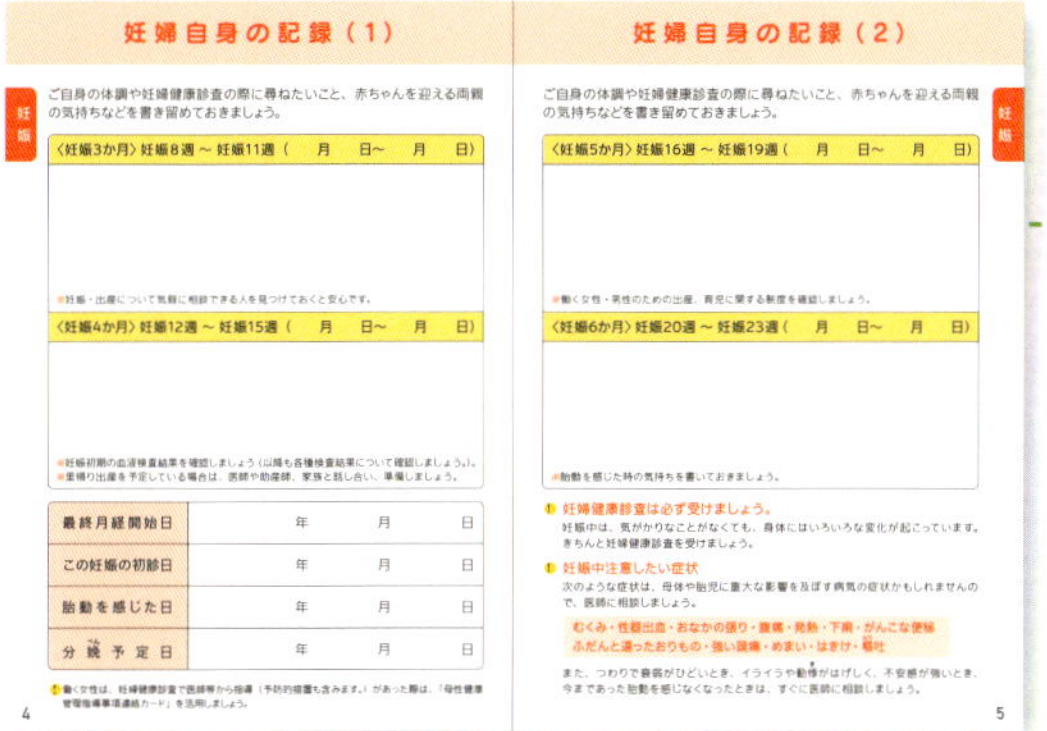

赤ちゃんの成長の記録に

妊娠の経過の他に、**赤ちゃんを迎える気持ち、両親学級の受講記録を記入する欄もある**ので、ぜひ活用しましょう。また、赤ちゃんが生まれた後に関する内容では、健康診査や歯科検診の結果の他、首すわり・寝返り・はいはいなどの成長の記録、予防接種の記録などがあります。

次の健診で医師に聞きたいと思っている内容を書き留めてもOK！

母子手帳ケースは

母子手帳は健康保険証や診察券といっしょに持ち運ぶことが多いので、まとめて入れられる母子手帳ケースがあると便利です。選ぶ際は、産後に赤ちゃんの診察券が増えることを考えて、カードがたくさん入るものを選ぶのがおすすめです。

知っておこう！

妊娠届の提出で他にもこんなサービスが

自治体によって内容や金額などに差はありますが、下記のようなサービスを受けることができます。

- **ハンドブック配布**
  妊娠・出産・育児に役立つ情報などが掲載されています。
- **公費補助券**
  妊婦健診の一部費用を補助してもらえます。
- **両親学級**
  親になる人に向けて各自治体が実施（➡p.75）。
- **妊婦保健（訪問）指導**
  保健師や助産師に妊娠中の過ごし方や病気の予防法を教わったり、出産についての気がかりなことを相談できます。
- **療養援助**
  入院や治療費がかかった場合の療養費の一部が補助されることがあります。

どこで、どのように出産する？

この時期にチェック！
初期 中期 後期

妊娠が確認できたら、次に決めたいのは「赤ちゃんを産む場所」。さまざまな出産施設や出産方法があるので、自分に合ったものを選びましょう。

赤ちゃんを産む場所はさまざま。妊娠したら早めに分娩予約を

ひと口に「赤ちゃんを産む場所」といっても、総合病院や個人産院、助産院などさまざまなタイプがあり、施設によって設備やサポート体制などが大きく違います。まだ早いと思う人もいるかもしれませんが、妊娠がわかったら、どのような出産をしたいのかきちんと考え、パートナーと話し合って下調べを始めましょう。本やインターネット、周囲の口コミなどで調べたり、施設に直接問い合わせたりします。そのうえで、**早めに分娩予約を入れておくことをおすすめします。**最近では新型コロナウイルスの流行や、産婦人科医の減少などの影響で、出産方法の選択肢や、出産できる施設が限られていることがあります。人気の施設は早いうちに予約がいっぱいになり、希望する時期の予約ができないことがあるので注意が必要です。

出産場所を選ぶ3つのチェックポイント

ここをチェック！ 1 出産方法や産後の過ごし方

新型コロナウイルスの流行中は、感染症予防のため、立ち会い出産や、入院中の面会ができない施設も。産後のママと赤ちゃんの過ごし方も施設によって異なります。

ここをチェック！ 2 医師やスタッフとの相性

妊娠中から出産まで長くお世話になる施設ですから、気がかりなことを安心して相談できるところを選びましょう。

ここをチェック！ 3 近さ・設備

出産はいつ始まるかわからないので、できれば自宅近くにある施設が安心。また、助産院や総合病院、個人産院など、施設によって設備に違いがあるので比較検討しましょう。

分娩予約をするまでの3つのステップ

ステップ1 情報収集

インターネットで施設のホームページをチェックしたり、近所の先輩ママの声を聞いたりして情報を集め、**「どこで」「どんなお産がしたいか」を考えます。**

出産施設の種類と特徴

総合病院・大学病院

産婦人科以外の診療科目も多く、NICU（新生児集中治療室）などがあるところもあります。多胎《たたい》妊娠や切迫早産などリスクのある人や、婦人科以外の持病がある人も安心。

個人産院・クリニック

産婦人科医が個人で開業する入院ベッド数19床以下の施設。地域密着型の場合が多く、分娩スタイルやプランなどは産院ごとにさまざま。緊急時には、高度医療が可能な病院へ搬送されるケースが多いです。

産科専門病院

お産を専門とする入院ベッド数20床以上の施設。産婦人科の医師、助産師、看護師も常駐しています。NICUが設置されていたり、栄養指導やベビーマッサージ、育児サークルなど、産前産後のフォローが充実しているところもあります。

助産院

助産師が正常分娩を介助する施設です。出産時に医師の立ち会いがなく、助産師は医療行為を行えないため、妊娠経過が順調かつ正常分娩の可能性が高い人のみを受け入れます。出産時にトラブルがあった際は提携先の病院へ搬送されます。

出産方法

呼吸法や分娩時の姿勢、医療処置の有無などさまざまです。

▶ソフロロジー式分娩
妊娠中のイメージトレーニングでリラックスして出産にのぞみ、痛みを和らげます。

▶フリースタイル分娩
床にしゃがむなど、自分がいちばんらくに感じる姿勢で出産します。

▶ラマーズ法
独特の呼吸法に集中することで痛みを和らげます。

▶無痛(和痛)分娩
陣痛のときの痛みを麻酔薬などで和らげます。

▶計画分娩
事前に出産予定日を決めて分娩を行います。

ステップ2 出産施設を決める

出産施設によっては、出産方法が限られる場合もあります。自分が希望する出産方法が可能かどうか、事前に確認しましょう。

ステップ3 分娩予約をする

人気の高い出産施設は心拍が確認できた時点で分娩予約をする人が多いので、**早めに予約します。**

あんしん
里帰り出産の人は早めに調べよう
新型コロナウイルスの感染拡大状況によっては帰省分娩が難しい場合もあるので早めに相談と予約を。

ここをチェックしました！
先輩ママの出産施設選び

費用をチェック！
施設によって健診や分娩費用が大きく違うので、ホームページなどで比較検討しました。

スタッフ対応をチェック！
はじめての妊娠で不安だったので、気軽に相談できるところがよいと思い、問い合わせの電話応対がよかったところを選びました。

完全母子同室かどうかをチェック！
母乳育児を希望していたので、母子同室でいつでも授乳できるところを選びました。

産後の母乳指導をチェック！
産後も助産師による母乳指導があり、退院後も乳房のトラブル相談にのってくれるところを選びました。

「妊娠中の薬」について知ろう

この時期にチェック！
初期 中期 後期

妊娠中でも、病気の治療のために薬の服用が必要になる場合があります。
むやみに怖がらず、正しい知識を持って薬とつき合いましょう。

自己判断で薬を使うのは避けて。症状がつらいときは医師に相談を

おなかの赤ちゃんがママが使う薬の影響を最も受けやすい時期を「絶対感受期」といい、妊娠4〜7週ごろを指します。赤ちゃんの中枢神経（脳など）や、心臓など重要な器官が作られる時期です。その後も15週ごろまで器官形成が続きます。

この時期は、場合によっては**妊娠に気づかず薬を飲んでしまうこともあるでしょう。ただし、処方薬・市販薬いずれも、用法・用量を守って服用している限り、赤ちゃんの器官の奇形や機能障害につながるのは極めてまれなことです。**

とはいえ、**妊娠中は薬を自己判断で服用しないほうが安心です。**もし風邪や便秘、腰痛などがつらい場合は医師に相談してください。**内科や耳鼻科など産婦人科以外を受診する場合は、必ず医師に妊娠中であることを伝えて**妊娠中の使用に問題ない薬を処方してもらいましょう。

妊娠中の薬の服用 4つのルール

1 自己判断で服用しない

基本的には医師の処方薬を使用。市販薬を使う場合も医師に相談を。

2 処方された薬はきちんと服用

病気の治療や症状の改善のために、薬を処方された場合はきちんと服用しましょう。

3 服用法を守る

薬の使用量、回数、タイミングは、薬の効果を確かなものにするためにも必ず守りましょう。

4 医師の説明を受け、納得して服用する

不安を抱えていると、自己判断で薬の使用を控えてしまいがち。医師の説明をよく聞き、気がかりなことは相談のうえ、納得して薬を服用することが大切です。

妊娠中は市販薬の使用を控えよう

妊娠中の市販薬のリスクについて知っておきましょう。

湿布薬

湿布薬であっても同時に大量に使用すると、含まれる消炎鎮痛剤の成分によっては、**おなかの赤ちゃんの血管を収縮させる可能性があります。塗り薬も同様**です。妊娠中の使用は控えましょう。

鼻炎治療薬

いわゆる花粉症の薬は、**妊娠15週までは極力、服用を避けるべき**だとされています。妊娠中期・後期であれば安全性の高い薬を処方してもらえることもあるので、医師に相談しましょう。

あんしん

薬局で薬剤師に相談を

どうしても病院に行けないときなどは、薬局の薬剤師に相談してみましょう。第2類・第3類医薬品の中には妊娠中に使用可能なものもあります。

解熱鎮痛薬

NSAIDs（非ステロイド性抗炎症薬）に分類される**解熱鎮痛薬は、妊娠中、とりわけ後期は胎児の血管を収縮させる可能性があるため、**使用は控えましょう。

漢方薬

作用が穏やかで安心というイメージがありますが、なかには強い作用を及ぼすものも。市販薬は使用を控え、**医師に作用が穏やかなものを処方してもらいましょう。**

胃薬

妊娠中の胃痛や胃もたれ、むかつき、胸やけなど、ホルモンの影響で生じるつわりの症状は、胃薬を飲んでも治まらないことがあります。**自己判断で飲まず、医師に相談するようにしましょう。**

便秘薬

生薬やハーブだから安心とはいいきれません。妊娠中に多くのママが悩む便秘ですが、医師に相談すると、子宮を収縮させる心配のない緩下剤を処方してもらえることもあります。

妊娠中の予防接種やサプリメントは？

薬と同じように、おなかの赤ちゃんへの影響が心配な2つについて、注意したいことを紹介します。

インフルエンザワクチンはOK

インフルエンザワクチンは妊娠中に使用しても問題ないと考えられています。万が一かかったときに重症化を防ぎます。麻疹《ましん》、風《ふう》疹《しん》、水痘《すいとう》、ポリオなどの生ワクチンは、妊娠中は接種できません。新型コロナウイルスワクチンは医師に相談して判断を。

ビタミンAのサプリメントに注意！

妊娠初期に、ビタミンAを過剰摂取すると赤ちゃんの先天異常の原因となる可能性があるので、サプリメントの使用には注意が必要です。サプリメントについては、妊娠を希望する女性には1日640μg《マイクログラム》の葉酸の摂取がすすめられていますが、それ以外のサプリメントについては、欠乏症ではない限りとくに使用する必要はありません。

ママと赤ちゃんの心配ごと（妊娠初期）

この時期にチェック！
初期　中期　後期

妊娠初期に、ママが最も不安に感じがちな流産や切迫流産について、正しい知識とSOSサインを知っておきましょう。

流産や切迫流産の正しい知識を持とう

妊娠初期は「もし流産してしまったらどうしよう」と不安になる人もいるのではないでしょうか。まずは、正しい知識を身につけましょう。

流産とは、妊娠22週より前に妊娠が終わってしまうこと。全妊娠の10％以上で起こるとされ、珍しいことではありません。一方の**切迫流産は流産の一歩手前ではあるものの、超音波検査でおなかの赤ちゃんの生存が確認でき、今後も妊娠が継続する可能性がある状態のこと**です。

流産と切迫流産のサインは、性器出血と下腹部の痛みです。これらのサインが見られたら、すぐに産婦人科を受診してください。産婦人科では超音波検査などが行われます。残念ながら流産と診断された場合、完全流産（左参照）でなければ、必要な処置をします。その後、体は徐々に妊娠前の状態に戻り、再び妊娠することができます。

流産の種類

ひと言で流産といっても、その時期や状態によってさまざまな分類があります。

時期による分類と原因の違い

妊娠12週未満 → **初期流産**

原因の多くは、赤ちゃん自身の染色体の異常

避けられないものであるため、「あのときに無理をしたのがいけなかったのかも」など、自分を責める必要はまったくありません。

妊娠12週以降 → **後期流産**

原因を治療すると再発を防げる

後期流産は母体側に原因があることが多いもの。破水の原因となる子宮内感染、子宮口が開いてしまう子宮頸管《けいかん》無力症、子宮筋腫《きんしゅ》など。いずれも早産の原因になるものと同じです。早めに原因をつきとめて治療を行えば、再度の流産を防げる可能性もあります。

流産の種類と自覚症状

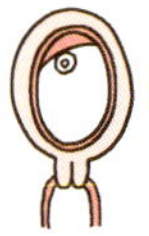

稽留《けいりゅう》流産

胎芽《たいが》または胎児がすでに死亡し、子宮内にとどまっている状態。出血や腹痛などの自覚症状はありません。

進行流産

胎芽または胎児や胎盤が排出されてきており、流産が進行中の状態。残念ながらその進行を止めることはできません。出血や下腹部に強い痛みがあります。

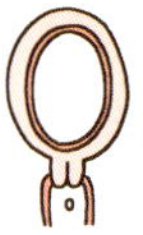

完全流産

「進行流産」の一種。流産の際、胎芽または胎児や胎盤が完全に子宮外に排出された状態。

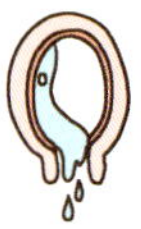

不全流産

こちらも「進行流産」の一種。流産の際に胎芽または胎児や胎盤が完全に排出されず、一部が子宮内に残っている状態。出血などの症状が続きます。

見逃したくない！ トラブルを知らせるSOSサイン

流産や切迫流産のサインでもある性器出血や下腹部の痛みですが、流産や切迫流産に限らず、妊娠経過にトラブルが起こったときの代表的なサインでもあります。妊娠中は見逃さないようにしましょう。出血やおなかの痛みの状態と受診の目安を詳しく紹介します。

SOSサイン❶ 出血

チェックすべきは色・量・出血が続くかどうか

出血に気づいたら、慌てずに色・量・回数などを確認し、医師の指示を仰ぐか、なるべく早く受診するようにしましょう。

受診の目安

ピンク色　なるべく早めに受診を
（おりものに少し血が混じったような色）
妊娠中はおりものの量が増え、そこに少量の血が混じることがあります。

茶褐色　なるべく早めに受診を
（月経の始まり・終わりごろのような色）
血は少し時間がたつと茶褐色に。少し前に子宮などから出血したのかも。

おりもの状　なるべく早めに受診を
（血が混じった粘り気のあるもの）
一般的に出産が近づくと「おしるし」として、こうした出血が見られます（➡p.150）。

真っ赤な鮮血　すぐに受診を！
今も子宮などから出血が続いている可能性大。異常を知らせるサインです。すぐに受診を！

SOSサイン❷ 下腹部の痛み

強い痛みが続く場合は早めに受診を

妊娠初期に、おなかが引っ張られる感覚を覚えるママは多くいます。これは妊娠によって子宮が大きくなろうとするため起こる症状です。痛みが長く続くことがなければ、心配する必要はありません。注意すべき腹痛は、ギューッと締めつけられるような痛みやズキズキと強い痛みの場合です。とくに痛みが徐々に強くなる場合は、自己判断せずに、早めに医師の診察を受けるようにしましょう。

切迫流産と診断されたら時期に応じた治療を

異常はあるものの、妊娠継続の可能性がある場合の診断名が切迫流産です。**妊娠12週未満で切迫流産と診断された場合は経過観察となりますが、赤ちゃんの心拍を確認できれば妊娠を継続できることがほとんど。**大きな心配はないと考えていいでしょう。一方で**12週以降の場合は、流産のリスクがやや高め。おなかの張りを抑える子宮収縮抑制剤を使用するなど、原因に応じて流産を防ぐ治療をします。**もし医師から安静を指示されたら、下記も参考にして過ごしましょう。

医師から安静を指示されたときの過ごし方

1 疲れをためない
長時間の立ち仕事や、家事をがんばりすぎるなど、無理は禁物。疲れをためないよう、睡眠も十分とるようにしましょう。

2 体を冷やさない
冬場だけでなく、夏の冷房対策も忘れずに。腹帯やソックスなどで調節しましょう。

3 激しい動きを避ける
運動量の多いスポーツだけでなく、旅行や長時間のドライブも控えましょう。

4 ストレスをためない
落ち着いた気持ちでリラックスして過ごしましょう。

妊娠 3カ月 (8〜11週)

つらいつわりはもう少しで必ず終わる！

妊娠がわかったころから、引き続きつわりに悩まされる人も多いことでしょう。つわりの症状には個人差がありますが、遅くとも妊娠16週ごろまでに治まるケースがほとんど。なるべくリラックスして乗り切りましょう。

ママの体の変化

つわりのピーク。無理せず過ごして

おなかはほとんど目立たず、妊娠前と体形もあまり変わらないとはいえ、この時期はつわりのピーク。症状には個人差がありますが、ほとんど食事がとれないという人もいます。**食事がほとんどとれなくても、水分がとれていて、おしっこがきちんと出ていればひとまず大丈夫です。**つわりはおなかの中の赤ちゃんが自分の存在を知らせ、「無理をしないで過ごしてね」とメッセージを送っていると考え、できる限り休みながら過ごしましょう。

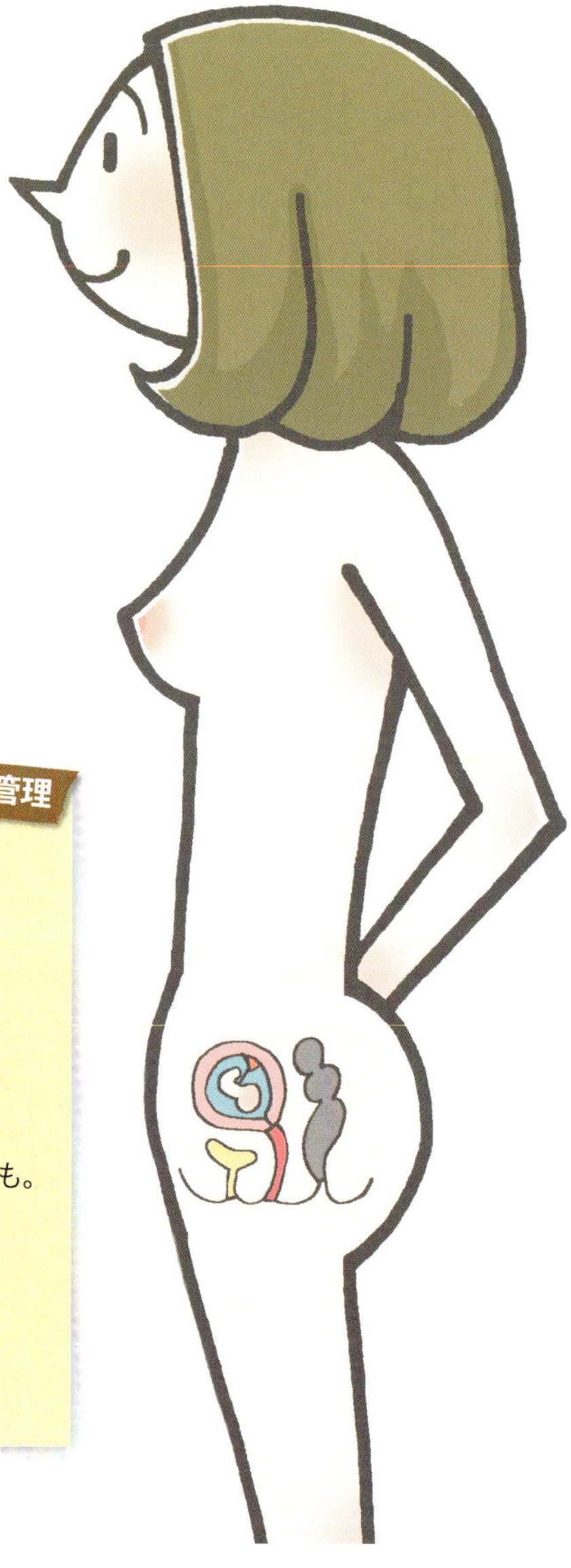

ママの体の変化と健康管理

子宮の大きさ
グレープフルーツくらい。

体の変化
＊つわりのつらさがピーク。
＊頻尿、便秘になる人も。
＊乳首や乳頭が黒ずむ人も。
＊ホルモンバランスの変化で精神的に不安定になることも。

体重増加の目安
妊娠前と変化なし。

妊婦健診
1〜2週に1回。

ママができること

食べられるものを食べればOK！

この時期はママが食べられるものを優先して。たとえば「フライドポテトならば食べられる」という場合は、塩分・油分は多いですが、他に食べられるものがなければそれもOK。**また、パパのフォローに助けられたときは、「ありがとう」の言葉を忘れずに。**

赤ちゃんの様子

胎芽《たいが》から「胎児」へ。人間らしい姿に

おなかの赤ちゃんは、妊娠**8週目から呼び方が変わり、胎芽から「胎児」になります。**それまであったえらや尻尾が消え、頭と胴体がはっきり分かれて3頭身になり、いよいよ人間の赤ちゃんらしい姿になります。

赤ちゃんは、目、鼻、口、耳など顔のパーツができてきて、手足の指が識別できるようになります。また、心臓や脳、肺、肝臓や腎臓など、**11週の終わりごろまでに、すべての器官の基礎が完成します。**

妊娠11週末ごろの赤ちゃん

＊「胎児」と呼ばれます。
＊背骨が発達します。
＊すーっと跳び上がるような動きを見せたり、手足も動かしたりします。
＊膣《ちつ》、睾丸など性器の発達がスタート。

赤ちゃんの重さの目安は**ミニトマト1個**くらい。

身長 **約4～6㎝(頭殿長《とうでんちょう》)**
体重 **約10～20g**

※ 頭殿長：頭からお尻までの長さ。

パパができること

ママがつわりできつい時期はパパがかわりにやろう

「生まれてくるのはパパとママふたりの子ども」と頭ではわかっていても、体の変化はママだけに起こっていること。以前と同じ生活ができなくなり、とまどいや寂しさを感じるパパがいるかもしれません。けれども、**ママがつわりで体調がすぐれないことが多いこの時期は、とくに積極的に家事などをしましょう。**早めに帰宅するだけでママが安心することもあります。ママがつらいときこそ、話を聞いて、負担を軽くしてあげることができれば、信頼も高まるでしょう。

らくらく

パパが家事をしよう

食器洗いやお風呂掃除などを積極的に担当しましょう。

この時期の過ごし方

赤ちゃんの心拍が確認できればひと安心

ママのつわりがひどくて食事がとれないと、おなかの赤ちゃんの成長に必要な栄養が行き届いているか、心配になるかもしれません。

けれども、「赤ちゃんはお弁当箱を持ってママのおなかにやってくる」といわれるように、**胎盤ができあがる前のママと赤ちゃんの栄養補給システムは別。**胎盤が完成するまでは、赤ちゃんは受精卵から分化した卵黄嚢《らんおうのう》から栄養をもらって成長しているのです。**この時期はママがいちばんらくな方法で乗り越えてもよく、栄養バランスが整った食事は、つわりが治まってから取り組みましょう。**

このころまでに超音波検査の画像で赤ちゃんの心拍が確認できれば、初期流産の可能性は低くなります。

超音波検査の画像で見える小さな体の中で、チカチカと動いているのが心拍です。画像を見ることで赤ちゃんの生命を感じられるでしょう。

妊娠3カ月（8～11週）に知っておきたいこと・することリスト

つわりがつらい時期はママの体調を優先

つわりで体調が悪く、家事や仕事が手につかないという人も多いでしょう。下記の「知っておきたいこと」や「やること」を、チェックしておけばOKです。

[知っておきたいこと❶]

つわりで仕事が負担になるときは

つわりがつらいときは、上手に気分転換を。食べていないと気持ち悪いときや、胃や口の中をスッキリさせたいとき、眠気を紛らわせたいときは、**酸味のあるあめやミント系のガム**などがおすすめです。**外の空気を吸う**のもよい気分転換になります。

つわりで仕事を負担に感じる場合は、上司に相談してみましょう。男女雇用機会均等法では「母性健康管理の措置」が事業主に義務づけられていて、**時差出勤や時短勤務、仕事量軽減などが可能です。**

らくらく

上司に相談する前に

医師に相談して「母性健康管理指導事項連絡カード」に記入してもらい、上司や事業主に提出するとスムーズです。

あんしん

症状が消えて不安なときは

医師に話を聞いてもらうだけでらくになれることもあるので、不安があれば、相談してみましょう。

[知っておきたいこと❷]

急につわりの症状が消えたときは

ひどかったつわりが前触れなくピタッと治まると、**流産ではないかと不安を感じるかもしれませんが、必ずしもそうとは限りません。** p.41で紹介しているような出血や腹痛といった症状に注意を払い、心配な場合は産婦人科で検査をしてもらいましょう。

全員チェック！

この時期のすることリスト

- □ 母子手帳を受け取る ➡p.34
- □ 里帰り出産を検討する ➡p.127
- □ 出産する病産院を決め、分娩予約を入れる ➡p.36
- □ 職場の上司に妊娠を報告する ➡p.50
- □ つわりの症状に合わせてママがらくな方法で過ごす ➡p.48

必要な人はチェック！

こんな場合はここをチェック！

- □ 便秘や腰痛などが気になる ➡p.96
- □ 妊娠線が出ないよう早めに予防したい ➡p.87
- □ つわりで太りすぎたので体重管理したい ➡p.80
- □ 今後の仕事や保育園のことを考えたい ➡p.50

Dr.荻田'sアドバイス

夫婦でじっくり話し合って

妊娠が確定すると、産む場所選びから始まり、出生前診断、分娩方式など、**さまざまな選択や決断を迫られる場面が出てくるでしょう。そのときは、ママもパパも、自分の考えを言葉にして、お互いじっくり話し合うことを大切にしてください。**ママもパパも、元々は他人ですから意見の違いはもちろんあるでしょう。けれども、安全なお産と子どもの未来を真剣に考えて一生懸命になっているのは、きっと2人とも同じです。

妊娠3カ月（8~11週）の生活ポイント

つわりは自分がらくな方法で乗り切ろう

おなかの赤ちゃんの心拍が確認できたら、親や職場の上司に報告を。
つわりがつらい時期でもあるので、周囲の協力をあおぎながら乗り切りましょう。

8週

出産予定日まであと224日

あんしん

出産予定日の変更も

この時期の健診の結果で、出産予定日が修正されることもあります。

心拍確認で流産の可能性が小さく

産婦人科の超音波検査で赤ちゃんの心拍が確認できれば、正式に妊娠が確定されます。つわりがつらくても、超音波検査で赤ちゃんの拍動を実感できれば、その苦しみが和らぐのではないでしょうか。なお、**心拍の確認は6~8週ごろと個人差があります。**

9週

出産予定日まであと217日

らくらく

友人や同僚への報告は

流産の心配が少しでもある初期は避け、中期に入ってから報告を。

親や職場の上司に妊娠の報告を

検査でおなかの赤ちゃんの心拍が確認できたら、ママ・パパ双方の親にも報告しましょう。また仕事をしているママは、職場の直属の上司にも、早めに報告をするほうがよいでしょう。とくに**つわりで体調が悪いママは、業務に支障をきたさないためにも早めに相談をしましょう。**

10週

出産予定日まであと210日

らくらく

周囲に相談を

妊娠・出産を経験した友人やパパに相談するのもよいでしょう。

妊娠中は情緒不安定になることも

ホルモンバランスが急激に変化する妊娠初期は、ママの体だけでなく心にも影響が出ます。理由もなくイライラしたり、急に落ち込んで涙もろくなったりする人も多いでしょう。**「今はこういう時期」と割り切って、ひとりで悩んでストレスをためないようにしましょう。**

11週

出産予定日まであと203日

あんしん

副作用は医師に相談

貧血で処方される鉄剤で吐き気や便秘などの症状が出たら医師に相談を。

貧血は早めに改善

妊娠初期の血液検査で貧血と診断された場合は、早めに改善をしましょう。出産後に体の回復が遅れたり、母乳の出が悪くなったりすることもあります。妊娠中の貧血の多くは、**鉄分不足がいちばんの原因です。鉄分をしっかり補給できる食材を積極的にとりましょう**（➡p.46）。

妊娠3カ月（8〜11週）の食事ポイント

妊娠初期の栄養のとり方を知ろう

つわりがつらい妊娠初期、ママの健康を守るために、
食事のとり方のポイントを紹介します。

ポイント 1 吐きづわり対策

自分が食べられるものを探し 水分補給はしっかりと

つわりで吐き気がひどい、食べても吐いてしまうという吐きづわりの人は、**この時期は水分補給を第一に考えればOK。**普通に炊いたごはんが苦手でもパンや酢飯なら食べられるなど、**食べ物の好みが変わるママが多いので、自分が食べられるものを探して食べましょう**（➡p.48）。

食べ物選びは

酸味のあるトマトやグレープフルーツ、フライドポテトなら食べられたなど、人によりさまざま。

らくらく

ビタミンB_6がつわりに有効

つわりの吐き気はビタミンB_6を摂取すると和らぐという報告もあります。ビタミンB_6はp.20で紹介した葉酸とともにビタミンB群の一種。サプリメントで摂取してもよいでしょう。

ポイント 2 食べづわり対策

食事を小分けにして 空腹の時間を減らす

何か食べていないと気持ちが悪い食べづわりの人は、空腹をがまんしてしまうとますます気分が悪くなるため、**空腹の時間を減らす**ことが重要です。1日3回の食事を5〜6回に小分けにしてみましょう。ただし、**1日に必要な摂取カロリーをオーバーしないように注意**します。

ここもチェック！

食べるときはよくかむことで満腹中枢が刺激され、食べすぎ予防にもつながります。

あんしん

体重増加予防におすすめの食べ物

- **こんにゃくゼリーや寒天**

低カロリーで腹もちも◎。

- **春雨スープ**

塩気がほしいときに。

- **ミニトマト**

洗ってすぐ食べられるうえ、低カロリーです。

ポイント 3 貧血対策

妊娠初期に貧血と診断されたら、鉄分+ビタミンCを

妊娠初期の血液検査で貧血と診断されたら、きちんと改善を。基本は食事療法です。**鉄分を多く含む食品と、鉄分の吸収率を高めるビタミンCをいっしょにとる**と効果的です。食事療法で改善しないときは鉄剤（飲み薬）が処方されます（貧血の詳細は➡p.130）。

鉄分豊富な食材は

鉄分が豊富な食材は牛肉や、あさり、納豆、小松菜など。小松菜はビタミンCも豊富です。

あんしん

鉄分は3食で効率よくとる

鉄分が豊富な食材を一度にたくさんとっても、鉄分は体内で吸収しきれないので、3食に小分けにして、こまめにとりましょう。つわりで食べ物を受け付けないときは医師に相談を。

妊娠3カ月の気がかりなことQ&A

Q 流産しないようにずっと寝ていたほうがいい？

A 体調がよければ普通に過ごしましょう。

妊娠初期、12週ごろまでの流産の多くは赤ちゃん側の原因によるもの。静かに寝ていても流産してしまうケースはあります。むしろ、体調がよいならば普通に過ごしましょう。

あんしん

12週以降に起きた切迫流産は

12週以降になると子宮収縮抑制剤を使用するなど、切迫流産の原因に応じて治療します。

Q 妊娠がわかってから便秘気味です。

A この時期は水分を多くとって。

妊娠初期の便秘は、ホルモンの影響やつわりによる食欲不振で腸に入る食べ物が減ることによるもの。解消するには、**1日3食を規則正しく食べ、水分を多くとる**ことが有効です。

Q 便秘がひどく、痔《じ》にならないか心配です。

A 妊娠中は痔になりやすい。悪化しないうちに医師に相談を。

妊娠中は、便秘で便がかたくなり切れ痔になったり、いぼ痔になったりしやすいので注意。大きくなった子宮が肛門周囲を圧迫し、血流が悪くなってしまうのも原因です。**水分や食物繊維を多くとり、お通じをやわらかくすることが、痔の予防につながります。**

らくらく

痔かもしれないときは

出血や違和感があったら医師に相談し、座薬や軟膏を処方してもらいましょう。

Q つわりの程度は遺伝しますか？

A 遺伝しません。気にしてストレスをためないで。

つわりの程度や症状が遺伝するという報告は出ていません。むしろ、「母のつわりは重かったから私も」と深刻にとらえすぎることがストレスとなり、より体調が悪化する原因になります。

Q つわりがありません。赤ちゃんは無事に育っていますか？

A つわりには個人差があるので心配ありません。

「つわりは赤ちゃんが元気に育っているサイン」などといわれることもあり、つわりがないと心配になってしまう人もいるかもしれません。ですが、**つわりを経験するママは全体の80％ほどで、つわりがない人もいます。**赤ちゃんの元気さとは無関係です。

つらいつわりを乗り切るには

この時期にチェック！
初期 中期 後期

食べ物が食べられなかったり、逆に食べないと気分が悪くなったり……。
妊娠初期に多くの人が経験する「つわり」。ママにとって最初の試練です。

症状や程度は人それぞれ。自分に合った対処法を見つけよう

つわりは、まったくない人もいれば、点滴や入院が必要なくらい重症化する人もいるなどさまざまで、症状にも程度にも個人差があります。

つわりが起こる原因は、受精卵が着床してから赤ちゃんがしっかり育つよう、母体のホルモンのシステムが変わるからといわれていますが、確かなところはわかっていません。**早い人で妊娠5週ごろからつわりが始まりますが、12週から遅くとも16週には治まります。**症状がつらい人も、時期がくれば、つわりは必ず終わります。

この時期は食生活が乱れがちですが、**水分がとれていればまず大丈夫。**女性はもともと体に蓄えている脂肪があるため、多少体重が減っても赤ちゃんの発育には影響がありません。**ストレスはつわりを悪化させるので、なるべくリラックスして過ごしましょう。**

症状別 つわりの乗り切り方

症状 吐いてしまう

対処法 水分補給を心がけて

おう吐はつわりの代表的な症状。肉体的にも精神的にもぐったりしてしまい、動けなくなってしまったり、外出が怖くなってしまったりする人もいます。**おう吐をくり返すことで心配なのは、脱水症状を起こすこと。**口にできる飲み物を探し、少しずつとるようにしましょう。

水分・栄養補給のコツ

水分補給は水に限らず、下で紹介するものでも。

- **炭酸飲料**
  無糖のものだとさっぱりする人も。
- **氷やアイスキャンディ**
  「冷たいものなら口にできる」という人も。
- **野菜スープ**
  塩分も摂取できるので、脱水予防に。

症状 眠気やだるさがひどい

対処法 事情が許すならば好きなだけ眠る

「寝ても寝ても、まだまだ眠い」「だるくて何もする気にならない」。そんな状態も、よくある症状。「安静にしてね」という赤ちゃんからのサインかもしれません。**急ぎの仕事などがない場合は、ゆっくり体を休めましょう。**

あんしん

仕事中の眠気対策

仕事中なら、席を立って少しの間、外の空気を吸ったり体を伸ばしたりするだけでも気分転換に。ガムをかむのも眠気対策になります。

症状が重いときは医師に相談を

通常、つわりは自然に治まるのを待ちますが、**症状が重いときは「妊娠悪阻《おそ》」と診断され、治療が必要になります。**重症であれば入院して治療しますが、外来で点滴を受けるだけで症状が軽くなることも。左記のチェックリストを参考に、症状がつらい人はがまんしすぎずに受診しましょう。

受診の目安 チェックリスト

- □ 食べ物だけでなく水分もとれない
- □ 体重が1週間で1～2kg以上減った
- □ 1日に何度も吐く
- □ 尿の量が極端に減った

ひとつでも当てはまる人は医師に相談しましょう。

症状 食べ物のにおいが気になる

対処法 マスクをする

マスクをつけてにおいを防ぎます。食べ物のにおいが気になる場合、温度が下がるとにおいが出にくくなるので**冷やしてから食べてもよいでしょう。**

症状 歯をみがくと気持ち悪い

対処法 せめて口をゆすぐだけでも

歯みがき剤の味やにおいが気になり、歯みがきできなくなるママも。無理に歯みがき剤をつけず、**ブラッシングだけする**ようにしましょう。それでもダメな人は、せめて**食後に口をゆすぐ**だけでも。

症状 げっぷがたくさん出る

対処法 食事のとり方を変えてみよう

消化不良を起こすとげっぷが出やすくなってしまいます。食事を少しずつとったり、消化のよいものを食べる、寝る前の食事を避けるなど胃腸に負担をかけないようにしましょう。

症状 よだれがたくさん出る

対処法 すぐに吐き出せるように

妊娠してから大量のよだれが出るようになる人もいます。日中は大きめのタオルを持ち歩いたり、寝るときは枕元に洗面器を置いておくなどすぐに吐き出せるようにしましょう。

症状 朝からムカムカする

対処法 すぐに食べられるものを枕元に

朝は血糖値が下がり、気分が悪くなることも。少しでも食べ物をおなかに入れることで、ムカつきが治まることもあります。**目覚めたらすぐに口にできるよう、ナッツなどを少量用意しておく**とよいでしょう。

らくらく 枕元にペットボトルを

軽度の脱水症状がムカムカの原因であることもあるので、起きてすぐに水を飲むのもおすすめです。

症状 食べないと気持ち悪くなる

対処法 カロリーが控えめなものを

つねに何か食べていないと気持ちが悪い、食べづわりという状態です。空腹だとムカムカするのであれば、**食事を小分けにして回数を増やしても。**今後の体重管理(➡p.80)を考えると、**カロリーが低いものがおすすめ。**

らくらく 口の中を空っぽにしない

ノンシュガーのガムなど、口の中に長く入れておけるものもよいでしょう。するめや酢昆布でも。

妊娠中から産後の仕事と保育園

この時期にチェック！
初期 中期 後期

「仕事はどうしたらいい?」「子どもはいつから保育園に預ける?」
仕事と保育園について、妊娠中に知っておきたいことをまとめました。

体をいたわりながら充実したワーキング妊婦生活を

妊娠中に仕事を続けることに問題はありません。

妊娠をきっかけに、これからの働き方や将来設計を夫婦で話し合い、ママ自身の意思で今後の仕事の仕方を決めましょう。

妊娠中も仕事を続ける場合、妊婦健診は定期的にきちんと受け、生活ペースや食事バランスなどに気をつけながら生活しましょう。おなかが張ったらひと休みするなど、職場でも無理をしすぎず、体をいたわりながら過ごしてください。

妊娠期間中は、切迫流産（↓p.40）や、切迫早産（↓p.104）、あるいは妊娠高血圧症候群や妊娠糖尿病（↓p.100）などで、妊娠の経過を注意深く観察する必要があると診断されることもあるかもしれません。もし、医師から安静を指示されたら、ママの体とおなかの赤ちゃんを守るためにも、仕事の進め方について職場と相談してください。

お仕事ママの出産までのスケジュール

妊娠判明

今後の働き方を考える

これまでの働き方を見直し、「今後も仕事を続けるか」「続けるとしたらどんな働き方が適当か」について考え、夫婦で話し合いましょう。

妊娠2〜4カ月

上司へ報告

職場の上司には、今後の仕事のこともあるので早めに報告するのがベターです。早めに報告しておけば、急な入院などのときに安心です。

妊娠5〜7カ月

周囲への感謝を忘れずに

妊娠中期には、職場の先輩や同僚などに妊娠を報告しましょう。仕事中は、上司や同僚のフォローに対する感謝も忘れないようにしましょう。

妊娠8〜10カ月

引き継ぎを万全に、いざ出産へ！

産休に入る場合、少しずつ準備や引き継ぎを進めておきましょう。出社最終日には、これまでの妊婦生活を支えてくれた上司や同僚へのお礼の言葉を忘れずに。

産休へ

妊娠中の仕事Q&A

らくらく

夜間や休日診療を活用

最近は、夜間や休日に診察している産婦人科も増えてきています。健診はそちらに通うのもひとつの方法です。

Q 平日の日中は仕事で健診の時間がとれません。

A 勤務先に相談してみましょう。

有給・無給の決まりはありませんが、勤務時間中に妊婦健診を受けるための時間が必要な場合は、会社に申請すれば時間を確保することができます。勤務先に相談してみましょう。

Q 立ち仕事、同じ姿勢が続いてつらいです。

A 無理がない姿勢で。

立ち仕事などで、おなかの張りを感じたときは、治まるまで休ませてもらいましょう。長時間同じ姿勢をとり続けると、むくみや静脈瘤《りゅう》、腰痛の原因に。**軽くストレッチするなどして、こまめに体を動かしながら仕事をしましょう。**

Q 産休はいつからいつまで？

A 産休は出産予定日以前の6週間と産後8週間。

労働基準法で、本人の請求による産前・産後の休業（産休）が認められています。**産休は出産予定日以前の6週間（多胎の場合は14週間）と、産後の8週間。**また、育児休業（育休）は、基本的には子どもが1才になるまでで、男性も取得可能。

妊娠中に知っておきたい保育園のこと

認可保育園の場合、申し込みにあたっては「あらかじめ見学しておくこと」を条件としているケースも多く、出産前に保育園の見学をすることも珍しくありません。ただし新型コロナウイルスの感染状況によっては見学が中止されている場合もありますので事前に確認を。最も一般的な「保育園4月入園」のケースをもとに、スケジュールと知っておきたいポイントを左で紹介します。

保育園4月入園までのスケジュール

妊娠中~産休･育休中　情報収集、見学

自治体や各施設のHPなどから園ごとの募集状況をチェック。気になる施設へ直接連絡して見学可能か問い合わせを。

らくらく

妊娠中でも申し込みができる

0才児の入園申し込みをする場合、出産予定日によっては妊娠中でも申し込み可能です。

▼

~11･12月ごろ　必要書類の準備と申し込み

指定された書類をそろえ、自治体や保育園に提出。勤務証明書など職場に用意してもらう書類もあるので、ゆとりを持って準備して。

▼

2･3月ごろ　選考結果発表、入園準備

認可保育園の場合、自治体から希望した園に入園できるかの結果が連絡されます。そこから入園までのスケジュールは意外とタイト。入園までに説明会や面接、健康診断などが行われます。

あんしん

2次募集や他の保育園も

自治体から希望の保育園に入園できないと通知が届いた場合は、2次募集の申し込みや認可外保育園など他の預け先を探します。

▼

4月　保育園入園

妊娠中は感染症予防を心がけて

この時期にチェック！
初期 中期 後期

おなかの赤ちゃんや妊娠への影響が気になる感染症もあります。
ここでは、妊娠中に気をつけたい感染症の、予防や対処法を紹介します。

赤ちゃんへの影響が心配な感染症も。家族全員での予防が大切

妊娠の有無にかかわらず、感染症にかかってしまう可能性は誰にでもあります。**妊娠中はママの体の免疫力が落ちているため、感染症にかかりやすく、より注意が必要です。**本来であれば軽くやりすごせるはずの風邪でも、妊娠中は高熱で寝込んでしまうなど、重症化しやすいのです。

感染症の中には、妊娠前にすでにママが感染していて本人が気づいていないものや、赤ちゃんへの影響が心配されるものもあります。妊娠中に気をつけたい感染症にはどのようなものがあるか、また、予防策やかかってしまった場合の対処法を知っておきましょう。

感染症の疑いがある場合は、産婦人科と内科、どちらでも受診できますが、内科の場合は妊娠中であることを忘れずに伝えましょう。受診の際はマスクの着用を忘れずに。

感染症を防ぐ4つの習慣

感染の経路はさまざまですが、代表例を紹介します。感染経路を断つことで、感染症予防につながります。

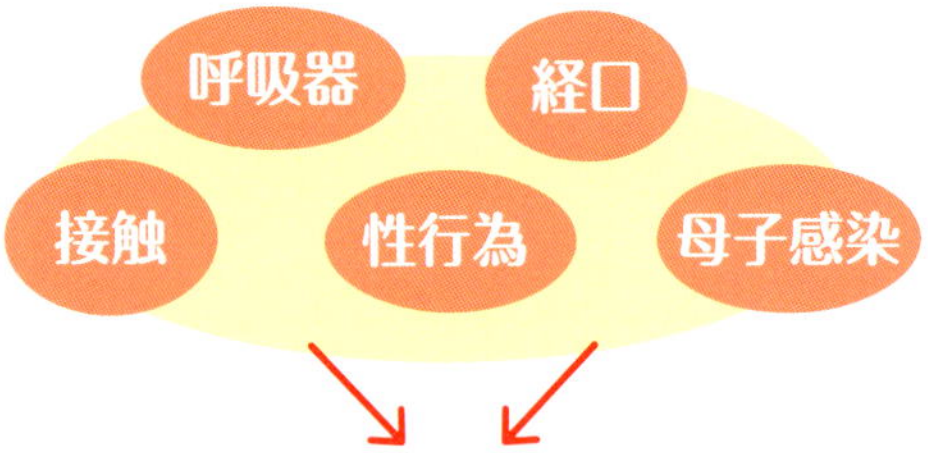

4つの習慣でできるだけ感染経路を断つ！

1 帰宅時に手洗い

アルコール消毒液などでの除菌・消毒にこだわらなくても、石けんでしっかり丁寧に洗えば予防に役立ちます。家族全員で徹底しましょう。

2 しっかり休んで疲れをためない

疲れがたまったり睡眠不足になったりすると、免疫力が低下します。規則正しい生活も大事。

3 人ごみではマスクを着用

飛《ひ》沫《まつ》感染を防ぐため、人ごみは避けたいところです。出かける場合はマスクをします。

4 セックスではコンドームを使用

性感染症は妊娠経過に影響を与えるものも。コンドームの使用は感染を防ぐために有効です。

妊娠中に気をつけたい感染症

おなかの赤ちゃんや妊娠経過に影響があるものも。予防できるものは対策を立てて。

新型コロナウイルス感染症

疑いがあるときは即、相談を

どんな病気？

新型のウイルスによる呼吸器感染症。飛沫感染、接触感染などでかかります。無症状の人も多いですが、発熱、せき、倦怠感のほか、下痢、嗅覚や味覚の異常などの症状を引き起こすことも。

赤ちゃんへの影響は？

いまのところ、妊婦から胎児への感染はほとんどなく、ウイルスがおなかの赤ちゃんに直接何らかの影響を及ぼす可能性は低いとされています。

予防法・治療法は？

手洗いや消毒を徹底し、3つの「密」を避けること。また、ワクチンの接種も予防に有効とされています。**高年齢での妊娠、肥満、高血圧、糖尿病などは重症化のリスク因子になるといわれているので、とくに注意が必要。**軽症の場合は、必要に応じて対症療法を行います。

風邪・インフルエンザ

症状が重くならないように対策を

どんな病気？

風邪は、ウイルスや細菌が鼻、のど、気管などの呼吸器系器官に侵入して炎症を起こす病気です。インフルエンザは風邪のウイルスの一種で、感染力が強く重症化しやすいのが特徴の感染症です。

赤ちゃんへの影響は？

風邪やインフルエンザのウイルスがおなかの赤ちゃんに直接影響を及ぼしたという報告はないので、赤ちゃんへの影響は心配しなくてもよいでしょう。

予防法・治療法は？

いずれも症状を長引かせない、重症化させないことがポイントです。**風邪の場合、症状がつらいときは処方薬をもらいましょう。インフルエンザが疑われる場合は早めに受診を。インフルエンザは予防接種を受けることが重症化を防ぐために有効です。**

麻疹（はしか）

分娩直前の感染は赤ちゃんへの感染も

どんな病気？

麻疹《ましん》ウイルスが原因の感染症です。数日間高熱が出て全身に赤い発疹が出ます。感染力が非常に強く、大人になってからかかると重症化する傾向があります。

赤ちゃんへの影響は？

妊娠中に感染すると、流産や早産を引き起こす可能性があります。また分娩直前に感染した場合は、赤ちゃんにも感染するおそれが出てきます。

予防法・治療法は？

子どものころにかかったり、予防接種を受けたりしていれば抗体ができるのであまり心配いりません。**分娩直前に麻疹に感染した場合、分娩時の赤ちゃんへの感染を防ぐため、子宮収縮抑制剤などを使用して出産のタイミングを遅らせることもあります。**

風疹（ふうしん）

妊娠初期の感染はとくに避けたい

どんな病気？

風疹ウイルスの感染によって起こる病気で、体全体に赤い発疹が出るのがこの感染症の特徴です。「三日ばしか」ともいわれ、数日で治ります。

赤ちゃんへの影響は？

妊娠中、とくに初期に感染すると、赤ちゃんが白内障、心疾患、難聴などの症状が出る先天性風疹症候群を発症する可能性が高くなるので注意が必要です。

予防法・治療法は？

妊婦健診の血液検査で抗体の有無をチェック。抗体がない、または抗体値が低い場合は、人ごみを避け、風疹にかかっている人との接触を避けましょう。**パパが予防接種を受けていない場合はすぐに受けて、家庭内での感染を予防します。**

GBS（B群溶血性連鎖球菌）

抗生物質で赤ちゃんへの影響は回避

どんな病気?

妊婦さん全体の10%程度が常在菌として保有しているといわれています。ママにとってはとくに害がない、病原性の弱い細菌です。

赤ちゃんへの影響は?

この菌を保有したまま経腟分娩を行い、分娩時に赤ちゃんに感染すると、肺炎や敗血症、髄膜炎《ずいまくえん》などを引き起こす新生児GBS感染症になる危険があります。

予防法・治療法は?

妊娠後期の健診で検査します。もし菌を持っていても、分娩時に抗生物質の治療によって赤ちゃんへのGBS感染を防ぐことができます。

水痘（水ぼうそう）

分娩直前直後の感染に注意が必要

どんな病気?

水痘《すいとう》・帯状《たいじょう》疱疹《ほうしん》ウイルスが原因。発熱とともに赤い発疹が全身に広がり、その後水疱に変わります。3～4日で乾いたかさぶたになり、1週間程度で治ります。

赤ちゃんへの影響は?

妊娠中の感染は、赤ちゃんが目や手足の異常などさまざまな影響を受ける先天性水痘症候群を発症する可能性がありますが、その確率は1％未満です。

予防法・治療法は?

一度かかれば抗体ができます。**もし分娩の直前直後に感染した場合、おなかの赤ちゃんへの感染・重症化を防ぐために赤ちゃんに免疫グロブリンを投与することもあります。**

B型肝炎

キャリアなら赤ちゃんにワクチンを接種

どんな病気?

B型肝炎ウイルスが原因。肝臓に炎症が起き、働きが低下してしまう病気です。感染していても、症状がまったく出ない人（キャリア）もいます。

赤ちゃんへの影響は?

日本人全体の1～2%がキャリアです。ママがウイルスのキャリアの場合、出産時に高い確率で赤ちゃんに感染してしまうことがあります。

予防法・治療法は?

妊婦健診で検査をしてキャリアの場合は、出生直後の赤ちゃんに免疫グロブリンを注射。その後も接種をくり返し、感染を予防します。

流行性耳下腺炎（おたふくかぜ）

赤ちゃんへの影響はほとんど心配なし

どんな病気?

ムンプスウイルスによる感染症で、頭痛、発熱、倦怠《けんたい》感など風邪に似た症状が出ます。耳の下のほおからあごの辺りが腫れるのが特徴です。

赤ちゃんへの影響は?

妊娠中にかかり、おなかの赤ちゃんに直接悪影響を及ぼしたという報告は現在のところありません。大きな心配はないと考えてよいでしょう。

予防法・治療法は?

流行性耳下腺炎は子どもがかかりやすいので、上の子がいる家族はとくに注意しましょう。一度感染していれば免疫ができ、再び感染することはありません。

トキソプラズマ症

妊婦健診で抗体を調べておこう

どんな病気?

猫の便から感染する病気として知られていますが、そればかりではありません。十分に加熱していない肉やレバーから感染することもあります。

赤ちゃんへの影響は?

妊娠してからはじめて感染した場合、おなかの赤ちゃんにも感染して先天性トキソプラズマ症になったり、流産や早産を引き起こしたりすることがあります。

予防法・治療法は?

妊婦健診の任意検査で抗体を調べることができます。抗体がない場合、手洗いを徹底し、生肉を食べないなど予防を心がけましょう。

伝染性紅斑《こうはん》（りんご病）

風邪同様、手洗いやマスクなどで予防を

どんな病気?

ヒト・パルボウイルスB19というウイルスが原因で発症します。ほおがりんごのように赤くなり、手足にも網目状の紅斑が出ます。

赤ちゃんへの影響は?

妊娠中、とくに妊娠20週未満に感染すると、まれにおなかの赤ちゃんがむくみの出る胎児水腫になり、流産や発育不全につながることもあります。

予防法・治療法は?

感染経路のほとんどが、発症している人のせきやくしゃみから吸い込んでしまう飛沫《ひまつ》感染です。**手洗いを徹底し、人ごみではマスクを着用します。**

他にもある、妊娠中に心配な感染症

◆ 絨毛膜羊膜炎《じゅうもうまくようまくえん》

赤ちゃんを包む卵膜や羊水が細菌に感染して起こる病気です。前期破水や早産を引き起こす可能性があります。においがきつい、灰色がかったおりものが見られたら医師に相談をしてください。早期発見・治療が大切です。

◆ カンジダ膣炎

かゆみが強く、カッテージチーズのような白いおりものが特徴です。分娩時に赤ちゃんに感染すると鵞口瘡《がこうそう》になることもあります。とくに痛みやかゆみはなく、まれに母乳が飲みづらくなる程度ですが、カンジダ膣炎は薬を服用すれば10日ほどで完治するのでしっかり治療をします。

性感染症は夫婦で治療を

性感染症は、どちらかひとりに感染が確認されると、パートナーも感染している確率が高くなります。もし、妊婦健診で梅毒やクラミジアなど性感染症が陽性だった場合、パパも検査を受けてしっかり治療しましょう。ママだけが治療しても、パパが治療していなければ再び感染させてしまうからです。

梅毒

健診できちんと発見。抗生物質で治療

どんな病気?

梅毒トルポネーマという菌によって起こる性感染症。感染すると血液中から全身に広がります。初期は自覚症状がほとんどなく、その後赤い発疹や発熱などが見られます。

赤ちゃんへの影響は?

妊娠中期以降の感染やママが治療をしなかった場合、流産や早産、子宮内胎児死亡の原因になったり、分娩時に赤ちゃんに感染したりするおそれがあります。

予防法・治療法は?

妊娠初期に梅毒検査でチェック。陽性の場合、早期に抗生物質で治療を開始すれば、おなかの赤ちゃんへの影響はあまり心配しないで大丈夫です。

性器ヘルペス

分娩時の赤ちゃんへの感染に注意

どんな病気?

単純ヘルペスウイルスで起こる性感染症。外陰部や膣《ちつ》に米粒大の赤い水疱ができます。水疱が破れると激しく痛み、発熱することもあります。

赤ちゃんへの影響は?

分娩時に赤ちゃんに感染すると、ヘルペス脳炎や新生児ヘルペスにかかる可能性が高く、重い障害を残すこともあるので危険です。

予防法・治療法は?

しっかり治療すれば経膣《けいちつ》分娩も可能ですが、**出産直前に感染した場合や分娩時に完治していない場合は、帝王切開**で赤ちゃんへの感染を防ぎます。

サイトメガロウイルス感染症

多くの人が抗体がある。ない場合は注意

どんな病気?

サイトメガロウイルスは、日本では成人のほとんどがすでに感染し抗体を持っています。感染しても症状はほとんど出ません。特別な治療をしなくても自然に治ります。

赤ちゃんへの影響は?

妊娠中にはじめて感染すると、おなかの中で赤ちゃんに感染し、ごくまれに小頭症や難聴など重い症状が出ることもあります。

予防法・治療法は?

妊娠中の初感染を防ぐには、**セックスの際はコンドームを使用し、乳幼児の尿や唾液に触れたときはしっかり手洗いする**ことがすすめられています。

性器クラミジア感染症

自覚症状がないため妊婦健診で検査

どんな病気?

性感染症のひとつで、パートナー同士で感染している可能性が高い病気。妊娠していないときの感染は不妊の原因にもなります。自覚症状が現れないケースがほとんどです。

赤ちゃんへの影響は?

頻度は高くありませんが、子宮頸管炎《けいかんえん》や絨毛膜羊膜炎《じゅうもうまくようまくえん》を起こして流産や早産の原因となったり、分娩時に赤ちゃんが新生児結膜炎や新生児肺炎になったりすることもあります。

予防法・治療法は?

妊婦健診で検査をし、陽性の場合、治療は抗生物質を２〜４週間程度服用します。なお、男性は尿道炎などの症状が現れます。パパに自覚症状がある場合も受診しましょう。

ケース別 妊娠生活のポイント

この時期に
チェック!
初期 中期 後期

35才以上での妊娠や多胎《たたい》、ママに持病がある場合でも、
妊娠生活を安心して過ごすために気をつけたいポイントをまとめました。

高年初産や多胎《たい》、持病がある場合の妊娠中の過ごし方を知ろう

妊娠中のママの中には、多胎や高年初産、持病があるなど、経過を注意深く観察する必要があるケースがあります。最近は、晩婚化の影響などで出産年齢が上がってきていて、35才以上で初産（高年初産）ということも珍しくありません。また、不妊治療の排卵誘発剤の使用は、多胎妊娠の確率を上げるともいわれます。もちろん、35才から急に出産のリスクが高まるわけではなく、高年初産でも元気で健康な赤ちゃんを産めますし、さまざまなリスクを抱える多胎妊娠でも、医学の進歩とともに、より安全に出産できるようになりました。持病があるママも、産婦人科医と持病の主治医が連携を密にすることで安心して出産にのぞむことができます。**ママやパパは、妊娠中に気をつけたいことを知り、安全な出産を迎えるためにできることをしましょう。**

妊娠中の過ごし方をとくに知っておきたいケース

次のようなケースは、妊娠中の過ごし方で気をつけたいポイントを知っておきましょう。

高年初産（➡p.57）
- □35才以上ではじめての出産

多胎（➡p.57）
- □ふたり以上の赤ちゃんを妊娠

婦人科系の持病がある場合（➡p.58）
- □子宮筋腫《きんしゅ》
- □卵巣嚢腫《のうしゅ》
- □子宮内膜症
- □子宮頸《けい》がん
- □子宮奇形

※その他の持病がある場合も産婦人科医に相談しましょう。

婦人科系以外の持病がある場合（➡p.59）
- □腎疾患
- □心疾患
- □糖尿病
- □甲状腺機能障害
- □膠原《こうげん》病（SLEなど）

※その他の持病がある場合も持病の主治医・産婦人科医に相談しましょう。

高年出産、多胎の妊娠・出産

高年初産や多胎の場合の妊娠は、それぞれどのようなリスクがあり、どのようなことに注意すればよいのかをまとめました。

多胎

管理入院や帝王切開で母子の安全を最優先

妊娠中は?

母体の負担が大きくなることで貧血やおなかの張りなどが起こりやすく、切迫流産や切迫早産、妊娠糖尿病や妊娠高血圧症候群などのリスクもあります。経過によっては、妊娠28～30週ごろから管理入院をすすめられることもあり、出産は帝王切開になるケースがほとんどです。

気をつけたいことは?

多胎の場合、鉄不足による貧血に、よりいっそう注意が必要です。妊婦健診の回数が多く、慎重に経過を観察します。ママ自身もおなかの張りなどに注意しながら生活をしましょう。体重は妊娠前から15kg前後の増加にとどめると、妊娠高血圧症候群の予防にもなるでしょう。

高年初産

産科的には35才以上は「高年齢」。リスク予防のためにできることをして

妊娠中は?

35才以上ではじめて妊娠する場合、染色体異常をはじめ流産や早産、妊娠高血圧症候群や妊娠糖尿病など、さまざまなリスクが高まることがわかっています。お産においても、子宮口がかたくて開きにくくなったり、会陰《えいん》部の伸びが悪かったりすることもあります。

気をつけたいことは?

「高年出産にはリスクがある」とはいえ、リスクを減らすために心がけたいことは、34才以下での妊娠の場合と同様です。肥満気味であれば体重管理に注意し、血圧が高めであれば塩分摂取を控えましょう。また、妊婦健診はきちんと受け、トラブルの早期発見に努めましょう。

出生前診断は、パパとよく話し合って

年齢が高いママが心配することのひとつに、染色体異常の赤ちゃんが生まれる確率が増えることがあります。**妊娠中に染色体異常を調べる「出生前診断」というものがありますが、いずれも希望するママのみに行う検査です。**出生前診断の検査にはいくつか種類がありますが、内容やリスクに関する説明をきちんと受け、パパともよく話し合い、受けるかどうかを慎重に判断しましょう。

おもな出生前診断の種類と内容

羊水検査

妊娠15週以降におなかから子宮内に針を刺し、羊水を採取して行うのが羊水検査です。診断精度は最も高いのですが、1000人に1人がこの検査で流産するというデータもあります。

血液検査

「トリプルマーカー」「クアトロテスト」「NIPT(いわゆる新型出生前診断)」などの種類があります。ママの血液のみで調べます。流産などのリスクはありませんが、異常の有無の確率がわかるだけです。

ソフトマーカー

超音波検査で、赤ちゃんの心臓に逆流や奇形がないかなどを確認します。とくにNTといっておなかの赤ちゃんの首の後ろのむくみの値が一定以上だと、染色体異常や心奇形などの確率が高いといわれています。

持病がある場合の妊娠・出産

持病と妊娠・出産がお互いに及ぼす影響についてまとめました。

子宮内膜症

妊娠中は改善することもある 産後は経過観察や治療

どんな病気?

子宮内膜に似た組織が子宮内外にできてしまう病気です。子宮内膜症になると生理痛が強く表れるのが特徴ですが、軽度であれば痛みも少なく、自覚症状がほとんどないこともあります。妊娠をきっかけに発覚する場合もあります。

気をつけたいことは?

子宮内膜症は「月経がなくなることが究極の治療法」といわれるため、月経のない妊娠中は改善します。安心して出産を迎えてください。産後に再発・発症することもあるため、経過観察や治療を行いましょう。

婦人科系の病気の場合

妊娠・出産に影響がある病気も

妊娠がきっかけで子宮内膜症や子宮の奇形など婦人科系の病気が見つかることがあります。また、以前から婦人科系の持病がある人もいるでしょう。子宮筋腫など、出産に影響が出る心配が少ない病気もありますが、なかには妊娠・出産に影響する病気もあります。産婦人科医とよく相談しながら分娩の方法を決めたり、治療を進めたりします。

子宮頸《けい》がん

ごく早期に発見すれば 妊娠の継続も可能

どんな病気?

妊娠初期の健診で検査をすることが多いがんです。子宮頸がんは進行の度合いによって0〜Ⅳ期に分けられ、ごく早期に発見されれば、治療しつつ妊娠の継続も可能です。発見が早ければ、ほぼ100%治ります。

気をつけたいことは?

もし、がんが進行していたら、ママの命を守ることを最優先に、妊娠をあきらめなければならないことも。すみやかに治療を進めれば、子宮頸がんがあっても無事に妊娠・出産をしている女性はたくさんいます。早期発見が大切です。

子宮筋腫《きんしゅ》

妊娠・出産に影響が出る 心配ない場合は経過観察

どんな病気?

子宮にできる良性の腫瘍。妊娠中は腫瘍がやわらかくなり、その多くは赤ちゃんの成長のじゃまをしませんが、筋腫により痛むこともあるので注意。出産時は児頭回旋異常や微弱陣痛を起こしやすく、帝王切開になることもあります。

気をつけたいことは?

妊娠・出産に影響が出る心配がない場合、とくに子宮筋腫の治療は行わず経過を観察します。日常生活では流産や早産の可能性が少し高いことを意識し、おなかの張りや出血に気をつけて過ごしましょう。

子宮奇形

子宮の状態によって 経腟分娩か帝王切開かを検討

どんな病気?

子宮がふたつある重複子宮、子宮の内部がふたつに分かれた双角子宮、子宮上部が弓なりにへこんだ弓状子宮など、子宮が変形していること。状態によって、経腟分娩か帝王切開かを検討します。

気をつけたいことは?

子宮内が通常よりも狭く、流産や早産の心配があります。おなかが張ったらすぐに休むなど、生活面でも注意しましょう。子宮の形や胎盤の位置によっては、胎盤がはがれやすくなることもあるので、健診回数を増やして見守ります。

卵巣嚢腫《のうしゅ》

小さければ妊娠・出産に影響なし 大きい場合は15~16週ごろ手術

どんな病気?

卵巣にできる良性の腫瘍が卵巣嚢腫です。小さければ妊娠・出産には影響ありません。直径5〜6㎝の大きなものは、15〜16週ごろに嚢腫をとる手術をします。その後は、経過に問題がなければ、経腟分娩も可能です。

気をつけたいことは?

妊娠初期の卵巣の腫れは、卵巣嚢腫ではなくルテイン嚢胞《のうほう》（黄体嚢胞）のこともあります。その場合、妊娠12週以降、徐々に小さくなります。嚢胞のサイズが大きくなるなどする場合、卵巣嚢腫ということで治療を検討します。

糖尿病

インスリンで血糖をコントロール

妊娠中の治療は?

流産や早産、妊娠高血圧症候群や、おなかの赤ちゃんが巨大児になったり、生まれた直後に低血糖になったりするリスクもあります。インスリンで血糖をコントロールします。

気をつけたいことは?

カロリー制限を守った食事を、1日3食ではなく6食の小分けにしてとるようにし、血糖値を安定させることもあります。運動療法も指示通りに行いましょう。

婦人科系以外の病気の場合

持病を産婦人科医に伝えて

心疾患や腎疾患、糖尿病、甲状腺の病気や膠原病など、婦人科系以外の持病がある人は、きちんと産婦人科医に伝えましょう。そして、薬の服用や治療について相談することを忘れずに。持病がある場合、その病気の専門医と産婦人科医に密に連携をとってもらうことが大切です。

甲状腺機能障害

妊娠中もきちんと治療を継続

妊娠中の治療は?

甲状腺は代謝を促進するホルモンを分泌しています。甲状腺の機能が亢進《こうしん》するバセドウ病、低下する橋本病などは、妊娠中もきちんと治療を続けることが不可欠です。

気をつけたいことは?

バセドウ病は早産や妊娠高血圧症候群、橋本病は早産や妊娠高血圧症候群の他、常位胎盤早期剝離《はくり》などに気をつけながら治療します。

腎《じん》疾患

食事療法と慎重な経過観察を

妊娠中の治療は?

腎疾患があると胎盤の機能が低下しがちなので、おなかの赤ちゃんの状態を見ながら出産の方法や時期を決めていきます。ママの腎機能や血圧も注意深く経過観察します。

気をつけたいことは?

妊娠高血圧症候群を起こしやすくなるので、産科医や内科医と病状を管理します。妊娠前から治療中の人は引き続き、食事や生活上の注意を守り、慎重に経過を観察しましょう。

膠原病《こうげんびょう》(SLEなど)

赤ちゃんに影響の少ない薬で治療

妊娠中の治療は?

膠原病はアレルギー疾患の一種です。妊娠中の治療は、制限された量を守って、赤ちゃんに影響の少ない副腎皮質ステロイド剤が使用されます。

気をつけたいことは?

赤ちゃんに何らかの症状が見られる可能性もあります。その兆候が見られたら、胎盤を通過する薬をママが服用し、赤ちゃんの治療をすることがあります。

心疾患

心臓に負担をかけないように生活を

妊娠中の治療は?

妊娠すると循環器系の負担が増すため、心疾患が悪化しないよう注意が必要です。出産は、心臓に負担をかけないよう、鉗子《かんし》分娩や吸引分娩、帝王切開のこともあります。

気をつけたいことは?

日常生活では意識して安静の時間をつくったり、服用する薬を変更したりする必要もあるでしょう。医師の説明をよく聞き、薬は正しく服用しましょう。

その他の気になる病気と妊娠・出産の関係

ぜんそく

妊娠中は、発作による酸素不足を防ぐため、発作をコントロールすることが大事。おなかの赤ちゃんへの影響を心配してステロイド剤などの使用をためらう人もいるかもしれませんが、処方された薬はきちんと服用しましょう。

アレルギー性鼻炎

妊娠が判明したら市販薬の服用は避けます。薬は、妊娠中でも服用できるものがあるので、耳鼻科の医師に相談しましょう。目薬や点鼻薬を処方してもらうときも同様に、妊娠中であることを伝えるのを忘れないようにしましょう。

食物アレルギー

生まれてくる子どもがアレルギーになることを心配して、原因になりそうな食材を控えるのはNG。予防にならないばかりか、栄養バランスが崩れて、かえっておなかの赤ちゃんの成長に悪影響を及ぼす可能性があります。

ママとおなかの赤ちゃんの状態が安定

吐き気や眠気、だるさなど、つわりの症状が治まるころ。また、胎盤が完成して、ママがとった栄養や酸素がおなかの赤ちゃんにしっかり届くようになります。ママの体調もおなかの赤ちゃんの状態も安定してくるころです。

妊娠 4カ月 (12〜15週)

ママの体の変化

つわりがらくになり、子宮は徐々に大きく

12週ごろから、つわりの症状は徐々にやわらぎ始めます。症状は長く続く人もいますが、ほとんどの人が16週ごろまでに治まります。子宮は徐々に新生児の頭ぐらいの大きさになり、おなかのふくらみが少しずつ目立ってくるころです。

高温だった基礎体温が落ち着くので、だるさや熱っぽさが続いていた人も症状がなくなります。一方、ホルモンの影響で骨盤がゆるみ、腰痛になりやすくなります。

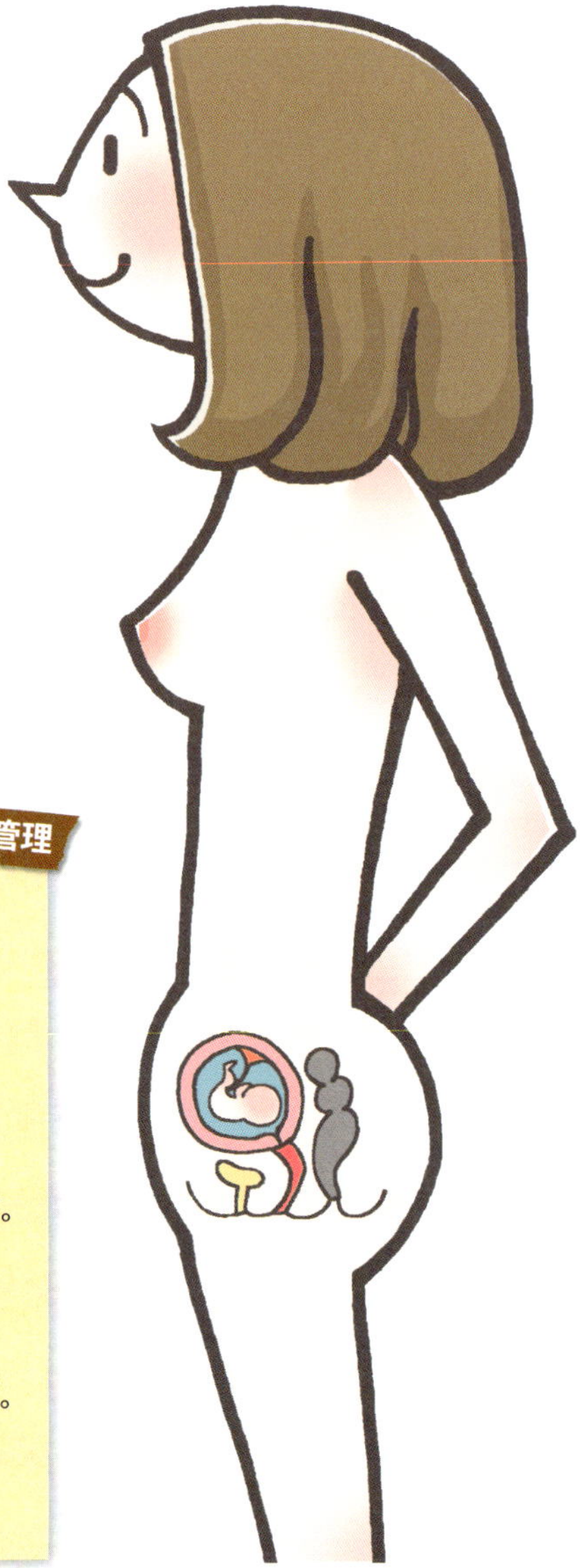

ママの体の変化と健康管理

子宮の大きさ
新生児の頭ぐらい。
(子宮底長 約12cm)

体の変化
* 乳房やおなかが少しずつ大きくなります。
* 基礎体温が下がり、体のほてりやだるさがとれます。
* 徐々につわりがらくになります。

体重増加の目安
妊娠前から+1〜1.5kgほど。

妊婦健診
4週に1回。

ママができること

「和定食」で簡単に栄養バランスをとろう

つわりが治まったら意識したいのが、栄養バランスのとれた食事と体重管理。そこでおすすめなのが「和定食」です。ごはん、みそ汁と主菜、副菜がそろった定食は、栄養バランスがとりやすくヘルシーです。自宅で献立を考えるときだけでなく、外食のときも和定食を選ぶとよいでしょう。

赤ちゃんの様子

体の器官形成はほとんど完了

15週末までに、赤ちゃんの**脳や内臓、手足など各器官の形成が完了。**皮膚が厚くなって透けて見えなくなったり、髪の毛が生えたり、**細部がより人間らしく整えられていきます。**骨がかたくなり筋肉が発達して、手足をよく動かすようになります。

誕生後に備えて、おっぱいを飲む練習のような動きもスタート。口は開けたり閉じたり、ときには口に触れた指をしゃぶったり、手の甲を吸ったりします。

妊娠15週末ごろの赤ちゃん

＊髪の毛が生えてきて、全身も産毛で覆われます。

＊歯茎の中に乳歯ができ始めます。

＊声帯が作られ始めますが、まだ羊水の中にいるので声を出すことはありません。

赤ちゃんの重さの目安は**キウイ1個**ぐらい。

身長 **約15cm**　体重 **約110g**

パパができること

「ママを孤独にしない」ことを心がけよう

妊娠が判明してから、ママがイライラしたり、急に落ち込んだり、いつもと違う様子にとまどっているパパもいるかもしれません。女性は妊娠・出産でホルモンバランスが大きく乱れ、うつ症状やイライラなど、いわゆるマタニティブルーになりやすくなります。**ママがイライラしていても「そういう時期なんだ」と受け止め、落ち込んでいたら、そばにいて話を聞いてあげれば、ママも心強く感じるでしょう。**ママが「自分はひとりじゃない」と思えることが大事です。

この時期の過ごし方

つわりから解放されたら、栄養バランスのよい食事を

初期流産の心配が減り、妊婦健診も4週に1回になります。**妊娠4カ月の終わりごろには、胎盤がほぼ完成。おなかの赤ちゃんは胎盤経由でママから酸素や栄養などを受け取り、二酸化炭素や不要な老廃物を送り返す循環ができるようになります。**

今後は胎盤から供給される栄養が赤ちゃんの成長を左右するので、食生活に注意が必要です。つわりが治まり、食欲が回復するママも多いですが、これまでのように「食べたいものを食べたい分だけ」という生活はストップ。**体重管理と栄養バランスのよい食事をとることを心がけましょう。**

また、このころから、ママの見た目にも変化が表れます。おなかのふくらみが目立ち始め、乳腺の発達により乳房の張りも感じるようになります。**体を締めつけると血行が悪くなってしまうので、マタニティインナーやマタニティウエアに切り替えましょう。**

妊娠4カ月（12～15週）に知っておきたいこと・することリスト

本格的に体重管理をスタート

つわりが治まり体調が回復したら、妊娠中の体重管理を本格的にスタート。
あわせて、分娩予約がまだの人は早めにすませましょう。

[知っておきたいこと ❶]

妊娠中は体重管理が重要

妊娠中に体重が増えすぎると、**妊娠高血圧症候群や妊娠糖尿病のリスクが高まる、微弱陣痛で出産が長引く、妊娠線ができやすい、**などさまざまな悪影響があります。一方で、食事を制限しすぎて増えないのも問題で、おなかの赤ちゃんに必要な栄養が行き届かず、**低出生体重児**となってしまったり、ママが**貧血**になったりする可能性もあります。

あんしん

つわりが治まったら

本格的に栄養バランスのとれた食事と体重管理を心がけましょう。

あんしん

洗いすぎには注意

おりものは膣《ちつ》から体内に菌が侵入するのを防ぐ役割も果たしています。シャワーのお湯でさっと流す程度にしましょう。

[知っておきたいこと ❷]

妊娠中はおりものの状態も要チェック！

妊娠すると、おりものの量が増えたり、クリーム色に変化することもあります。多少の変化なら、下着やおりものシートをこまめに替えるなど清潔を保てばOKです。**おりものが黄色や緑色になる、チーズ状になるなどのときは感染症にかかっている可能性もあります。早めに受診しましょう。**

全員チェック！

この時期のすることリスト

- □ つわりが治まったら体重管理を始める ➡p.80
- □ 栄養バランスのよい食事を心がける ➡p.64
- □ 出産場所を決めて分娩予約をする ➡p.36
- □ マタニティ用のインナーやウエアを用意する ➡p.68

必要な人はチェック！

こんな場合はここをチェック！

- □ 便秘や腰痛などマイナートラブルが気になる ➡p.96
- □ 妊娠線が出ないよう早めに予防したい ➡p.87
- □ 両親学級について調べ始めたい ➡p.75
- □ 安産に向けた体作りについて知りたい ➡p.82

Dr.荻田'sアドバイス

体重増加はもとの身長や体型に合わせて

妊娠中の体重増加は標準の体形の人（BMIが18.5～25.0程度➡p.80）であればプラス10kg前後、もともと太っている人は5kgくらいまでが目安です。病産院によって数字や体重管理の厳しさに多少違いはあるかもしれませんが、**体重管理は食事量を減らすことではなく、たんぱく質や野菜をしっかりとったうえで、間食などを控えるのが基本です。**

妊娠4カ月（12～15週）の生活ポイント

少しずつ大きくなるおなかに合わせて生活を

つわりが治まったら、里帰り出産や転院を考えている人は準備をしたり、インナーなどをマタニティ用に切り替えたりするなど、本格的に妊婦生活をスタート。

12週

出産予定日まであと196日

らくらく

無理はしないで

体調が悪くなることもあるので、家事はパパができると◎。

便秘や頻尿などがつらい人も

妊娠すると子宮が妊娠前よりひと回り大きくなるので膀胱《ぼうこう》を圧迫して頻尿になったり、子宮の収縮を抑えるために増えたホルモンが腸の働きを弱めてしまうため、便秘になったりする人も。こうした**不調は、妊娠中はよくあること。がまんせず、p.96を参照して対処しましょう。**

13週

出産予定日まであと189日

あんしん

転院先に確認する

いつまでに転院するべきかは医療施設によって異なるので早めに確認を。

転院の検討は早めに

初診の産婦人科が分娩を扱っていない場合、**出産施設は早めに決めましょう（➡p.36）**。妊娠中期までに初診をしないと転院できなかったり、妊娠後期になるとリスクを把握できないことから転院を断られたりすることも。また、新型コロナウイルスの流行中は、里帰り出産が難しいこともあるので早めに検討を。

14週

出産予定日まであと182日

らくらく

疲れたら体を休めよう

疲れを感じたら、無理せず体を休めて。ストレスをためないことが大切。

つわりが治まっても無理は禁物

妊娠4カ月の後半を過ぎると、多くの人はつわりが治まります。けれども、症状が治まったからといって、つわりがあったときに思うようにできなかった仕事や家事を一気にこなそうとしてはいけません。**妊娠中は体に負担をかけすぎないことが基本です。**

15週

出産予定日まであと175日

あんしん

冷えを予防しよう

マタニティショーツはおなかをすっぽりおおうので、冷え予防にもなります。

マタニティ用のインナーやウエアに

そろそろ今までの下着ではきつくなるので、締めつけが少ないマタニティインナーやマタニティウエアに切り替えましょう。さまざまな種類がありますが、**まずはショーツとブラジャーを用意。ボトムスも専用のものを用意するとおなかを締めつけず、らくです（➡p.68）。**

妊娠4カ月（12〜15週）の食事ポイント

妊娠中にとりたい栄養素を知ろう

妊娠中のママの健康やおなかの赤ちゃんの成長に
必要な栄養素について知り、食事に反映させましょう。

ポイント1 栄養素の基本

栄養素が互いに補い合ってはたらく

人間は、食べ物に含まれる栄養素を体にとり込み、活用することではじめて健康的な生活を送ることができます。体に欠かせない5大栄養素とそのはたらきは右で紹介する通りです。これらは互いに補い合ってはたらき、どれかが欠けてもよくありません。

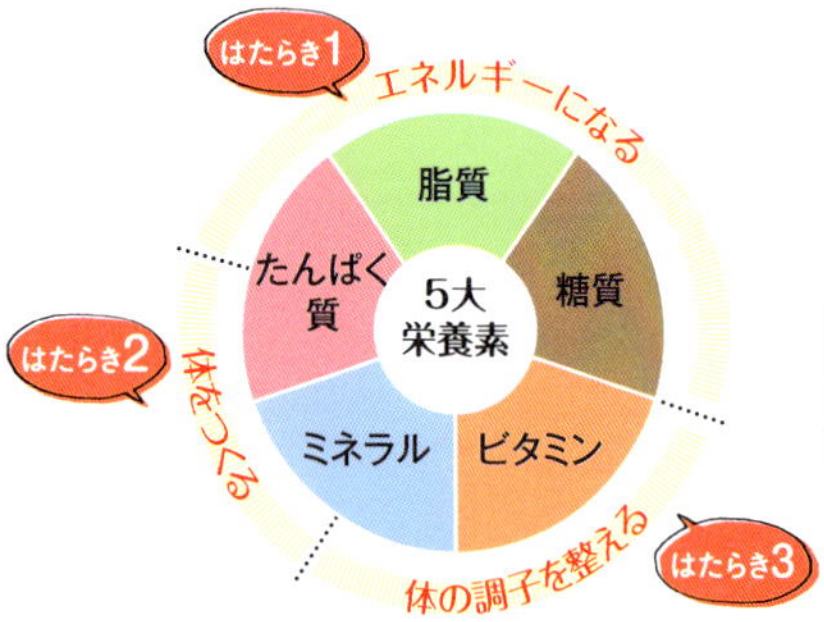

5大栄養素とそのはたらき

糖質		体を動かすエネルギーになります。脳の貴重な栄養源。
たんぱく質		筋肉や内臓、酵素やホルモンなど体組織をつくります。
脂質		すぐれたエネルギー源になりますが、とりすぎには注意。
ビタミン	ビタミンA	皮膚や粘膜の健康を保ちます。
	ビタミンB群	糖質をエネルギーに変えたり赤血球をつくったりします。
	ビタミンC	免疫力を高めます。
	ビタミンD	カルシウムの吸収を助けます。
	ビタミンE	血中コレステロールの酸化を防ぎます。
ミネラル	ナトリウム・カリウム	互いに作用し合って血圧を調節します。
	カルシウム	骨や歯をつくったり、神経の興奮を抑えたりします。
	鉄	血液を構成する成分になります。

糖質はご飯やパン、麺に、たんぱく質や脂質は肉や魚に、ビタミン・ミネラルは野菜やきのこ、海藻、果物に多く含まれます。

※上記以外にもさまざまなビタミン・ミネラルがありますが、ここでは本書で紹介している栄養素のみ取り上げています。

ポイント2 妊娠中に必要な栄養素

初期・中期・後期で必要量が変わる

妊娠すると、おなかの赤ちゃんの成長にも栄養が必要になるため、1日に必要なエネルギーと栄養素の量が変化します。

【「日本人の食事摂取基準（2020年版）」（厚生労働省）より妊婦の付加量（推奨量）】
※エネルギーは身体活動レベルがふつう（座位中心だが適度に体を動かす）の女性の場合。

妊娠中の1日に必要なエネルギーとおもな栄養素

栄養素		非妊娠時 18〜29歳	非妊娠時 30〜49歳	妊娠時の付加量 初期	妊娠時の付加量 中期	妊娠時の付加量 後期
エネルギー（kcal）		2000	2050	+50	+250	+450
たんぱく質（g）		50		+0	+5	+25
ビタミン	ビタミンA（μgRAE）	650	700	+0		+80
	ビタミンB_1（mg）	1.1		+0.2		
	ビタミンB_2（mg）	1.2		+0.3		
	ビタミンB_6（mg）	1.1		+0.2		
	ビタミンB_{12}（μg）	2.4		+0.4		
	葉酸（μg）	240		+400	+240	
	ビタミンC（mg）	100		+10		
ミネラル	カルシウム（mg）	650		+0		
	鉄（mg）	10.5		+2.5	+9.5	

妊娠するとこう変わる！

注目① エネルギーの必要量が増加

後期は妊娠前にくらべて＋450kcalの増加。

注目② 後期にかけて たんぱく質の必要量が増加

おなかの赤ちゃんの成長などにともない、たんぱく質の必要量が増加。

注目③ 葉酸の必要量が増加

おなかの赤ちゃんの神経管閉鎖障害のリスクを減らすために摂取（➡p.20）。

注目④ 後期にかけて 鉄の必要量が増加

貧血を予防するためにも鉄が豊富な食材をとりましょう（➡p.46）。

※カルシウムは妊娠中の摂取量の増加はありませんが、妊娠前から不足しがちな栄養素。積極的に摂取しましょう。

妊娠4カ月の気がかりなことQ&A

Q パパに父親としての自覚がなくて気になります。

A 少しずつ赤ちゃんのことを共有しましょう。

体の変化はママだけに起こっていることで、パパに親になった実感がわかないのは無理もないこと。**両親学級に参加したり、おなかの赤ちゃんの名前をいっしょに考えたりするなど、**赤ちゃんの存在を感じる機会をつくっていくとよいでしょう。

Q 友人への妊娠報告で気をつけることは？

A 事実をシンプルに伝えよう。

妊娠中期に入ったら、友人にも妊娠報告を。赤ちゃんができた喜びを分かち合いたいと思うかもしれませんが、相手が妊活中だった、あるいは流産の経験があった、ということも考えられます。事実をシンプルに伝えましょう。

らくらく　親しい友人なら早めの報告もアリ

不安の多い妊娠初期は、出産経験のある親しい友人に報告して相談するのもひとつの方法です。

Q まだおなかが大きくないから妊娠線は予防しなくてよい？

A 今から保湿を習慣にしよう。

妊娠線とは、おなかが大きくなることで皮膚が急激に引き伸ばされ、ひび割れたような赤い筋ができること。体質にもよるので完全に予防できる方法はないのですが、乾燥対策で、できにくくなります。

Q 妊娠したら耳鳴りがひどくなった気がします……。

A 出産後に治まることがほとんどです。

妊娠中に多くのママが経験する耳鳴り。血行不良がおもな原因で、つわりによる精神的・肉体的ストレスも一因といわれます。出産後には治まることがほとんどなので、**あまり心配しすぎず、疲れをためない生活を心がけてください。**

らくらく　疲れをためない生活を

疲れはストレスの原因になり、自律神経が乱れ、耳鳴りにつながることもあります。

Q つわりで体調が悪いです。健診は1回お休みしちゃダメ？

A 電話で確認を。

妊婦健診を受けないとトラブルを見過ごす危険があります。まずは産婦人科に電話で相談しましょう。**気になる症状や痛みがある場合は必ず報告して、指示に従います。**

妊娠中の「これOK?」の疑問を解消

この時期にチェック!
初期　中期　後期

妊娠したら車の運転はOK?　ペットとの接し方は?　食べるものは?
日常生活でしてもよいこと、避けたいことをまとめました。

ストレスをためないためにも正しい知識で行動しよう

妊娠するとママの体形は変化し、おなかの赤ちゃんのことも気になって、妊娠前とまったく同じように過ごすわけにはいかなくなります。いままで何気なくしていたことが、「していいの?」とわからなくなり、不安になることも多いでしょう。**妊娠中だからといって「赤ちゃんの発育に影響があるかも」と、むやみに行動を制限してばかりでは、ストレスがたまってしまいます。**直接おなかの赤ちゃんに悪影響を与えることはありませんが、過度なストレスは切迫早産や流産などの原因のひとつになるともいわれています。たかがストレスと軽視するのはやめましょう。

正しい知識を持ち、日常生活でしてよいことと避けたいことの区別がつけば、ママのストレスも軽くなるでしょう。ここでは、妊娠中にしてもよいこと、避けたいことを紹介します。

日常生活は?

家事
今まで通りでOK

妊娠中も料理や洗濯、掃除など家事は今まで通りやってOK。ただし妊娠中は疲れやすいので、おなかの張りを感じたり気分が悪くなったりしたらひと休みしましょう。

車の運転
妊娠中もOK

ふだん通り事故に注意しながら運転します。臨月に入り、おなかが大きくなってきても、きちんとシートベルトを着用することが義務づけられているので注意しましょう。

自転車
転倒の危険があるので避けたい

とくにおなかがぐんと大きくなる妊娠後期はバランスを崩しやすくなります。それによって転倒する危険があるので、自転車に乗るのはできれば避けたほうがよいでしょう。

パソコン
電磁波に神経質になりすぎない

パソコンの電磁波が、おなかの赤ちゃんに悪い影響を及ぼすという医学的根拠はありません。妊娠中に使っても大丈夫です。ただし長時間の使用は目が疲れてしまうので避けましょう。

その他の気になること

運動

経過に問題がなければOK

妊娠経過に問題がなければウオーキングや家でできるエクササイズなどはOK。おなかが張ったら休むなど、無理をしないようにしましょう。

ペット

ネコ科の動物に注意

トキソプラズマ症は、ネコ科の動物が感染源になります。猫などを飼っている人はトキソプラズマの抗体検査をしておくと安心（➡p.54）。

旅行

原則禁止！

妊娠中は何が起こるかわからないので旅行は原則禁止。妊娠中はママとおなかの赤ちゃんの体調と安全を第一に考えましょう。

温泉

温泉の成分は影響ない

基本的に温泉の成分はおなかの赤ちゃんへの悪影響はありません。のぼせないよう、ぬるめのお湯にゆっくり浸かるか、かかり湯にしましょう。

マッサージ・鍼灸《しんきゅう》

事前にお店に確認

妊婦さんへのマッサージや鍼灸を受け付けているかどうか、事前に電話やホームページなどで確認しておくとよいでしょう。

アロマテラピー

妊娠中は避けたい種類も

アロマオイルのなかには、子宮収縮を促すものもあるようです。精油を購入するときは妊娠中でも使えるものか確認しておきましょう。

食事は？

生肉・生鮮魚介類

食中毒に注意

O157などの病原性大腸菌やトキソプラズマ（➡p.54）、ノロウイルスなどが心配。しっかり加熱したものを食べましょう。

魚介類で水銀含有量の多いもの

食べすぎに気をつければOK

まぐろなど大型回遊魚は体内に水銀が多く蓄積し、赤ちゃんの中枢神経の発達に悪影響を与えるともいわれます。1週間で80gを目安にします。

乳酸品・食肉加工品など

リステリア菌が心配

生ハム、加熱殺菌していないナチュラルチーズなどは、流産や死産などを引き起こす危険があるリステリア菌が存在する可能性があります。

ケーキやクッキー

体重増加に注意すればOK

妊娠中に甘いものを食べても問題ありませんが、食べすぎると血糖値が急上昇したり、体重増加の原因に。食べすぎには気をつけましょう。

カフェイン

コーヒーは1日1〜2杯程度に

カフェインのとりすぎはおなかの赤ちゃんの発育の遅れにつながるといわれます。コーヒーなら1日1〜2杯程度に抑えましょう。

食品添加物

日本の市販品は問題なし

日本で市販されている食品に含まれる化学調味料などの食品添加物は、すべて法律に基づいたもの。心配しすぎないようにしましょう。

妊娠中の下着や服の選び方

この時期にチェック！
初期 中期 後期

おなかや胸がふくらみ始めたら、マタニティ用のウエアやインナーに切り替えて。そして、プレママならではのファッションを楽しみましょう。

妊娠4～5カ月ごろが目安。まずはインナーからマタニティ用に

妊娠すると徐々におなかや乳房が大きくなり、それまでの洋服や下着では締めつけてしまいます。息苦しくなったり血流が悪くなったりしてしまうので、**妊娠4～5カ月ごろを目安に、着ていてらくなものに切り替えましょう。**

まずはブラジャーやショーツ、妊婦帯などのインナーからマタニティ用にするのがおすすめ。ブラジャーは授乳兼用タイプであれば、出産後も使えます。ショーツに関しては妊娠期間中しか使わないので、早めに買って長く使うのが賢い選択です。腰痛、背骨の反りを防ぐための妊婦帯もあるので、必要な人は用意するとよいでしょう。

マタニティウエアは、着心地がよく、体を締めつけないものを選びましょう。ボトムスはマタニティ用のものを用意するのがおすすめ。足元は転倒しないように、ヒールが高くない靴が基本です。

マタニティインナーの選び方

ブラジャー・キャミソール

伸縮性のよいものを選んで

妊娠中や産後はバストのサイズがアップするので、伸縮性のある素材が安心。産後の授乳にも使えるストラップオープン（イラスト左上）やクロスオープン（イラスト左下）などさまざまなタイプがあります。

カップつきキャミソールなら、ブラジャーをつける必要がなく1枚でラクチン。おなかの冷えも防げます。

ショーツ

おなかをすっぽり包んでカバー！

大きくなるおなかに合わせ、股上が深く、おへそまでカバーできるタイプがおすすめ。鼠径部《そけい》を圧迫しないものをはきましょう。

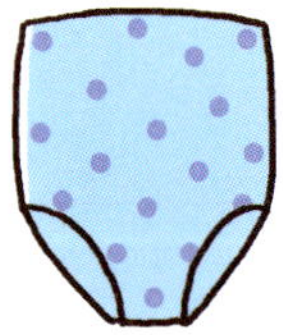

妊婦帯

おなかをサポートし腰痛を防ぐ

大きなおなかをサポートし、腰痛、背骨の反りを防ぎます。ガードルタイプやベルトタイプなど種類はさまざまあります。

マタニティウエアの選び方

妊娠中でもTPOに合った服装をしましょう。外出時はマスク着用も忘れずに。

カジュアルウエア 3つのポイント

1 ゆったりとしたトップス

トップスは、おなかまわりが隠れるぐらいの丈がおすすめ。

2 ボトムスは専用のものがおすすめ

おなか部分を締めつけないよう、ボトムスはマタニティ用のものがおすすめ。デニムやタイツなど、デザインも豊富にそろっています。

3 足元は安定感重視＆冷やさない

サンダルやミュールタイプは、転倒したりつまずいたりしやすくなるので避けましょう。また、冷えは血行を悪くさせ、むくみの原因にもなるので、ソックスやレッグウォーマーなどをはきましょう。

らくらく 手持ちの服で乗り切るコツ

妊娠初期～中期は、おなか部分の締めつけがないふんわりとしたAラインのワンピースや、ウエストがゴムになっているボトムスなどを選べば、手持ちの服でも乗り切れます。

オフィスウエア 4つのポイント

1 スカーフなどで冷え対策＆視線を上に集める

おなかに向けられがちな周囲の視線をスカーフなどで上へ。寒い時期は、マフラーやスカーフで首元を温めるだけでも冷え対策になります。

2 両手があくバッグにする

安全のため、両手があくショルダーバッグなどが安心です。

3 ローヒールが安全

ヒールをはく必要があるのなら3㎝以下のものを。足がむくみやすくなるので、甲幅が広めのものを選びましょう。

4 ワンピース+ジャケットを活用

おなかを締めつけないワンピースの上にジャケットをはおればオフィススタイルに。

あんしん つけておきたい「マタニティマーク」

バッグなど、周りから見えやすい位置にマタニティマークをつけましょう。おなかが目立たない初期には必須です（➡P.27）。

妊娠中の夫婦のコミュニケーション

この時期にチェック！
初期　中期　後期

ふたりにとって待望の赤ちゃんを最高の環境で迎えてあげられるよう、
妊娠中に夫婦の絆を深めるためにできることを考えてみましょう。

妊娠中は、今まで以上にママとパパのコミュニケーションが大切

はじめての妊娠では、これから自分の体がどう変化するのかや、赤ちゃんの発育についてなど、不安なことも多いでしょう。パパにはいちばんの理解者でいてほしいと思っていても、パパの体に変化が起こるわけではないので、わからないことだらけです。

そのため、妊娠中、おなかの赤ちゃんのことをいちばんに考えるママとの間に温度差が生じることもあります。一方、パパも、これからよい父親になれるだろうかというプレッシャーに悩んでいたり、ママのサポートをしたくても何をしてよいのかわからなかったりします。

妊娠中こそ、お互いに考えていることを言葉にして伝えるコミュニケーションが不可欠です。夫婦の絆をいっそう深めるためにできることを考えてみましょう。

夫婦の絆を深めるためにできること

ママができることは？

パパに言葉で気持ちを伝える

「言わなくても察してほしい」と思わずに、パパにわかってほしいことやしてほしいことは、わかりやすい言葉にして伝えましょう。

きっかけづくり

両親学級などに参加しましょう。パパが妊娠や出産に対して理解を深め、子どもを持つことを実感できるきっかけになるでしょう。

パパができることは？

行動してサポート

妊娠中のママの体は大きく変化します。おなかが張らないように重い荷物を持ったり、家事を担当したり、積極的にサポートしましょう。

ママの話を聞く

はじめての妊娠は、心配や不安も多いでしょう。そんなときはできるだけママの気持ちに寄り添い、話を聞きましょう。

夫婦円満の妊娠・出産 8つのコツ

夫婦で協力して出産の日を迎えるため、二人三脚でできることを紹介します。

1 夫婦の話し合いを大切に

妊娠が判明したら、夫婦の今後の仕事の仕方やこれからの人生設計などをきちんと話し合いましょう。

2 赤ちゃんの存在を感じよう

病院によっては超音波検査の写真や動画がもらえます（➡p.33）。パパもおなかの赤ちゃんの存在を感じるよい機会に。

3 家事分担の見直しをしよう

ママがつわりのときはパパが担当する、ママはパパに自分のやり方を押しつけないなど、お互いに歩み寄りましょう。

4 両親学級に参加してみよう

パパも妊娠中のママの体の変化や出産までの流れ、産後の赤ちゃんのお世話のしかたを知るよい機会です（➡p.75）。

5 産後の準備をしよう

ベビーグッズ運びや赤ちゃんスペースの準備での家具移動など、パパができることはたくさんあります（➡p.112）。

6 出産方法を話し合おう

出産方法についての話し合いは早めに（➡p.125）。新型コロナウイルスの流行中は、立ち会い分娩ができないことも。

7 出産後の届け出の情報を共有

出産後には、短期間に届け出などの手続きが必要です（➡p.139）。ママの入院中にパパができることを確認しましょう。

8 入院中は連絡を密に

感染症予防のため面会が制限されることも。赤ちゃんの様子を写真や映像で知らせて、こまめに連絡を取り合いましょう。

妊娠中のセックスはママの体調を優先

妊娠中でもセックスは可能ですが、妊娠中のママにとってのセックスは「心の健康にいい」という人もいれば、「なんとなく気がのらない」という人もいるなど人それぞれ。「乳首に触れられると痛い」「おなかが張って苦しい」など、ママが集中できないこともあります。パパは「今まで通りのふれあいができないこともある」ということを理解しましょう。セックスの際は清潔を心がけ、コンドームを必ず使用し、おなかを圧迫しない体位で行います。妊娠初期や、子宮頸管《けいかん》が短い、前置胎盤などのトラブルがある場合はセックスを避けましょう。

全国のママ&パパの
妊娠生活 ❶
妊娠中の過ごし方編

妊娠中、この時期にこれをしておいてよかった！

はじめての妊娠。体にいろいろな変化が起こりとまどうことも多い妊娠初期、比較的体調が安定する中期、おなかが大きくなりいよいよ出産が近づく後期。「この時期、これをしておいてよかった」ということを、先輩ママに聞いてみました。

パパの家事スキルが上がり、産後に大助かりでした！

小林文香さん（27歳）

初期 つわりのときは味覚が変わり、食べられるもの、飲めるものがなくて苦労しました。ミネラルウォーターでも種類を替えると飲めなくなったことも。そんなときはいろいろ試してみるとよいと思います。

中期 つわりがひどい時期はほとんど家事ができなかったので、夫が掃除などをしてくれ、結果的に、夫の家事のスキルがかなりアップしました！　産後、職場復帰したときにもかなり助かりました。

後期 産休に入ってからぐっと体重が増えてしまったので、休日はよく、夫といっしょに近所の河原を散歩しました。時間があるときはいっしょに夕飯を作るなどして、夫婦の時間を過ごせたのがよかったです。

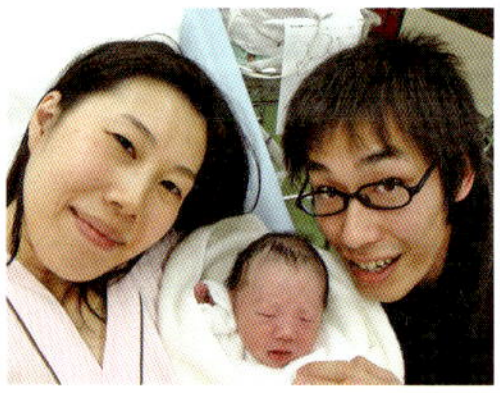

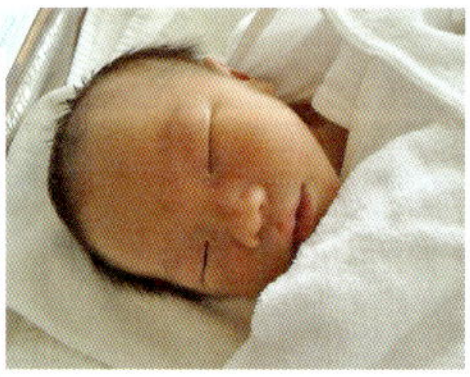

陣痛が始まりタクシーを呼びましたが、運転手さんが道に迷い到着まで30分、さらに渋滞にはまり病院に着くまで1時間……。陣痛タクシーを申し込んでおけばよかった。

出産・産後をイメージしてやることを決めると◎

大友 恵さん（32歳）

初期 つわりの時期は、脂っぽいにおいが苦手になり、感染予防もかねてつねにマスクを着用していました。また、フルーツ2〜3種類を常備し、その日の体調に合わせて食べられるものを食べるようにしました。

中期 クローゼットの中を整理し、赤ちゃんグッズの収納スペースを確保しました。出産後はいただいたお祝いなどで急にものが増えたので、この時期にスペースを作っておいてよかったです。

後期 出産のイメージトレーニング。出産の進み方に応じた呼吸法、いきみ方など、病院からもらった手引きを事前に頭に入れておいたので、次に何をしたらいいかがわかり、比較的落ち着いて出産にのぞめました。

妊娠中、夫婦で安産・育児教室に参加できてよかったです。夫に「父」としての自覚が芽生え、出産後は率先しておむつ替え、沐浴をしてくれました。

他にもある！妊娠中にやっておいてよかったこと

夫婦でデート！
産後は育児や家事でバタバタしてしまい、自分や夫婦の時間がとれなかったので、妊娠中にパパとゆっくり外出などを楽しんでおいてよかったです。（佐野奈津美さん）

料理を勉強
妊娠前は料理が苦手でしたが、妊娠したのをきっかけに、少しずつ料理の勉強を始めました。産後、離乳食が始まってからも役立ちました。（村松美香さん）

出産前に美容院へ
髪の分け目の色の違いが目立たないよう暗めのカラーに変えました。産後は育児に忙しくて半年ほど美容院に行けなかったので、よかったです。（緒方由実子さん）

産後の服を探しておく
マタニティウエアを買うときに、前開きの服だと、産後に授乳するときらくでした。汚れても、洗濯機で簡単に洗える素材のものは重宝しました！（渡辺ちひろさん）

らくらくあんしん 妊娠中期

徐々に胎動を感じられるようになり、より一層おなかの赤ちゃんの存在を身近に感じるでしょう。おなかのふくらみやマイナートラブルなど、体の変化にとまどうママもいるかもしれません。体重管理も大切になってくるので、生活習慣を見直して、健康で快適な妊娠生活を送りましょう。

妊娠 5カ月（16〜19週）

妊娠して最初のハードルを越えた時期

早ければ胎動を感じ始める人もいます。妊娠中期は、胎盤が完成してママの体や赤ちゃんの状態が安定することが多いですが、油断は禁物。体重管理など、過ごし方の注意点を知っておきましょう。

ママの体の変化

少しずつおなかも乳房も大きく

妊娠４カ月の終わりごろに完成した胎盤から、さっそく母乳作りを促すホルモンが分泌され始めるため、乳首から母乳のようなものが少し出てくることもあります。体はすでに、産後の育児の準備を始めています。

このころには、子宮は大人の頭くらいに大きくなります。だんだん大きくなってきたおなかの赤ちゃんに栄養を送るために、**ママの体も皮下脂肪を蓄え、**全体的にふっくらと丸みを帯びた体形になってきます。

ママの体の変化と健康管理

子宮底長
約14〜17㎝。

体の変化
＊皮下脂肪がついて体全体がふっくらします。
＊むくみやすくなります。
＊立ちくらみしやすくなります。
＊乳房やおなかがより大きく、腰痛になりやすくなります。

体重増加の目安
妊娠前から＋２〜３kgほど。

妊婦健診
４週に１回。

ママができること

体重管理のために適度な運動を習慣に

妊娠中の体重管理のためには、食事に注意するだけでなく適度な運動を取り入れるのがおすすめ。**おなかに力を入れるような運動は避け、ウオーキングなどの有酸素運動がおすすめです。**脈をとって1分間に120回以上になるような激しい運動はやめましょう。

赤ちゃんの様子

手足を器用に動かせる

妊娠初期が体の各器官の形を作る時期だとすると、中期以降は**それぞれの器官を発達させ、きちんと働くような機能が備わる時期**ともいえます。

妊娠5カ月の赤ちゃんは腕や脚ができあがり、すべての関節が動かせるようになります。脳の中で運動機能中枢をつかさどる前頭葉が発達するため、手足を器用に動かせるようになり、親指と他の4本の指とを別々に動かせるほどになります。

妊娠19週末ごろの赤ちゃん

* ホルモンの分泌が始まります。
* 腸が消化の練習を始めます。
* 子宮スペースにはまだ余裕があり、大きく体を動かせます。
* 手のつめや眉毛が生え始めます。
* 胎脂《たいし》（クリーム状の脂）が体につき始めます。

赤ちゃんの重さの目安は **りんご1個**ぐらい

身長 **約24cm**　体重 **約240g**

パパができること

夕食をなるべく早めの時間にとれるよう協力を

遅い時間になっても夕食はいっしょにとる夫婦も多いようですが、じつは、遅い時間に夕食をとるのは、妊娠中はなるべく避けたいこと。遅い時間に食事をすると、空腹感からつい食べすぎてしまい、血糖値が上がりやすくなります。その結果、おなかの赤ちゃんの血糖値にも悪影響が出ます。**お互いにできる限り仕事や用事を調整して、夫婦で早めの時間に夕食をとるようにしましょう。**子どもが生まれた後の家族の団らんにもつながります。

らくらく

帰宅が遅くなる場合は連絡を

「今日は遅くなるから、夕飯は先に食べていて」と伝えるのも、協力のひとつです。

この時期の過ごし方

夫婦で両親学級に参加してみよう

妊娠中期から後期にかけて、「両親学級」が行われます。**両親学級は、妊娠中の過ごし方や出産の進み方、産後の赤ちゃんのお世話などについて、医師や助産師、保健師、栄養士など専門家の話を聞ける貴重な機会。ぜひ夫婦で参加しましょう。**ママの体の変化について理解を深めたり、お産の流れを学んだりすることで、出産の不安も和らぎます。沐浴のやり方など、夫婦でいっしょに勉強することで、絆も深まるでしょう。

また、両親学級は**同じ時期に出産予定の人と友だちになるよいきっかけにもなります。**悩みを相談し合ったり、出産後も友だちとして助け合ったりできれば心強いでしょう。

両親学級の開催時期や回数、内容は自治体や出産施設によって異なります。また、新型コロナウイルスの流行中は人数を制限したり、オンライン開催となったりするケースもあるので、事前に確認をしておきましょう。

妊娠5カ月（16～19週）に知っておきたいこと・することリスト

今のうちに食事や生活習慣の見直しを

つわりが治まり、体調が安定して心にもゆとりがあるこの時期こそ、
食事や生活習慣を見直して、安産を目指しましょう。

[知っておきたいこと 1]

里帰り出産が制限される場合も

新型コロナウイルスの流行中は、自治体によっては里帰り後に自宅待機が必要な場合や、里帰り出産が難しいこともあります。妊娠20週までに初診をすませなければ受け入れできない、というところもあるので、早め早めに確認しましょう。

あんしん

出産を希望する施設が決まったら

いま通っている施設に報告をして、紹介状を書いてもらう必要があります。

あんしん

子宮底長を測る理由

子宮底長の計測で標準値とかけ離れた数字が出た場合、異常に気づくきっかけになります。

[知っておきたいこと 2]

子宮底長の計測が始まるところも

妊婦健診で行われることがある子宮底長の計測（➡p.31）。子宮の大きさを測ることで、赤ちゃんの大きさや羊水の量、妊婦さんが太りすぎていないかどうかの目安になります。子宮底長の標準値は、妊娠5カ月未満は「妊娠月数×3㎝」、妊娠6～10カ月は「妊娠月数×3＋3㎝」ですが、**個人差もあるのであくまでも目安と考えましょう。**

全員チェック！

この時期のすることリスト

- □ 医師の許可があれば適度な運動を始める ➡p.83
- □ 栄養バランスのよい食事をとる ➡p.78
- □ 体重管理をする ➡p.80
- □ 両親学級について調べて、できるだけ参加する ➡p.75
- □ 歯科検診を受診する ➡p.89

必要な人はチェック！

こんな場合はここをチェック！

- □ 戌《いぬ》の日の安産祈願をしたい ➡p.77
- □ 便秘や腰痛などマイナートラブルが気になる ➡p.96
- □ 妊娠線予防など美容ケアをしたい ➡p.86
- □ マタニティインナー・ウエアをそろえたい ➡p.68

Dr.荻田'sアドバイス

「安定期」だから何をしてもOKではない

「安定期に入ったので、旅行してもいいですか？」と聞かれることもあるのですが、僕は「不要不急の長距離の移動は勘弁してほしいな」と伝えています。もちろん、子育てに追われる前に夫婦で旅行を楽しんでおきたい気持ちもわかるのですが、産科医としては、「赤ちゃんを産み終わるまで安定期はありません」というスタンスをとっています。**どの週数でも、どんな時期でも何が起こるのかわからない。それが妊娠でありお産なのです。**

妊娠5カ月（16～19週）の生活ポイント

妊娠中ならではの楽しみを見つけよう

戌《いぬ》の日の「安産祈願」や、おなかの赤ちゃんの「胎動」。
妊娠中ならではの楽しみが増えてくる時期です。

16週

出産予定日まであと168日

らくらく

体調と相談して

安産祈願は戌の日以外でもOK。無理せず体調のよい日にお参りします。

戌の日のお参りで安産祈願

日本独自の風習に「戌の日」があります。犬の出産が軽いことにあやかったものです。**妊娠5カ月になった最初の戌の日に、地元の氏神さまの神社にお参り**してお清めされたさらしの腹帯を巻き、これまでの無事を感謝するとともに、先の無事を祈願します。最近はオンライン祈願を受け付けている神社もあります。

17週

出産予定日まであと161日

あんしん

オンライン受講も人気

オンラインでの受講が可能というところもあるのでいろいろ検索してみましょう。

「両親学級」に参加しよう

自治体や病産院が開催していて、**出産の流れや呼吸法、栄養管理、新生児の沐浴方法などが学べる場**が「両親学級」です。プログラムの内容や開催時期、回数は施設によって異なります。妊娠5カ月ごろから参加できるところが多いので、確認のうえ、ぜひ参加しましょう。

18週

出産予定日まであと154日

あんしん

健診で胎児を確認

健診で赤ちゃんが順調と確認されれば、まだ胎動を感じなくても大丈夫。

胎動を感じる時期には個人差が

ママのおなかの壁の厚さや羊水量には個人差があるため、**胎動に気づく時期も人によってさまざま。**週数が進むにつれて胎動は激しくなりますが、最初は「今のがそう？」と思うくらいのわずかな動きのことが多く、自分の胃腸のぜん動だったという勘違いもよくあります。

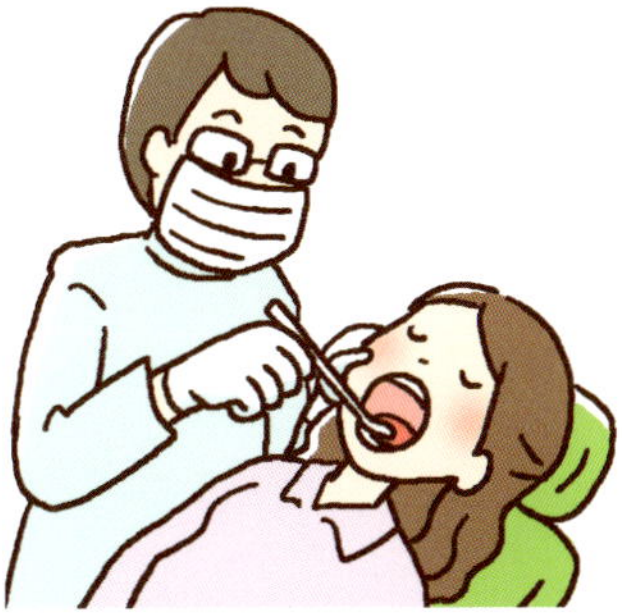

19週

出産予定日まであと147日

らくらく

助成が受けられることも

母子手帳に無料券がついていて、妊婦向け歯科検診を実施する自治体も。

妊娠中期のうちに歯科検診へ

つわりが治まり胎盤も形成されたこの時期、むし歯などの自覚症状がなくても歯科検診へ。妊娠中は口内トラブルが起こりやすくなります。**むし歯や歯周病など、トラブルが見つかったら、なるべく臨月に入る前に治療が終了するようにスケジュールを調整しましょう。**

妊娠5カ月（16～19週）の食事ポイント

主食・主菜・副菜で栄養バランス◎

胎盤が完成すると、おなかの赤ちゃんもママがとった栄養で成長するようになります。
ママとおなかの赤ちゃんのため、妊娠中は栄養バランスのよい食事をとりましょう。

ポイント1 献立の考え方

主食・主菜・副菜を用意しよう

p.64で紹介した栄養素をバランスよく摂取するためには、「主食」「主菜」「副菜」がそろった献立にするのがおすすめ。

主菜 肉や魚など メインのおかず

➡たんぱく質、脂質の摂取に

たんぱく質が豊富な肉や魚、大豆製品や卵など。動物性たんぱく質と植物性たんぱく質をバランスよくとりましょう。肉類を食べるときは赤身などの、なるべく脂肪が少ない部位を選ぶとカロリーを抑えられます。

副菜 野菜のおかず

➡ビタミン、ミネラルの摂取に

ビタミンやミネラルが豊富な野菜やきのこ、海藻など。野菜は1日350g以上が理想。加熱すると、かさが減ってたくさん食べられます。食事の最初にゆっくりかんで食べると満腹感が得られやすく、食べすぎを防げます。

主食 ごはんやパン、めん

➡糖質の摂取に

ごはんなら小さめの茶碗に軽く2杯（200g）、食パンなら2枚が1食分の目安。玄米や全粒粉のパンなど未精製のものを選ぶと、食物繊維やビタミン、ミネラルの摂取にもつながります。

らくらく

汁物も上手に活用

みそ汁やスープは、野菜など不足しがちな食材を入れて作ると、手軽に栄養バランスがとれます。

ポイント2 3食の考え方

さまざまな種類の食材を取り入れる

ポイント1で紹介した主食・主菜・副菜をそろえる際に意識したいのが、食材の種類を増やすこと。3食でさまざまな種類の食材を取り入れるコツを紹介します。

コツ1 朝食

時間がなくても食材を増やすコツを紹介します。

メニュー例

- しらすチーズトースト 主食 主菜
トーストならチーズやしらす干しなど、トッピングで食材数を増やしましょう。
- 温野菜サラダ 副菜
冷凍野菜などを使えば朝でも手軽に一品追加できます。
- フルーツ 副菜
季節の果物を取り入れると栄養バランスもとれます。

コツ2 昼食

栄養がかたよりがちな外食で、栄養バランスをとるコツを紹介します。

メニュー例

- 中華丼 主食 主菜
丼物を選ぶなら、具の食材の種類が多いメニューを。
- 卵スープ 副菜
スープや小鉢がついたセットを選んで品数を増やします。
- 杏仁豆腐
体重増加を抑えるため、スイーツをプラスするなら夜より昼に。

コツ3 夕食

栄養バランスをとりつつ低カロリーで減塩をかなえるヘルシーな食事のコツです。

メニュー例

- ごはん 主食
主食は米飯のほうがパンより低脂質で塩分が含まれないのでおすすめです。
- みそ汁 副菜
家にある野菜で一品増やしたいときに。
- 焼き魚 主菜
焼く、蒸す調理法で低カロリーに。
- きゅうりとわかめの酢の物、かぼちゃの煮物 副菜
酢で味つけすると減塩につながります。作りおきのメニューがあると品数を増やしやすくおすすめです。

妊娠5カ月の気がかりなことQ&A

Q マタニティフォトはいつ撮る?

A 臨月に入る前に撮りましょう。

マタニティフォトは妊娠中の体形の変化や、これからパパ・ママになる夫婦の様子を記念写真として残すもの。スタジオなどで撮影する場合、妊娠5カ月ではまだおなかがあまり大きくないのでわかりづらいかもしれませんが、**ママの体調を第一に、臨月に近すぎる撮影日程を組まないようにしましょう。**

らくらく

自宅でも楽しもう

少しずつ大きくなるおなかを毎月同じポーズで撮影し、変化を楽しむのもおすすめ。

Q 背中や腰が痛い。何か改善法はありますか?

A ストレッチやかたい布団で予防&解消を。

まっすぐに立って両手を腰に当て、上体を左右に倒してストレッチしてみましょう。四つんばいの姿勢になるのもおすすめです。**敷布団はかため**のほうが、背中や腰の痛みを悪化させません。**妊婦帯**はおなかをしっかり支えてくれるので、痛みの軽減にもつながります。

Q うつぶせで寝るのが習慣なのですが、赤ちゃんは大丈夫?

A おなかの赤ちゃんには影響ありません。

子宮や脂肪で守られているので、おなかの赤ちゃんには影響ありません。ママが苦しくなければ大丈夫です。

Q 胎動がどういうものかわかりません。

A 人によってさまざま。あせらず楽しみに待って。

妊娠5カ月ではまだ胎動を感じない人も多く、たとえ感じたとしてもごく小さな動きです。感じ方も人それぞれで、**おなかにたまったガスがポコポコと動くような感じ、あるいは腸がむにゅっと動く感じなどまちまちです。**

あんしん

胎動を感じやすいのは

仕事で忙しかったり、他のことに集中したりしていると胎動を感じにくいようです。ゆったりとリラックスしましょう。

Q 口臭が気になります。

A 歯みがきなどで予防を。

妊娠すると、唾液が減ったり口の中に細菌が増えたりするため、口臭の原因になることも。**デンタルフロスなどを使って歯垢《しこう》をためないようにし、水分をこまめにとって口臭を予防しましょう。**

妊娠中は体重管理をしよう

この時期にチェック！
初期 中期 後期

妊娠中は、体重が増えすぎるのも、増加を抑えすぎるのもよくありません。
赤ちゃんのためにも、ママのためにも、きちんと管理しましょう。

体重は「増えすぎ」「増加を抑えすぎ」どちらも避けよう

妊娠中のママの体は、**おなかの赤ちゃんを守り育ててこの世に産み出すために、摂取した栄養を脂肪として蓄えようとします。**さらに、**妊娠すると胎盤や羊水、赤ちゃんの重さなどが増える**ので、妊娠中に体重が増えるのは当然なのです。

とはいえ、妊娠中の太りすぎはさまざまなリスクを高めることがわかっています。たとえば妊娠高血圧症候群や妊娠糖尿病の発症リスクが増加したり、赤ちゃんが巨大児（出生体重が４０００g以上）になったりするリスクもあります。

かといって、体重増加を抑えすぎるのも問題です。ママの栄養摂取量が少ないとおなかの赤ちゃんに栄養が十分に行き届かず、発育に影響することもあります。出生後の成長のリスクを抱える低出生体重児（出生体重が２５００g未満）で生まれたり、ママ自身も貧血になったりするなど、お産を乗り切る体力が不足しがちになります。

妊娠中は自分にとって適正な体重増加量を知り、きちんと管理します。増加量は人によって異なるので、医師にも相談しましょう。

妊娠中の適正な体重増加量を知ろう

まずは妊娠前のBMI（体格指数）を出してみましょう。その結果をもとに、妊娠中はそれぞれにあった体重増加を目標にします。

BMIの出し方

妊娠前の身長と体重を、下の計算式に当てはめて、BMIを出してみましょう。

BMI □ ＝ 体重 □kg ÷（身長 □m × 身長 □m）

BMI 25.0以上	BMI 18.5〜25.0未満	BMI 18.5未満
肥満	普通	やせ
妊娠中の体重増加の目安		
約5kg	7〜12kg	9〜12kg

※たとえば、妊娠前に身長160㎝、体重50kgの場合、BMIは体重50kg÷（身長1.6m×身長1.6m）=19.5となり、体格区分は「普通」。妊娠中の体重増加の目安は7〜12kgとなります。

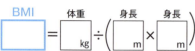

体重管理は「生活習慣」と「時期別の対策」を

妊娠中、体重管理を行うときに気をつけたいポイントを紹介します。

体重管理を成功させる4つの生活習慣

1 3食を規則正しく食べる

食事は朝・昼・晩、規則正しい時間に食べましょう。**食事を抜くと次の食事で食べすぎてしまいます。**また、就寝中はエネルギーをほぼ消費しないので、食べたものを脂肪として蓄えやすい状態。**夕食は就寝の2時間前までには終えるようにしましょう。**

2 薄味のものをゆっくり食べる

塩分・脂肪分の多い食べ物は、つい食べすぎてしまい、体重増加につながります。**ふだんから薄味を心がけましょう。また、ゆっくりよくかんで食べることも重要。**ゆっくりよくかむことで満腹を感じやすくなるので、食べすぎを防ぐことができます。

3 こまめに体重を量る

時間や曜日を決めて、毎日あるいは週に1回でも計測するだけで、体重を管理する意識が高まります。**その日に食べたものを記録**しておくのもおすすめ。記録することで食べすぎを抑えたり、体によいものを食べているか確認できたり、食生活の見直しにもつながります。

4 適度に体を動かす

体重管理の基本は食事ですが、胎盤が完成した妊娠中期以降、**ウオーキングやマタニティヨガ、スイミングなど適度な運動を習慣に**するのもよいでしょう。出産に向けて体力がつくメリットもあります。掃除や雑巾がけなど**家事で体を動かすのもよい運動になります。**

時期別に心がけたいこと

中期（妊娠5〜7カ月） 体調が安定したら本格的に体重管理を

この時期に体重が急激に増加しないように注意します。3食規則正しくバランスのよい食事を心がけることで、体重管理がしやすく、栄養バランスもとれます。

らくらく
定期的に体重計測を

妊娠中期は妊婦健診が4週に1回になります。自宅でもこまめに体重を量りましょう。

後期（妊娠8〜10カ月） 体重が増えやすいのでこまめに体重チェック

後期、とくに臨月は体重が急激に増加しやすい時期です。妊娠後期に急に体重が増えると、妊娠高血圧症候群や妊娠糖尿病などを発症するリスクが高まるので注意しましょう。

あんしん
栄養はきちんと摂取する

すでに体重が増えすぎてしまっていても、極端な食事制限は栄養不足になるのでNGです。間食を減らす、野菜を増やすなどの基本を守り、体重管理をしましょう。

安産に向けた体作りをしよう

この時期にチェック！
初期　**中期**　後期

妊娠したママが安産を願うのは当然のこと。
でも、安産とは具体的にどのようなお産のことをいうのでしょうか？

健康的な生活を心がければ安心してお産にのぞめる

安産に対しては「時間がかからずに赤ちゃんが生まれること」「ママもおなかの赤ちゃんもトラブルがなく、健康に生まれること」など、さまざまなイメージがあると思います。ですが、じつは医学的に安産の定義はなく、これという正解もありません。短時間で出産することがよいわけでもなく、ゆっくり時間をかけてお産が進むほうが母体にとって負担が小さい場合もあるのです。

ただ、**出産はママもおなかの赤ちゃんもかなりの体力が必要になる**ことは確かです。そのためには、ふだんの生活から気を配り、**体の調子を整えてお産にのぞむことが大切**です。とはいっても、むずかしいことはありません。食事や運動、睡眠など、次に紹介する6つの生活習慣を心がければ大丈夫です。妊娠中からできることをしておけば、安心してお産にのぞめます。

妊娠中に心がけたい 6つの健康的な生活習慣

1 栄養バランスのよい食事

妊娠中にとった栄養はママだけでなくおなかの赤ちゃんにも送られるため、栄養バランスのよい食事をとることが大切。**いろいろな栄養素をまんべんなくとるには、食材の種類を多くするのがコツ。「主食＋主菜＋副菜」がそろった献立を意識しましょう。**

心がけよう

- □ 1日に使う食材の種類を増やす
- □ 主食・主菜・副菜をそろえた献立に
- □ 間食をとりすぎない

2 1日3食を規則正しい時間に

時間がないからといって朝食を抜いたり、昼食や夕食を簡単な食事ですませたりしてしまうと、栄養バランスを整えるのがむずかしくなります。また、**食事時間が不規則になることで脂肪を蓄えやすい状態になり、体重管理もむずかしくなります。**

心がけよう

- □ 早起きを心がけ朝食は毎日食べる
- □ 忙しくても昼食はしっかり食べる
- □ 就寝直前の夕食は避ける

あんしん

「適度」な運動とは

脈拍が1分間に120回以上あったり、疲れを感じたりしたら休みましょう。

運動は「軽い負荷」が原則

妊娠中に運動をする際は、妊娠経過に問題がないことが前提です。主治医に相談したうえで行いましょう。息が上がらず疲れない程度の、ウオーキングなどの有酸素運動がおすすめです。家でできるマタニティビクスやヨガなども、妊娠中のママに人気が高いスポーツ。ただし体調が悪いときや、運動中におなかが張ったときはすぐにやめましょう。

3 適度な運動を習慣に

妊娠中に運動不足になると、出産に必要な筋力や体力が落ちてしまいます。適度に体を動かすと、気持ちも前向きになり、便秘や腰痛などマイナートラブルの解消にも有効。**日常生活でできる運動を無理のない範囲で習慣にしましょう。**

心がけよう

- □ 体調と相談して適度に運動をする
- □ ウオーキングなど続けやすい運動を習慣にする

4 十分に睡眠をとり、疲れをためない

睡眠不足では疲れがたまってしまいます。それでなくても妊娠中は、おなかの赤ちゃんを育てるために体が疲れやすくなっています。疲れをためないように**早寝早起きを心がけ、日中も疲れを感じたら無理をせずに休みましょう。**

心がけよう

- □ 早寝早起きをする
- □ 夜ふかしをしない
- □ 十分な睡眠時間を確保する
- □ 日中でも疲れたら体を休める

5 体を冷やさない

体が冷えると血流が悪くなり、おなかが張りやすくなったり、腰痛や便秘、足がつりやすくなったりするなどの悪影響があります。ストールや厚手の靴下、腹巻きなどで体を温める、夏場は冷房で体を冷やさないようカーディガンを用意するといった対策を。

心がけよう

- □ 衣類で体を温める
- □ 夏は冷房で体を冷やさない対策を
- □ 軽い運動をし、ぬるめのお湯に浸かって血行促進

6 ストレスをためない

強いストレスが長期間続くと、血管の収縮や胎盤の血流悪化を引き起こし、赤ちゃんの発育に悪影響を及ぼすおそれがあるといわれています。ストレスのない生活を送ることはむずかしいですが、**自分なりの解消法でストレスをためないようにして。**

心がけよう

- □ 自分なりのストレス解消法でこまめに発散する
- □ パパや友人などに相談してストレスをためない
- □ 深呼吸する

もっと知りたい！ 胎動のこと

この時期にチェック！
初期 中期 後期

赤ちゃんに思いを寄せることは、お産や育児生活をイメージすることにもつながります。ぜひ毎日、おなかの赤ちゃんに声をかけてあげましょう。

赤ちゃんと積極的にコミュニケーションをしよう

ママが胎動を感じ始めるのはだいたい妊娠18週ごろからです。この時期にまだ胎動を感じなくても、健診で赤ちゃんが元気なことが確認できればあまり心配はいりません。**外から触って胎動を感じられるのは、妊娠6カ月ごろ。赤ちゃんの聴神経が機能し始めるため、呼びかけや軽い刺激に対して反応する可能性**も十分あります。

胎動を感じるようになったら、始めたいのが胎教です。胎教というと英語で話しかけたりクラシック音楽を聞かせたりなど、早期教育をイメージする人も多いかもしれません。そうではなく、胎教の目的はママやパパと赤ちゃんとのふれあいです。**やさしくおなかをなでたり話しかけたりして、会えるのを楽しみにしているという気持ちを伝えてあげましょう。**おなかの赤ちゃんとのふれあいは、ママのリラックスにもつながります。

胎教を始めてみよう

おなかの赤ちゃんとのコミュニケーションで、親子関係のベースも育まれます。

1 名前をつけて呼びかけよう

「ベビちゃん」など、おなかにいる間限定の「胎児ネーム」をつけて。より親しみがわき、話しかけやすくなります。

2 好きな音楽や絵本を読み聞かせ

ママやパパの好きな音楽を聴かせたり、やさしく絵本を読み聞かせたりしてみれば、赤ちゃんもリラックスするでしょう。

3 キックゲーム

後期におすすめの胎教。赤ちゃんにポンとけられたら、すぐにその場所を「キック」と言いながら軽くたたきます。赤ちゃんが再度けってきたら、ほめてあげましょう。これをくり返し、できるようになったら違う部分をたたいて反応を待ちます。

さまざまな胎動と感じ方

赤ちゃんはどんな動きをして、ママは胎動としてどのように感じるでしょうか？

ローリング

どんな動き？

おなかの中で赤ちゃんが回転。妊娠9週ごろから見られる動きです。赤ちゃんが大きくなるとあまり回転できなくなります。

ママの感じ方は？

おなかの中で自分と違う物体が大きくグニュグニュと動く感じです。

キッキング

どんな動き？

妊娠10週ごろからこの動きをスタート。赤ちゃんが脚を曲げ伸ばしして子宮の内壁にあたると、反射的にキックするようです。

ママの感じ方は？

中期のころはツンツンと押される感じ、後期になると強いキック力で痛く感じることもあります。

しゃっくり様運動

どんな動き？

妊娠16週ごろからしゃっくりのように胸やおなかを動かして呼吸の練習を開始。長時間続いても、苦しんでいるわけではなく、心配いりません。

ママの感じ方は？

ぴくっ、ぴくっと規則正しい動きを感じます。比較的わかりやすい胎動です。

手足を伸ばす

どんな動き？

妊娠10週ごろから全身運動が始まり、手や脚をそれぞれ曲げ伸ばしできるようになります。骨や筋肉、神経系が発達したサインです。

ママの感じ方は？

腸が動くように感じたり、妊娠後期になるとポコッとおなかが突き出て見えたりします。

らくらく **胎動を感じやすいとき**

胎動は、ママの副交感神経が活発になる夜のほうが感じやすいようです。

知っておこう！

胎動で赤ちゃんの元気度をチェック！

胎動は赤ちゃんの元気度をチェックするためのサインでもあります。妊娠20週以降で、「昨日までは動いていた赤ちゃんがピタッとおとなしくなった」などというときは、まずはあせらず安静にして、胎動を感じるまで待ってみましょう。ちょうどそのとき、赤ちゃんが熟睡しているだけかもしれません。また子宮が収縮していると胎動を感じにくくなることもあります。**赤ちゃんが10回動くのに1時間以上かかる場合はかかりつけ医に相談を。赤ちゃんの様子を確認してもらいましょう。**

妊娠中のボディケア・ヘアケア

この時期にチェック！
初期　中期　後期

妊娠中は、ホルモンバランスの変化で肌や髪質などの悩みも出てきます。
妊娠線のケアなどは早めにスタートしましょう。

妊娠中は肌や髪のケアを丁寧に。妊娠線は早めに対策

妊娠中は肌や髪など、美容にまつわるトラブルに悩まされることもあります。これはホルモンバランスの変化が原因の場合がほとんどで、産後に自然に元に戻ることも多いのですが、シミなどは薄くなってもそのまま残ることがあります。ダメージを最小限に抑えるために、妊娠中から丁寧にケアしましょう。妊娠中は皮膚が敏感になっているため、妊娠前のケアが合わない場合もあります。

肌の変化に合わせて保湿方法を見直してください。

また、妊娠中の美容の悩みでとくに多いのが妊娠線。**妊娠線とは、急激なおなか周りの皮膚の伸びや乾燥により肌に亀裂が生じてできる、赤紫のひび割れたような線です。できてしまった妊娠線は出産後、少しずつ色が薄くなって目立たなくなりますが、完全には消えない**ので、できる前に予防することが大切です。

妊娠中にできる肌と髪のケア

次の４つのことを、毎日の習慣にしましょう。

1 睡眠をしっかりとる

おなかが大きくなると眠りが浅くなりがちですが、体の負担を少なくして熟睡できるようにしましょう。

2 紫外線を防ぐ

妊娠中はメラニン色素の量が増え、シミやそばかすの原因になります。日焼け止めクリーム、帽子や日傘で紫外線対策を。

3 保湿はたっぷり

入浴後に、すぐに化粧水や保湿クリームなどを顔や全身に塗りましょう。また、加湿器などでも乾燥対策をしましょう。

4 頭皮はやさしくマッサージ

頭皮が敏感になっています。洗髪の際は指の腹でやさしくマッサージしながら、つめを立てずに洗いましょう。

妊娠線予防のケア

妊娠線の予防法や、できてしまってからでも数を増やさないためにできることを紹介します。

妊娠線ができやすいところ

おなかだけでなく、脂肪がつきやすいところにも妊娠線ができやすいです。

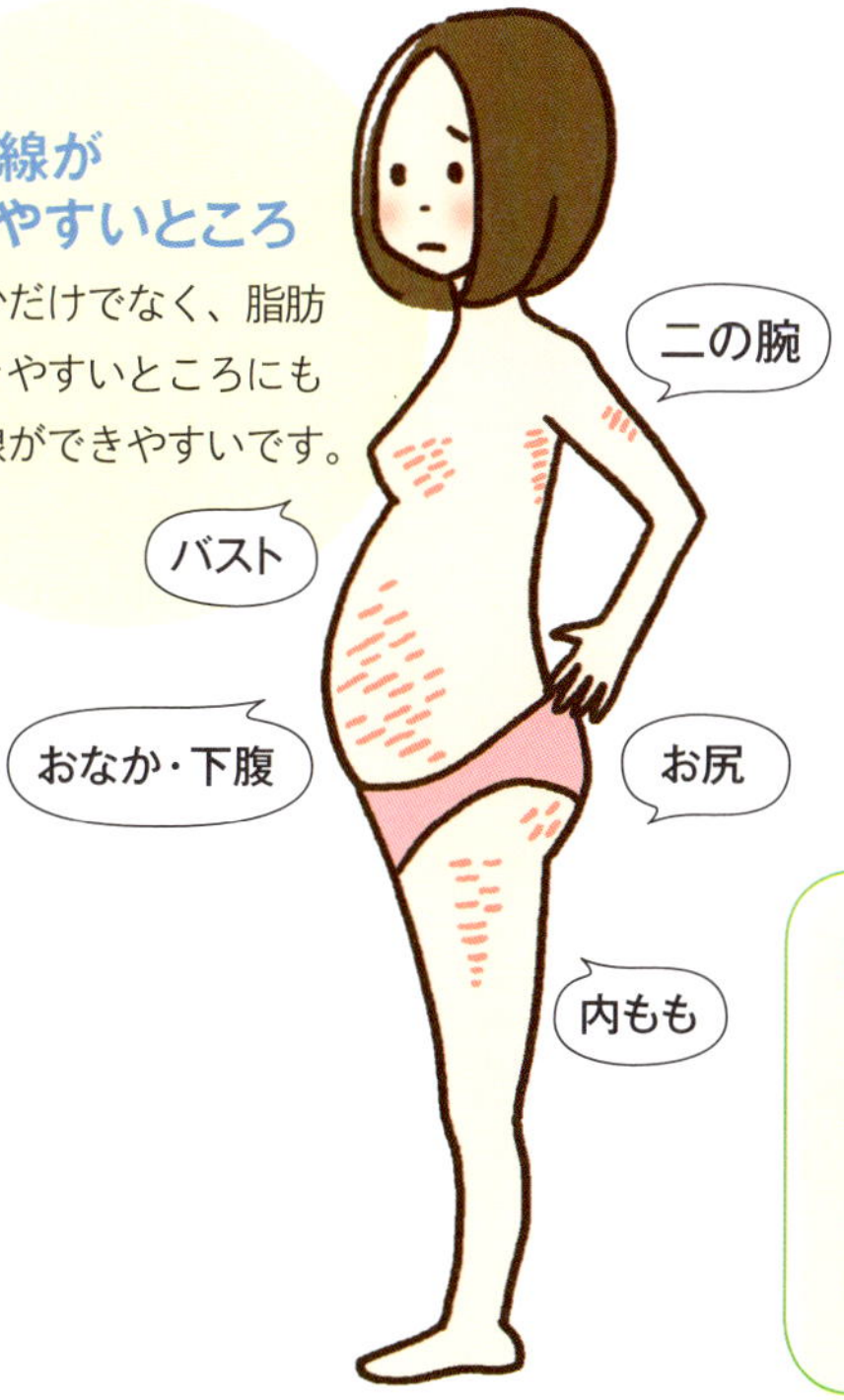

妊娠線はおなかが急激に大きくなるとできる

おなかが大きくなると皮膚の表面（表皮）も伸びます。しかし、その下にある真皮《しんぴ》と皮下組織が表皮の伸びに追いつかないと裂けてしまい、これが妊娠線になります。皮膚は乾燥していると伸びにくく、また皮下脂肪が増えると皮下組織が厚くなって伸びにくくなるため、**妊娠線を予防するためには、クリームを塗るなど保湿を心がけるとともに、急激な体重増加にも注意が必要です。**

妊娠線ではなく正中線かも

妊娠するとおへその下から恥骨《ちこつ》の下まで、縦にまっすぐ線が出てくることがあります。これは妊娠線ではなく正中線。正中線は産後には消えます。

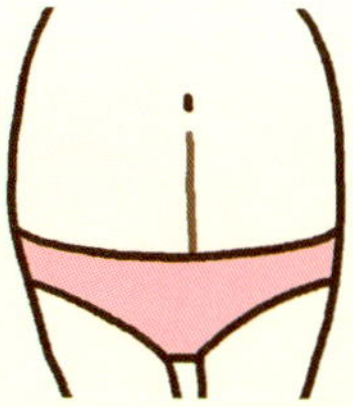

妊娠線予防 3つのポイント

1 中期のうちから早めにケア

妊娠8カ月ごろからできることが多いのですが、4～5カ月ごろから早めに保湿ケアを始めておくと安心です。

2 急激に太らないよう体重管理

急激な皮下脂肪の増加は妊娠線ができる大きな要因になります。適度な体重増加のペースを守るようにしましょう。

3 できやすいところをマッサージ

皮膚をやわらかくして伸びをよくすることで、妊娠線を予防。保湿クリームをたっぷり塗ってマッサージしましょう。

マッサージの方法

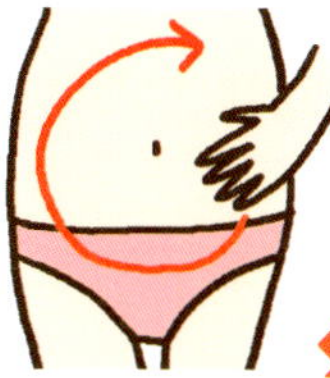

手のひらに保湿クリームをたっぷりとり、おなかを時計回りにやさしくなでます。

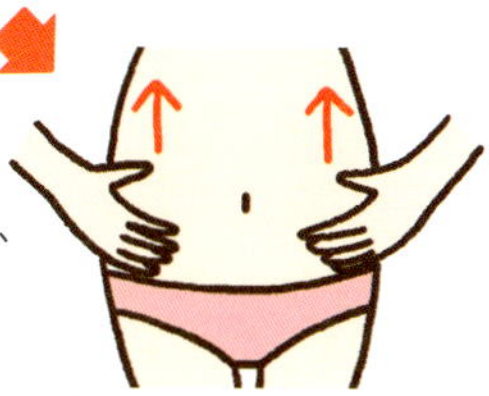

おなかを下から上に、なで上げます。

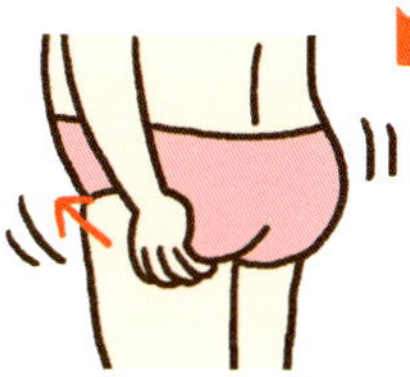

お尻や内もも、二の腕、バストなどもなでてマッサージします。

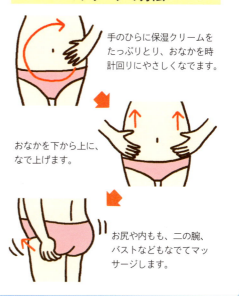

妊娠中に気になる体の悩みを解消！

妊娠しても、ママになってもきれいでいたいと思うのは女性にとって自然なこと。
妊娠中の気になる体の変化の原因と対処法をまとめて紹介します。

悩み1 シミ・そばかすができた

UV対策とビタミンCで解決

原因は?

妊娠中はホルモンの影響でメラニン色素が増えて沈着しやすくなり、シミ・そばかすができたり、濃くなることもあります。

対処法は?

日傘や日焼け止めクリームなどでUVケアを行いましょう。メラニン色素の生成を抑えるビタミンCが豊富な果物や緑黄色野菜を意識してとります。

悩み2 体毛が濃くなった

産後は自然に戻る

原因は?

妊娠中はメラニン色素が沈着しやすくなります。そのため、もともと生えていた毛の色が黒く濃くなり、毛が増えたように見えることがあります。

対処法は?

産後は自然に戻ることがほとんどなので、あまり気にしすぎないようにしましょう。

悩み3 肝斑《かんぱん》（妊娠性肝斑）ができた

産後に自然に解消する

原因は?

肝斑は輪郭がはっきりしない薄い褐色のシミで、左右対称に現れるのが特徴。シミとは異なり、ホルモンバランスの変化が原因です。

対処法は?

産後2～3カ月してホルモンバランスが安定すると、自然に薄くなったり消えたりすることがほとんど。特別なケアは必要ありません。

悩み4 抜け毛が増える

良質のたんぱく質をとる

原因は?

妊娠によるホルモンバランスの影響とともに、たんぱく質などの栄養が赤ちゃんに優先的に送られることも原因のひとつです。眉毛などが部分的に薄くなることもあります。

対処法は?

髪の毛をつくる良質なたんぱく質は、妊娠中は必要な量が増えるので、意識的に摂取を心がけましょう。

悩み5 乳首や脇の下が黒ずむ

出産後は少しずつ薄くなる

原因は?

妊娠中はメラニン色素が増えることにより、色素沈着が起こりやすくなります。そのため、乳首や脇の下が黒ずんで見えることがあります。

対処法は?

乳首や脇の下に限らず、脚のつけ根や外陰部などの色素沈着は、出産後に少しずつ薄くなっていきます。

悩み6 乳輪のボツボツが目立つ

病気ではないので心配なし

原因は?

乳輪にもともとあるモントゴメリー腺という皮脂腺が浮き出たもの。妊娠で乳腺が発達し、皮下脂肪が増えて押し出され、目立つようになります。

対処法は?

病気ではなく、産後の授乳にも影響はありません。授乳期が終わればもとに戻ることがほとんどなので、あまり気にしすぎないようにしましょう。

悩み7 出べそになった

出産後に自然に元に戻る

原因は?

おなかがせり出すとおへそが盛り上がって出べそになったり、逆におなかの皮膚が伸びて、おへそがなくなったように見えたりする人もいます。

対処法は?

出べそは出産を終えると自然と戻っていくことがほとんどです。「妊娠中の今だけ」と割り切り、あまり気にしすぎないようにしましょう。

妊娠中のボディケア・ヘアケア Q&A

Q 妊娠中にエステに行ってもよい？

A 事前にお店に確認しましょう。

「妊娠中期に入ってからならOK」「マシンを使った施術は妊婦さんはNG」などお店によってそれぞれなので、事前にお店に確認しておくと安心です。

Q 妊娠中にパーマやカラーをしてもOK？

A においなどが気にならなければOK。

パーマやカラーの薬剤がおなかの赤ちゃんに悪影響を及ぼすことはありません。ただし、薬剤のにおいで気分が悪くなってしまうこともあるので、体調に問題がないときに行くようにしましょう。

らくらく

カラーは暗めだとらく

赤ちゃんが生まれると美容院に行く余裕がなくなるというママの声をよく聞きます。カラーはいつもより暗めにして、頻繁に行かなくてもよいようにするとらくでしょう。

Q 毛が濃くなりました。医療脱毛は受けられる？

A 妊娠中はやめておきましょう。

妊娠中はホルモンバランスの変化で脱毛の効果が出にくいことがあるようです。また、妊娠中は皮膚も敏感になります。肌トラブルにつながるおそれもあるため、やめておきましょう。

妊娠中は歯のケアも重要

ホルモンバランスの変化などにより、妊娠中は口内トラブルが起こりやすくなります。むし歯をはじめ、**最も注意したいのは歯周病。**悪化した歯周病がある場合、早産や赤ちゃんが小さく生まれる確率が6～7倍に上がるというデータもあります。症状が進行しないと痛みなどの自覚症状がないというのも、歯周病のこわいところです。

妊娠中期までに歯科検診を

妊娠中はホルモンの影響で歯周病菌が活性化し、歯周病になりやすい時期です。妊娠中期までに、自覚症状がなくても歯科検診を受けましょう。

口内環境を守る３つの習慣

1 毎食後に歯みがきを

就寝前の歯みがきはとくに念入りに。就寝中は唾液の分泌が少なく、歯周病菌などが活動的になるからです。

2 よくかんで食べる

食事はよくかんで食べると、唾液がたくさん出て口の中をきれいにしてくれるため、むし歯予防にもなります。

3 フッ素入りの歯みがき剤を使おう

フッ素入りの歯みがき剤を使うときは、歯みがき後に少ない水で1～2回すすぐだけにして、成分を口の中にとどめましょう。

妊娠 6カ月（20〜23週）

胎動でママやパパになる実感が強まる

赤ちゃんがさらに大きくなり動きも活発になるため、ほとんどのママが胎動を感じます。そろそろパパがおなかを触っても胎動がわかるようになり、赤ちゃんの聴覚も完成してくるので、たくさん話しかけましょう。

ママの体の変化

羊水量が増え、子宮は大人の頭より大きく

妊娠6カ月には、ほとんどの人が胎動を感じるようになります。妊婦健診の超音波検査だけではなく実際に赤ちゃんの様子が感じられると安心ですし、うれしいものです。

羊水の量が増え、子宮は大人の頭より大きくなります。おなかが大きく重くなることで、**体の重心が変わりバランスを崩しやすくなりますから、転ばないように注意しましょう。**また、体内の血流量が急激に増え、**動悸《どうき》や立ちくらみを感じやすくなったりします。**

ママの体の変化と健康管理

子宮底長
約18〜21㎝。

体の変化
＊腰や背中が痛んだり、肩こりになりやすくなったりします。
＊足がむくんだり、つりやすくなったりします。
＊足や外陰部に静脈瘤《りゅう》が出やすくなります。
＊ほとんどの人が胎動を感じます。

体重増加の目安
妊娠前から+３〜4.5kgほど。

妊婦健診
４週に１回。

ママができること

体重は定期的に計測すると管理しやすい

妊娠中期は妊婦健診の回数が４週に１回になるので、体重を量る機会も減ってしまいがちです。気づいたら急激に体重が増加していた、なんてことがないように、「朝起きたとき量る」など、タイミングを決め、**週に１回でもよいので自宅での体重測定を習慣にしましょう。**

赤ちゃんの様子

赤ちゃんの外見はほとんど新生児と同じ

身長や体重はまだまだ小さいとはいえ、**赤ちゃんの外見はほとんど新生児と変わりないほどに。**大きくなると頭殿長《とうでんちょう》（CRL）を測れなくなるので、発育状態は児頭大横径（BPD）などの測定値で確認します。

呼吸器が発達し、羊水を飲み込んで肺の中にためてから吐き出す「呼吸様運動」も始まります。完全ではないものの肺が発達することで、**22週すぎから、胎外で生存できる可能性も出てきます。**

妊娠23週末ごろの赤ちゃん

* 外見はほぼ新生児に近づきます。
* 頭蓋骨、脊髄《せきずい》、肋骨がかたく、骨格がしっかりしてきます。
* 生殖器の形が整います。
* まぶたは閉じているものの、眼球が上下左右に動くことがあります。
* 音が聞こえるようになります。

赤ちゃんの重さの目安は**りんご2～3個**ぐらい。

身長 約30cm　体重 約600g

パパができること

耳が聞こえるようになった赤ちゃんにたくさん話しかけよう

妊娠6カ月の後半になると、おなかの赤ちゃんの動きが、外から触ってわかるようになります。さらに、おなかの赤ちゃんの脳と聴神経がつながり、赤ちゃんは音が聞こえるように。はっきりとではありませんが、パパの声も届いています。おなかをなでて、赤ちゃんにたくさん話しかけてあげましょう。**何を話せばいいかわからない、照れくさい……というパパも、まずは朝の「おはよう」と寝る前の「おやすみ」の声がけから。毎日続けて習慣にしてみましょう。**

らくらく

ママとの絆も深まる

おなかの赤ちゃんに話しかけることは、ママに話しかけることになるので、夫婦のコミュニケーションにもなります。

この時期の過ごし方

適度な運動で不調を予防・改善

妊娠中、じっと家に閉じこもって体を動かさないでいると体力が落ちてしまいます。ウオーキングやマタニティヨガなどで、**適度に体を動かすことが大切です。出産時や産後の赤ちゃんのお世話のための体力作りにもなりますし、運動を行うことで便秘改善や腰痛予防、気分転換にもなります。**

ママの体調がよく妊娠経過が順調なら、外食や旅行など、夫婦ふたりきりの時間を楽しみたいと思うかもしれません。けれども、妊娠中はママとおなかの赤ちゃんに負担がかからないことを第一に考えましょう。

万が一のことを考えると、妊娠中の旅行はおすすめできませんが、行く場合は**移動先でトラブルがあったときにすぐに受診できるよう、出かける前に現地の産婦人科を調べておくとよいでしょう。また、移動距離の長短にかかわらず、外出時は常に母子手帳を持ち歩くことも忘れないように。**

妊娠初期
1カ月（0-3週）
2カ月（4-7週）
3カ月（8-11週）
4カ月（12-15週）
妊娠中期
5カ月（16-19週）
6カ月（20-23週）
7カ月（24-27週）
妊娠後期
8カ月（28-31週）
9カ月（32-35週）
10カ月（36-39週）
出産の流れ
産後の生活と新生児のお世話

妊娠6カ月（20～23週）に知っておきたいこと・することリスト

体の変化に合わせて注意点も変化

妊娠中期から後期にかけて注意したい病気を知っておきましょう。
妊娠生活も半ば過ぎ。出産に向けて少しずつ準備を整えましょう。

[知っておきたいこと❶]

注意したい病気「妊娠高血圧症候群」

妊婦さん全体の4～5%が発症するといわれるこの病気。高血圧が代表的な症状であり診断の基準となります。妊娠20週～分娩後12週の間に起こるものを指しますが、妊娠20週以降32週未満で発症したものを「早発型」、妊娠32週以降に発症したものを「遅発型」といい、**早発型のほうが症状が重くなる傾向があるので注意が必要です**（➡p.101）。

あんしん

高血圧ではなかった人も注意

妊娠前に高血圧ではなかった人が発症するケースもあります。妊婦健診をきちんと受け、早期発見することが大切です。

あんしん

マイナートラブルは期間限定

妊娠が終わることで自然に解消することも多いので、今のうちだけと考え、気持ちをらくにしましょう。

[知っておきたいこと❷]

マイナートラブルはがまんしないで

妊娠中はホルモンバランスの変化や子宮が大きくなることで、便秘や痔《じ》、腰痛など、つらい症状が出ることもあります。医療処置が必要というほどでもないと思ってしまうため、誰にも相談できずにがまんをしてしまう妊婦さんも多いようです。症状がひどい場合は、医師に相談して薬を処方してもらいましょう。不調を改善して、ストレスをためずに妊娠生活を快適に送ることも大切です。

全員チェック!

この時期のすることリスト

- □ 栄養バランスのよい食事をとる ➡p.94
- □ 体重管理をする ➡p.80
- □ 適度な運動を習慣にする ➡p.83
- □ 便秘や腰痛などのマイナートラブルが増える時期なので予防や対策を ➡p.96

必要な人はチェック!

こんな場合はここをチェック!

- □ ベビーグッズの購入など赤ちゃんを迎える準備を始めたい人は ➡p.112
- □ 里帰り出産を希望する人は分娩予約を確実にしておく ➡p.127
- □ 歯科検診がまだの人は ➡p.89

Dr.荻田'sアドバイス

食品添加物を気にしすぎない

妊娠中、食事に神経質になりすぎる人もいますが、**「妊娠中にこれさえ食べておけばOK」や「食品添加物をとってはいけない」は、じつは医学的根拠のないものがほとんど。**日本国内で市販されている食品やお総菜に関しては、おなかの赤ちゃんに食品添加物の影響が出る可能性はまずないと考えて大丈夫です。

妊娠6カ月（20～23週）の生活ポイント

食事や生活習慣をもう一度見直し

ママの体調が安定している時期こそ、日ごろの生活習慣を見直しましょう。食事や睡眠、運動など、できることから健康的な習慣を取り入れましょう。

20週

出産予定日まであと140日

あんしん

妊婦健診をきちんと受診

妊娠合併症は自覚症状がないので早期発見・治療が重要です。

妊娠中に特有の病気に注意

妊娠中は妊娠高血圧症候群、妊娠糖尿病などの妊娠合併症にかかりやすくなります。予防のため、**糖分や脂肪分、塩分を控えた健康的な食事で体重管理をしたり、軽い運動をする、規則正しい睡眠をとるなど、生活習慣を整えることを心がけましょう。**

21週

出産予定日まであと133日

らくらく

出産施設に早めに確認

分娩方法やバースプランは出産施設によって方針に違いがあります。

妊娠生活の折り返し地点！

21週に入ると、妊娠40週の折り返し地点を過ぎます。引き続き、食事や生活習慣に気をつけて、無事に出産を迎えられるように過ごしましょう。分娩の方法や、**陣痛が起きてからの段取りなど、**出産のときや入院中のことを見据えて**夫婦でよく話し合いましょう。**

22週

出産予定日まであと126日

あんしん

使える漢字を確認

法務省のHP上の「子の名に使える漢字」に詳細が記載されています。

赤ちゃんの名前を考え始めよう

赤ちゃんが誕生して14日以内に出生届を出さなければならないため、妊娠中から使える漢字を確認して候補を考えておくと安心です。**名づけに使える漢字は、法律で常用漢字と人名用漢字だけ**に定められています。また、名前の漢字の読み方に関してはとくに決まりはありません。

23週

出産予定日まであと119日

あんしん

運動前に医師に確認を

妊娠経過によっては安静が必要なママも。運動を始める前に確認を。

妊娠中は適度な運動を

妊娠中は、体重管理や、腰痛や便秘などのマイナートラブル解消に、軽い運動が有効です。家でできるマタニティビクスやヨガなどもおすすめ。**本やDVDなどを参考にして、これらの運動を楽しんでもよいでしょう。自治体や病産院で開催している教室もあります。**

妊娠6カ月（20〜23週）の食事ポイント

外食をするときのポイント

妊娠中は食事作りが負担になったり、出産前のお楽しみとして
外食をする機会もあるでしょう。外食選びのポイントをまとめました。

ポイント 1 栄養バランスをとる

彩りのよいメニューを選ぶ

定食でも、丼物や麺類といったワンプレートでも、外食を選ぶときは彩りの美しさをひとつのポイントに。**いろいろな色が入っている料理は、それだけたくさんの食材を使っているため、栄養バランスもとれています。**黒・白・黄・緑・赤の5色がそろっていれば完璧です。

調理法もチェック!

揚げ物、焼き物、煮物など調理法をいろいろにしたメニューを選ぶのも栄養バランスをとるポイント。

らくらく

黒・白・黄・緑・赤の5色の食材をそろえる

例を挙げると黒＝ごま・こんにゃく・ごぼう・きのこ類など、白＝炭水化物、黄＝大豆や卵、緑＝緑黄色野菜、赤＝肉や魚など。外食だけでなく家で料理するときにも、彩りがよくるなるよう心がけましょう。

ポイント 2 食中毒対策を

外食で食べる機会が多い生肉や生魚に注意

妊娠中は免疫力が弱まっていて、感染症にかかりやすい状態。**レアステーキやユッケ、馬刺しなど生肉にはトキソプラズマという寄生虫が潜んでいることがあります**（➡p.54）。**また、生ハム、肉や魚のパテなどはリステリア菌の心配があるので避けます**（➡p.67）。

中まで加熱!

飲食店でステーキを食べる際は、中まで十分に火を通してもらうほうが安心です。

あんしん

仕事中のランチは塩分や脂肪分に注意

仕事中のランチは外食という人は、塩分や脂肪分のとりすぎにならないよう、メニューを選びます。揚げ物より、焼き物や煮物を選ぶ、ファストフードは避けるなど、気を配りましょう。

ポイント 3 食べすぎ対策を

2〜3日の中でトータルでバランスをとる

外食はカロリーや塩分が高いものが多く、どうしても栄養バランスがかたよりがち。けれども、たまの楽しみや息抜きで食べたいものをがまんすることはありません。**外食をした翌日はカロリーや塩分を控える、不足した栄養素をとる**など、2〜3日のトータルでバランスを考えてみましょう。

外食したらチェック!

外食は野菜が不足しがち。翌日は野菜をたっぷりとりましょう。

あんしん

極端な調整は×

食べすぎてしまったという翌日でも、食事を抜くのはNG。ふだんの食事量より少し減らす、炭水化物やたんぱく質を減らして野菜を増やすなどして調整を。

妊娠6カ月の気がかりなことQ&A

Q 脇の下のしこりのようなものは何？

A 妊娠すると副乳ができやすい。

妊娠をすると、脇の下に違和感や痛みを感じたり、小さなしこりができることが。これは病気ではなく副乳といわれるもので、生理、妊娠、授乳期間中に腫れたり痛みを感じたりすることがあります。**ほとんどの場合は冷やすと治まります。**痛みが続く場合は医師に相談しましょう。

Q アレルギー体質は赤ちゃんに遺伝しますか？

A そうとは限りません。

確かにアレルギー体質を受け継ぐ可能性は高くなりますが、**アレルギー性の病気を発症するとは限りません。**病気の発症には、肌や呼吸器などの体質や、環境が大きく関係しています。

あんしん

産後に医師に相談

赤ちゃんが生まれたら、医師の指導のもと、食事内容などに注意しましょう。そうすることで、アレルギーの発症を抑えたり発症時期を遅らせたりすることができます。

Q いつもよく動く赤ちゃんなのに、パパが触ると動かないのはなぜ？

A たまたまです。

赤ちゃんは自分なりのリズムを持っており、よく動くときと動かないときがあります。パパだから動かないのではなく、たまたま赤ちゃんが動きをやめたタイミングでパパがおなかを触っていると考えるのが自然です。

Q 乗り物の酔い止め薬は飲んでも大丈夫？

A 妊娠中は避けましょう。

酔い止めの薬は、妊娠中は避けたほうがよいとされています。**薬以外の酔い止めの方法としては、メントール系のあめやガムを口にする、窓を開けて風にあたるなど**を試してみてください。

Q 夫婦げんかは赤ちゃんによくないって本当？

A 本当です。できれば避けましょう。

夫婦げんかに限らず、けんか中はアドレナリンが分泌され、体が戦闘モードに。結果、胎盤への血流量が減り、子宮が収縮しやすくなります。赤ちゃんにとってよい状態ではありません。とはいえ、夫婦でも考え方が違うのは当たり前。けんかではなく、お互いをわかり合おうとする話し合いができるとよいですね。

らくらく

カッとなったら深呼吸

妊娠中のママは情緒不安定になりがち。「けんかになりそうになったら深呼吸」を習慣にしてみて。

マイナートラブル解消法

この時期にチェック！
初期 中期 後期

マイナートラブルとは、妊娠中によく起こる不快な症状のことです。
対処法や予防法を知り、少しでも症状を和らげましょう。

不快な症状を感じたら早めに対処・予防をしよう

妊娠中期から後期にかけては、とくにマイナートラブルに悩まされる時期です。**代表的なものは頻尿や便秘、腰痛など。その他にも、手足のむくみや眠気など、さまざまなものがあります。**

マイナートラブルは、妊娠で子宮が大きくなって他の臓器が圧迫されたり、ホルモンバランスが変化したりして起こります。たとえば便秘は、大きくなる子宮が腸の動きを妨げてしまうこと、ホルモンバランスの変化の影響で腸の動きを悪くすることが原因とされています。

マイナートラブルは妊娠の経過に影響があるものはあまりなく、治療が必要になるまで悪化することもあまりありません。けれど、ママにとってはとてもつらいもの。不調を感じたらp.97以降を参考に対処しましょう。また、妊娠中に起こりやすい不調を知り、予防に役立ててください。

妊娠中に起こりやすいマイナートラブルワースト10

妊娠中に悩まされやすいマイナートラブルの代表例です。対策と予防に役立ててください。

順位	症状	悩む人の割合	対処法
1位	おしっこのトラブル	85%	➡p.97
	頻尿、尿もれ、おしっこがうまく出ないなど。人には言いづらいですが、悩む人も多いようです。		
2位	吐き気・おう吐（つわり）	50～80%	➡p.48
	つわりの時期に最も悩む人が多い症状。自分がらくな方法を見つけて乗り切って。		
3位	腰・背中の痛み	70～75%	➡p.97
	妊娠中、4人のうち3人は悩まされる症状。日常生活の過ごし方を見直して、悪化を防いで。		
4位	便秘	60～65%	➡p.98
5位	足のけいれん	55～60%	➡p.98
6位	眠気	50～55%	➡p.98
7位	息切れ	45～50%	➡p.98
8位	めまい・立ちくらみ	40%	➡p.99
9位	胸焼け	35～40%	➡p.99
10位	かゆみ	30%	➡p.99

※参考
日本助産診断・実践研究会『マタニティ診断ガイドブック』医学書院

郵便はがき

ここに
ハガキ用の切手を
しっかり
貼ってください

1 4 1 - 8 4 1 6

東京都品川区西五反田 2-11-8

株式会社Gakken
大人の学び事業部
趣味・実用書編集課

最新改訂版
らくらく あんしん 妊娠・出産 係

ご住所（〒　　　　　　　　　）

TEL　　　　　　　　　　　　　Eメール

お名前（ふりがな）　　　　　　　　　　　　ご年齢

①ご記入いただいた個人情報（住所や名前など）は、企画の参考にのみ使用いたします。
②お寄せいただいた個人情報に関するお問い合わせは、
https://www.corp-gakken.co.jp/contact/（お問い合わせフォーム）よりお問い合わせください。
③当社の個人情報保護については当社ホームページ
https://www.corp-gakken.co.jp/privacypolicy/ をご覧ください。
④発行元　株式会社 Gakken
東京都品川区西五反田 2-11-8
代表取締役社長　五郎丸 徹
個人情報に関してご同意いただけましたら、アンケートにお答えください。

このたびはご購読いただき、ありがとうございました。
今後の企画の参考のため、ご意見をお聞かせください。

＊この本を何でお知りになりましたか？

[　　　] インターネットの検索サイト　[　　　] 書店で見て
[　　　] 友人・知人のすすめ　[　　　] その他 [　　　　　　]

＊本書をお選びくださった理由は何ですか？
あてはまるものをすべてお選びください。

[　　　] 判型がちょうどよいから
[　　　] 妊娠月数別でわかりやすいから
[　　　] イラストが多くてポイントがわかりやすいから
[　　　] 電子版が便利だから
[　　　] 同シリーズの「育児」や「離乳食」を買ったから
[　　　] 監修者が信頼できるから
[　　　] その他 [　　　　　　　　　　　　]

＊本書の価格についてはどのように感じましたか。

[　　]高い [　　]やや高い [　　]ちょうどよい [　　]安い

＊妊娠や育児の本の中で、本書を選ばれた理由をお書きください。

＊本書のほかに妊娠や育児の本をお持ちでしたら、
書名と出版社名を教えてください。

書名 [　　　　　　　　　　] 出版社名 [　　　　　　]
書名 [　　　　　　　　　　] 出版社名 [　　　　　　]
書名 [　　　　　　　　　　] 出版社名 [　　　　　　]

＊ご感想、ご要望をご自由にお書きください。

＊妊娠・育児について知りたいことがあればお書きください。

ご協力ありがとうございました。

マイナートラブルはこう対処!

右ページであげた代表的なマイナートラブルの対処法を紹介します。

3位 腰・背中の痛み

腰や背中に負担がかかりにくい姿勢を心がけよう

原因は?

妊娠すると、出産に備えて関節や靭《じん》帯をゆるめるホルモンが分泌され、ゆるんだ骨盤をお尻の筋肉や腰の筋肉で支えようとして腰痛が起きます。また、おなかが大きくなっていくと姿勢が変化し、腰や背中に負担がかかることも原因です。

対処法は?

下記で紹介する、腰や背中に負担がかかりにくい姿勢を心がけることも予防につながります。また、日中はおなかをしっかり支える妊婦帯やガードルを使用して、寝るときはかための敷き布団を使うと、腰痛の予防や悪化防止になります。

腰や背中に負担がかかりにくい姿勢

おなかが大きくなるとバランスが崩れ、反る姿勢になって腰痛や背中の痛みにつながります。まずは正しい姿勢を心がけましょう。

立つときの姿勢

ポイント1
背すじを伸ばす。

ポイント2
左右の足に等しく体重をかける。

寝るときの姿勢

ポイント1
抱き枕やクッションなどを足の間に挟む。

ポイント2
左を下に横向きで寝て、上になった右足を軽く曲げる体勢がらく。

1位 おしっこのトラブル
(頻尿・尿もれ・おしっこがうまく出ない)

トイレはがまんしない。骨盤底筋体操を習慣にしよう

原因は?

妊娠すると腎《じん》機能の働きが高まったり、大きくなった子宮に膀胱《ぼうこう》が圧迫されたり、骨盤底筋という筋肉がゆるんだりすることで、頻尿や尿もれ、おしっこがうまく出ないなどのトラブルが起こりがちに。妊娠後期だけでなく、初期に悩まされることもあります。

対処法は?

外出先ではトイレの場所を確認しておくなど、おしっこはがまんしないこと。尿もれが気になる場合は尿吸収ライナーを使用するのもよいでしょう。トイレが近いからといって、水分摂取を制限すると脱水を招くので避けます。下記で紹介する骨盤底筋体操もおすすめです。

骨盤底筋体操のやり方

1. 息を吸いながら肛門、膣《ちつ》を胃のほうに吸い上げるような感じで締めます。締めたままゆっくり5秒数え、力を抜きます。これを5回行います。
2. 次に、肛門、膣を速いテンポで締めたりゆるめたりします。これを5回行います。

ポイント1
尿もれの予防のためには、①と②を1日に5セット、現在尿もれなどの症状がある場合は、1日に10セット程度が目安です。

ポイント2
立っていても座っていても寝ていてもできる体操です。気がついたらやる習慣をつけましょう。

※マイナートラブル2位の「吐き気・おう吐」の対処法については➡p.48を見てください。

5位 足のけいれん

足を温め、血行をよくする習慣を

原因は?

足のふくらはぎがつる、いわゆるこむら返りは、妊娠後期になると起こりやすくなります。体重が増えて足の筋肉が疲労したり、冷えなどによる血流の悪化が原因で起こります。

対処法は?

足がつったら足の指を手で持ち、手前に伸ばすようにすると治まります。入浴などで足を温め、血行をよくする習慣をつけましょう。

6位 眠気

初期に悩みがち。中期に落ち着いてくる

原因は?

妊娠すると急激に増えるプロゲステロンは、だるさや憂鬱《ゆううつ》などPMS（月経前症候群）と似た症状を引き起こします。これが妊娠中の眠気につながっているといわれます。

対処法は?

胎盤が完成する妊娠中期には、眠気も落ち着いてくるでしょう。がまんせず眠ってしまうのがいちばんです。仕事中なら、軽く体をストレッチしてリフレッシュしましょう。

7位 息切れ

無理せずゆっくり深呼吸を

原因は?

妊娠中期から後期にかけて子宮が大きくなると、横隔膜が押し上げられて肺や心臓が圧迫され、息切れを起こしやすくなります。

対処法は?

もし息切れを感じたら、大きく息を吸ってゆっくり深呼吸したあと、無理せず休みましょう。息苦しくて眠れないような場合、寝るときの姿勢を工夫してみましょう（➡p.97）。

4位 便秘

妊娠中は便秘になりやすい。食事や水分補給で改善

原因は?

妊娠中はホルモンの影響で胃や腸などの筋肉の収縮が抑えられ、腸の動きが鈍くなり、便秘が起こりやすくなります。また、妊娠初期はつわりで食生活が偏るため便秘がちに。悪化すると腹痛や痔《じ》、腰痛などさらなるトラブルにつながるので早めに改善しましょう。

対処法は?

便秘を解消するためには、十分な水分補給や3食規則正しい食事をすること、下で紹介するような食べ物を積極的にとることが大切。適度な運動は腸の活発な動きを促すので、軽く体を動かすのもおすすめです。便秘がなかなか解消しないときは、医師に相談しましょう。

便秘を予防・改善する食事のポイント

ポイント1
水分で便をやわらかく

水分が足りないと便がかたくなり、お通じのときに出にくくなってしまいます。いきむときに腸や肛門を傷つけ、痔の原因にもなります。朝起きたら水を1杯飲んだり、食事のときに汁物を添えるなど、生活の中でこまめに水分補給をしましょう。

ポイント2
食物繊維でお通じを促す

食物繊維はお通じを促す作用が。りんごやプルーンなどに多い水溶性食物繊維と、大豆などの豆類や、大麦やライ麦などの穀類に多い不溶性食物繊維の2種類をバランスよくとるのがコツ。

ポイント3
乳酸菌で腸の働きを整える

乳酸菌はヨーグルトやチーズなどの乳製品、納豆、みそ、漬けものなどの発酵食品に多く含まれます。

こんな症状はありませんか？

涙もろい、イライラ、不安……

妊娠中のホルモンバランスの変化は情緒不安定の原因にも

ホルモンバランスの変化はマイナートラブルだけでなく、イライラや不安など、心のトラブルも引き起こします。**いわゆるマタニティブルーとは、産後のママが精神的に不快、不安定になることを指しますが、妊娠中にもなることがあります。**ママは自分でも感情がコントロールできずに、困ってしまうこともあるかもしれません。

原因は？

月経前はイライラしたり気分が沈むという人も多いですが、それはプロゲステロンというホルモンが増えた影響。妊娠するとこのホルモンが増え、さらにhCG（ヒト絨毛《じゅうもう》性ゴナドトロピン）というホルモンが分泌されます。その結果、ホルモンバランスが大きく変化して、自律神経のバランスを崩し、情緒不安定になりやすいのです。

対処法は？

1 情緒不安定な自分を受け入れる

妊娠中の心の変化はごく自然なことと考え、情緒不安定な自分を受け入れましょう。妊娠中に体形が変わるのが当然なように、心のありようも変化するのが当たり前なのです。

2 周囲の人に頼る

いちばん近くにいるパパには、情緒不安定なことを伝えて理解してもらいましょう。また、家族など周囲の人に悩みや不安を打ち明けることで不安が和らぎ、周囲の協力も得やすくなるでしょう。

3 完璧主義はやめてみる

「理想のお産がしたい」「おなかの赤ちゃんのためにもきちんとしなければ」など、考えすぎると余計にプレッシャーがかかりストレスになります。肩の力を抜いてできることをすればよいのです。

8位 めまい・立ちくらみ

急に立ち上がらないようにしよう

原因は？

妊娠中は体内の血液の量が増えますが、脳に十分な量の血液がスムーズに循環していない状態で急に立ち上がると、めまいや立ちくらみを引き起こしやすくなります。

対処法は？

めまいや立ちくらみが起こったら、何かにつかまるか、ゆっくりしゃがみ、転ばないようにすることがいちばんです。立ちくらみを防ぐには、急に立ち上がらないことも大切です。

9位 胸焼け

食事を少量にして回数を増やす

原因は？

妊娠初期だけでなく、後期も多い症状です。子宮が大きくなって胃が持ち上げられ、胃液が食道に逆流しやすくなり、強い酸で食道の粘膜が荒れて起こります。

対処法は？

空腹だと胃液がたくさん出るので、1回の食事の量を少なめにして回数を増やし、胃が空っぽにならないようにしてみましょう。

10位 かゆみ

湿疹などは悪化が心配。きちんと保湿を

原因は？

妊娠するとホルモンバランスが変化して皮膚が乾燥しやすく、外部からの少しの刺激でかゆみが生じます。「妊娠性皮膚掻痒《そうよう》症」という病名があるトラブルです。

対処法は？

かゆみをがまんできずにかき壊し、湿疹などさらなるトラブルにつながることもあるのできちんと対処を。皮膚の乾燥を防ぐため保湿をしたり、医師に相談したりしましょう。

妊娠中に気をつけたい病気

妊娠前は健康だった人でも妊娠によって発症する病気があります。
予防と治療法を知っておき、出産まで注意深く過ごしましょう。

この時期に
チェック!

初期 中期 後期

妊娠前に高血圧や糖尿病ではなかった人も注意して

妊娠合併症とは、何らかの持病がある人が妊娠した状態、もしくは妊娠中に新たに関連する病気を発症してしまった状態の総称。前者でいう持病とは、心疾患や腎《じん》疾患、婦人科系の病気など。**持病があるママは、妊娠がわかった時点で服用する薬について相談するなど、産婦人科医と持病の主治医のサポートを受けながら経過をみましょう。**後者の代表的なものは**妊娠高血圧症候群と妊娠糖尿病です。これらは妊娠前に高血圧や糖尿病ではなかった妊婦さんでも発症することがあり、新型コロナウイルス感染症の重症化リスク因子になり得るといわれています。予防と早期発見が何より大切**なので、妊婦健診は定期的にきちんと受けましょう。ちなみに、妊娠高血圧症候群や妊娠糖尿病は妊娠が発症の原因です。そのため、出産して妊娠が終われば症状は改善します。

気をつけたい「妊娠合併症」

妊娠中は、以下の2つの
合併症について知り、予防に努めましょう。

妊娠糖尿病

(➡p.102)

全妊婦さんのうち7～9％程度が発症するといわれています。

妊娠高血圧症候群

(➡p.101)

全妊婦さんのうち４～５％程度が発症するといわれています。

**持病がなく、妊娠前に
血圧や血糖値に異常がなくても
発症する可能性があります。**

知っておこう!

妊娠合併症は健康保険がきく

妊娠・出産は、通常は健康保険がききません。そのため、妊婦健診などの診療費は原則、全額自己負担になります。しかし、上記のような妊娠合併症を発症した場合、病気として健康保険が適用になり、診療費は3割の自己負担ですみます。この場合、ママが加入している医療保険からも、入院給付や手術給付金を受けられる可能性があるので調べてみましょう。

妊娠高血圧症候群の予防と治療法

妊娠20週以降に発症する病気。とくに注意したい時期は32週（9カ月）ごろです。

当てはまる人は注意しよう

□ 高年初産

35才以上ではじめての出産の場合、リスクが高くなります。

□ 初産婦

妊娠高血圧症候群は、はじめて出産するママに多くみられます。

□ 肥満

BMIが25.0以上（➡p.80）だとなりやすいといわれています。

□ もともと血圧が高め

妊娠前または妊娠初期の収縮期血圧が130〜139㎜Hgあるいは拡張期血圧80〜89㎜Hgのママは、その後、妊娠高血圧症候群になる確率が高くなるといわれています。

その他に注意が必要なのは

多《た》胎《たい》妊娠の人や持病がある人も体への負担が大きくなり、妊娠高血圧症候群のリスクが高まるので注意しましょう。

どんな病気?

妊娠後期になると発症しやすくなる

妊娠高血圧症候群は血管の病気。妊娠による体への負荷がとくに大きくなる**妊娠20週以降に発症**します。血圧などの値を妊婦健診でチェックして診断します。

妊娠高血圧症候群の診断基準

妊娠20週以降、分娩後12週までで高血圧※がみられる場合（場合によりたんぱく尿を伴う）。

※高血圧とは約6時間以上間隔をあけて2回以上収縮期血圧が140㎜Hg以上または拡張期血圧が90㎜Hg以上あるいはその両方に当てはまる場合。

ママやおなかの赤ちゃんへの影響は?

赤ちゃんの発育の遅れや早産などが心配

発症すると胎盤の血流が悪くなるため、赤ちゃんへ送られる酸素や栄養素が不足し、**赤ちゃんの発育が遅れるなど悪影響**が出てしまいます。さらに、ママの体にも大きな影響が。重症になると、**脳出血や子《し》癇《かん》（けいれん）など危険な状態に陥ったり、早産や常位胎盤早期剥《はく》離《り》のリスクが高まったりします。**

治療法は?

分娩を終了させる

重症度や発症したときの妊娠週数、赤ちゃんの発育状態によって治療の内容が異なりますが、根本的な治療は妊娠を終了させること。降圧剤を処方されることもありますが、**ママとおなかの赤ちゃんの状態によっては、早産の時期でも赤ちゃんを外に出したほうがよいと判断され、帝王切開で出産することもあります。**

妊娠高血圧症候群の予防のためにできること

妊娠中に心がけたい健康的な生活を送ることが病気の予防にもつながります。

● 規則正しい生活

生活の乱れは体を疲れさせ、血圧が上がりやすくなります。1日3食しっかりとり、十分な睡眠をとって。

● 適切な体重管理

急激な体重増加は発症リスクを高めてしまいます。1週間に500ｇ以上の体重増加は要注意です。

● ストレスをためない

ストレスを感じると血管が収縮し、血圧が上がりやすくなり、妊娠高血圧症候群の原因のひとつになります。

● 適度な運動

筋肉量を減らさないようにウオーキングなどを習慣にしましょう。体が温まり、血流もよくなります。

妊娠糖尿病の予防と治療法

妊娠初期に血糖値に問題がなくても、後期にかけて発症率が高まっていくので注意して。

当てはまる人は注意しよう

□ **親やきょうだいに糖尿病の人がいる**

家族が糖尿病だと、糖尿病の家族歴がない人に比べて発症しやすくなります。

□ **肥満**

BMIが25.0以上（➡p.80）だと妊娠糖尿病になりやすいといわれています。

□ **高年初産**

35才以上ではじめての出産の場合、妊娠糖尿病のリスクが高くなります。

□ **強度の尿糖陽性もしくは２回以上反復する尿糖陽性**

尿検査で尿糖が「２＋」の結果だった、または2回以上「＋」が続いたら下記の予防法を取り入れて。

その他に注意が必要なのは

原因不明の習慣性流産や早産などがあった人なども、発症のリスクが高くなるので注意しましょう。

らくらく

産後も予防

妊娠糖尿病を発症した人は、将来糖尿病になりやすい傾向があるので、産後は肥満や運動不足を防ぐなど、生活習慣に注意しましょう。

どんな病気？

妊婦さんの7〜9％程度が発症

妊娠糖尿病は、すい臓から分泌されるインスリンというホルモンが妊娠中にうまく機能せず、血糖値が上がってしまう病気のことをいいます。

妊娠糖尿病の診断基準

妊婦健診の尿検査で尿糖の有無を検査し、疑いがある場合は血液検査で血糖値を調べたり、妊娠中期にブドウ糖負荷試験を行ったりします。

ママやおなかの赤ちゃんへの影響は？

巨大児や妊娠高血圧症候群の併発が心配

ママが糖尿病の場合、赤ちゃんが大きくなりすぎ、出産時に4000gを超える巨大児になることが多くなります。**巨大児は体の大きさに比べて臓器が未発達の心配**もあります。また、妊娠高血圧症候群を併発するリスクや、早産や羊水過多症なども起こりやすくなります。

治療法は？

食事療法が中心

妊娠糖尿病の治療はカロリー制限などの食事療法が中心になります。**重症の場合はインスリンを投与**して血糖値を下げます。出産は基本的には経腟《けいちつ》分娩ですが、巨大児でおなかの赤ちゃんの肩がスムーズに出ない可能性がある場合は帝王切開になります。

妊娠糖尿病の予防のためにできること

血糖値を急激に上げないよう、ふだんから食事に気を遣うことがポイントです。

- **3食規則正しく食べる**
  食事の時間と量が一定だと血糖値が安定しやすくなります。
- **適切な体重管理**
  妊娠後期にかけて体重が増えやすくなるのできちんと管理を。
- **糖分や脂肪分は控えめに**
  甘いものや脂っこいものの食べすぎに注意しましょう。
- **ゆっくり食べる**
  早食いは一気に血糖値が上がります。ゆっくり食べることを心がけて。
- **軽い運動を習慣に**
  ウオーキングなど、ごく軽い運動でよいので習慣にしましょう。
- **ストレスをためない**
  ストレスは血糖値にも悪影響を及ぼすといわれています。

赤ちゃんの体格にも個人差が。心配ないことがほとんど

ときどき健診で「おなかの赤ちゃんが大きめ（あるいは小さめ）ですね」といわれて心配するママがいますが、**ほとんどの場合、心配のない個人差の範囲内**であり、その個人差は遺伝と環境（ママの栄養状態）によって表れるものです。妊娠中の体重管理は大事ですが、体重増加を気にするあまりに極端なダイエットをすると赤ちゃんの成長を妨げてしまうので、食事は適切にとりましょう。

詳しく知りたい！

赤ちゃんの「大きい」「小さい」について

おなかの赤ちゃんの体格「大きめ」「小さめ」がわかるのは、妊娠24週ごろから。超音波検査で頭の横幅・おなかの横幅や厚み（腹囲）・大腿骨《だいたいこつ》の長さなどを測り、体重が推定できるようになります。

大きすぎる・小さすぎるとどんな影響がある？

ママやおなかの赤ちゃんに何かしらの異常があったり、正常な分娩が難しくなってしまう可能性があるため注意が必要です。

大きすぎる

原因は？

おもな原因はママの糖尿病

ママの血糖値が高いままだと過剰な糖が胎盤を通過して赤ちゃんに送られ、赤ちゃんは食べすぎの状態に。また、赤ちゃんは自分でインスリンを出して血糖値を下げますが、インスリンには体の細胞を大きくする作用もあります。

悪影響は？

臓器の発達ぐあいなどが心配

体が大きくても臓器が未発達のことが多くなります。また、胎児期に大量にインスリンを分泌させてきたぶん、生まれたとたんに一気に低血糖になり、脳に影響を及ぼすことがあります。

予防法は？

- 適切な体重管理などで妊娠糖尿病を予防。
- ママが糖尿病の場合は食事療法と運動療法を。改善しない場合は、インスリン注射で血糖値をコントロールします。

小さすぎる

原因は？

おもに胎盤の血流が悪くなるため

必要な酸素や栄養が赤ちゃんに行き届かず、大きくなれないのです。胎盤の機能を低下させる病気の代表例には、妊娠高血圧症候群があります。また、喫煙（副流煙を吸い込むことも含む）によっても胎盤の血流は悪化します。

悪影響は？

予定日前に帝王切開する場合も

十分に成長できないことが、いちばんの心配点。赤ちゃんの命に危険がある場合は自然なお産の開始を待たず、予定日の前に、帝王切開で赤ちゃんをおなかから出したほうがよいと判断されるケースもあります。

予防法は？

- たばこを吸っているママはすぐに禁煙を。
- 副流煙を吸わないようにしましょう。
- 生活習慣を見直して高血圧を予防。

ママと赤ちゃんの心配ごと（妊娠中期）

この時期にチェック！
初期 **中期** 後期

妊娠中期から心配な切迫早産や早産の原因や予防法を知っておきましょう。
早期発見が大事なので、いざというときのために兆候も知っておくと安心です。

切迫早産は早期発見と安静などの治療で妊娠の継続を

妊娠22週以降から妊娠37週未満の間におなかの張り（子宮収縮）がくり返される、子宮口が開きかけているなど、赤ちゃんが生まれそうな兆候があることを切迫早産といい、この時期に赤ちゃんが生まれてしまうことを早産といいます。

切迫早産・早産の原因の中には、細菌による子宮内感染もあります。おりものが増えたりかゆみや痛みを感じたりしたら、早めに受診を。早期発見と原因に応じた治療で妊娠の継続が可能です。

もし早産になり、赤ちゃんの体がしっかり発育していない状態で生まれてしまうと、呼吸障害や後遺症などさまざまな問題が起こりやすくなります。**赤ちゃんが元気に成長するためにはなるべく長くママのおなかの中にいることが大切。**そのためには、ママの体に現れるサインを知り、異常を感じたらすぐに受診して、早期発見に努めます。

切迫早産・早産の危険を知らせる4つのSOSサイン

下記のサインが見られたら受診しましょう。

SOSサイン 1
性器から出血した
少量でも見過ごすのは危険。なるべく早く受診してください（➡p.41）。

SOSサイン 2
下腹部痛・おなかの張り
しばらく安静にしていても治まらなかったり、痛みが強まったりした場合は、診察を受けましょう（➡p.41）。

SOSサイン 3
子宮口が開きかけている
子宮口が開きかけている場合は、早産の危険があります。自覚症状はないので妊婦健診はしっかり受けましょう。

SOSサイン 4
前期破水した
早産（流産）につながることが最も心配される状態です。破水すると子宮収縮を促すプロスタグランジンという物質が作り出され、自然に陣痛が始まって早産になってしまいます。一刻も早く受診しましょう。治療や出産など、妊娠週数に合わせて適切な対処が必要です（➡p.151）。

妊娠中期の心配ごと その他

「前置胎盤の疑い」と診断されたら

妊娠中期（初期のこともある）に、妊婦健診で前置胎盤の疑いがあると診断されることがあります。**前置胎盤とは、赤ちゃんが生まれるときの出口になる内子宮口を胎盤がふさいでしまうことです。**前置胎盤は、胎盤の位置によって大きく次の3つに分けられます。

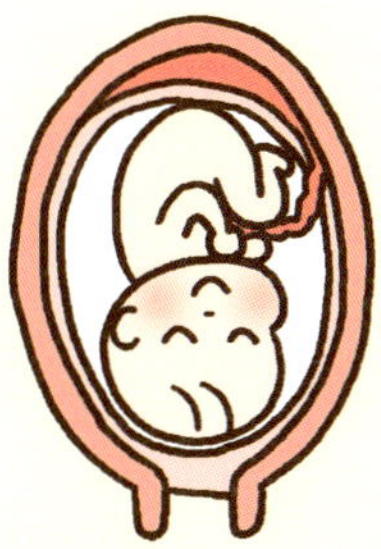

正常な胎盤
子宮の奥のほうにつきます。

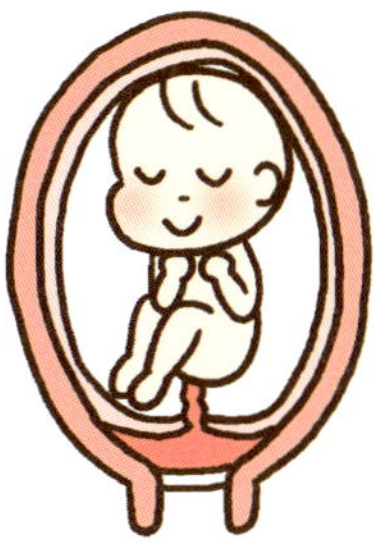

全前置胎盤
胎盤が完全に内子宮口をふさいだ状態。

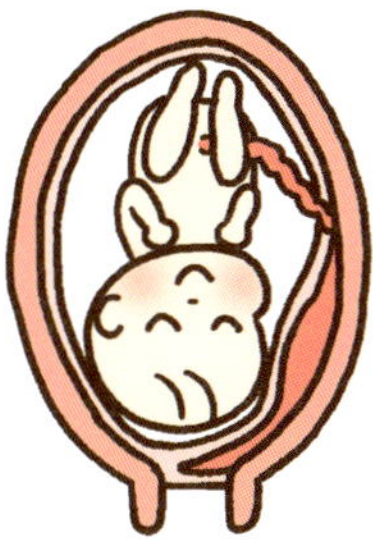

部分前置胎盤
胎盤の一部が内子宮口を覆っている状態。

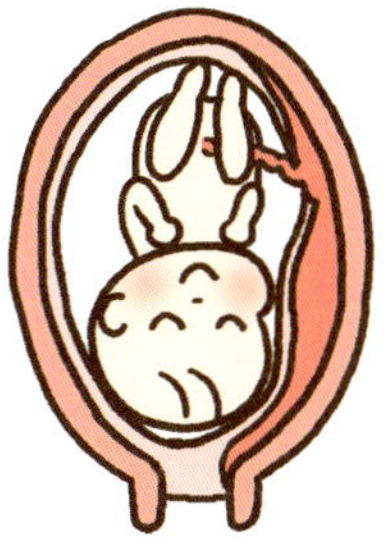

辺縁前置胎盤
胎盤の端が内子宮口に達している状態。

前置胎盤の場合、**基本的には帝王切開での出産です。**ただし、妊娠中期に前置胎盤と診断されても、**妊娠が進み子宮が大きくなると徐々に胎盤が上に上がり、最終的には前置胎盤が解消されることもあります。**その場合は経膣《けいちつ》分娩です。なお、前置胎盤の診断は、妊娠31週末までに行います。

切迫早産と診断されたら

治療の基本は安静

切迫早産と診断されたら、治療の基本は安静に過ごすこと。症状が重い場合は、トイレと食事以外は横になって過ごします。症状が軽い場合は、座ってできる程度の身の回りのことであればやっても大丈夫です。買い物などの外出は控えます。仕事をしているママは、勤務先とも相談して安静に過ごしてください。

早産を防ぐためにできること

- ストレスをためない
- 疲れすぎないよう適度に休息をとる
- 長時間の立ち仕事は控える
- セックスのときは感染予防のためにコンドームを使う
- 体重管理をしっかりする
- おりもののチェックをする
- 刺激の強い食べ物は控える
- 歯周病を予防する

早産で赤ちゃんが生まれたら

NICUでケア

日本では、毎年5〜10%の赤ちゃんが早産で生まれています。早産で生まれた赤ちゃんの産後のケアは、大きさや状態によってさまざまですが、体温が下がりやすかったり十分に呼吸ができなかったりするため、**NICU（新生児特定集中治療室）で治療を受けます。**NICUは早産児や低体重児、先天性の病気をもった新生児を24時間態勢で見守る、いわば第二の子宮です。**NICUを退院する時期はもともとの出産予定日前後が多く、その後はGCU（継続保育室）というところで赤ちゃんの成長を見守ります。その後に試験外泊などを経て、退院という流れになります。**

妊娠 7カ月 (24～27週)

おなかがさらに大きくなり、マイナートラブルも

妊娠7カ月になると赤ちゃんの脳がぐんと発達し、活発に体を動かすことが多くなります。胎動を最も感じる時期です。一方、ママは胃の圧迫感、便秘や痔《じ》など、マイナートラブルに悩むことが増えてきます。

ママの体の変化

子宮が大きく。腰痛など不調に注意

子宮の位置はおへそよりも上になります。**大きくなった子宮があちこちを刺激し、マイナートラブルに悩まされることも増えてきます。**胃や膀胱《ぼうこう》が圧迫されて胃もたれを感じたり、トイレが近くなったりします。また、大きく重くなったおなかで内臓や筋肉に負担がかかるため、腰や背中に痛みを感じたり、肩がこったりすることも多くなります。また、急激におなかが大きくなるこの時期は、**皮膚が伸びて妊娠線ができやすくなります。**

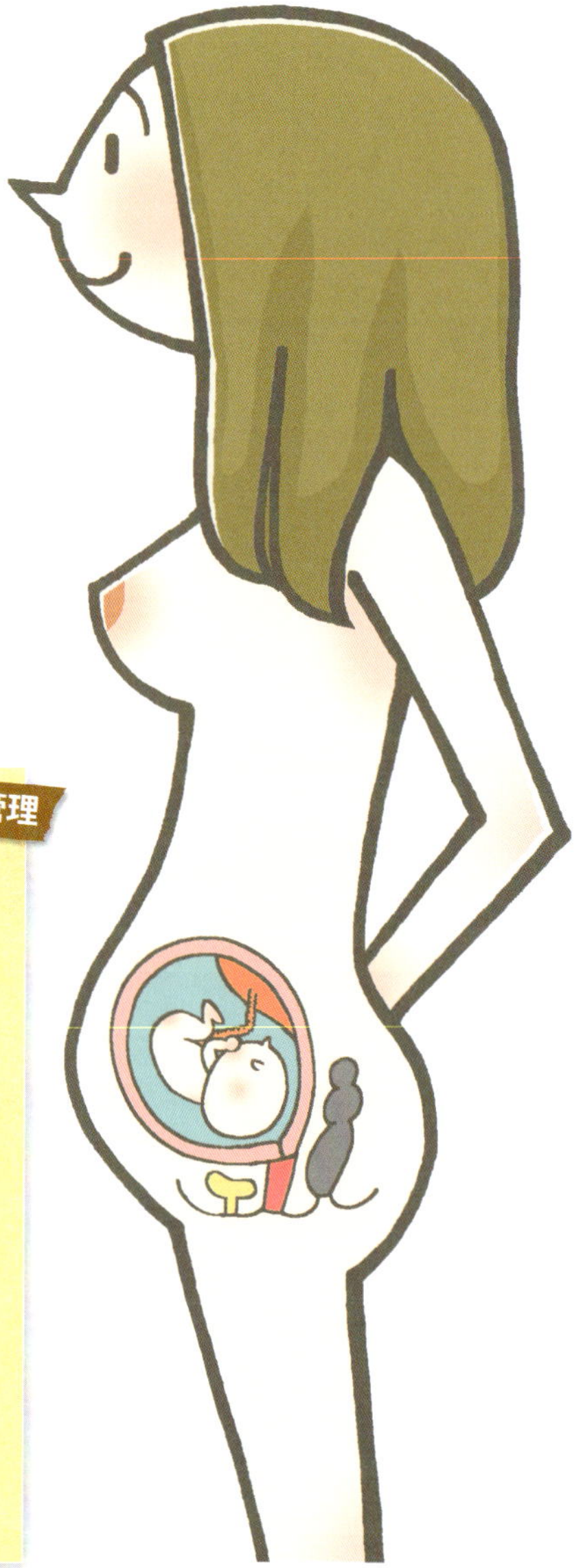

ママの体の変化と健康管理

子宮底長
約22～26㎝。

体の変化
＊おなかの張りを感じやすくなります。
＊子宮に圧迫されて胃が苦しくなります。
＊あおむけで寝ると寝苦しく感じるようになります。
＊おなかや乳房、お尻などに妊娠線が出やすくなります。

体重増加の目安
妊娠前から＋4～6kgほど。

妊婦健診
2週に1回。

ママができること

妊娠線予防に保湿を心がけよう

おなかが急激に大きくなる時期にできやすい妊娠線は、一度できたら消えにくいものです。**予防のためには急激な体重増加を防いだり、クリームやオイルで保湿を徹底したりすることが大切。**おなかだけではなく、バストや二の腕、お尻や内またなどもしっかりケアしましょう(➡p.87)。

赤ちゃんの様子

この1カ月間で体重は1.5倍に急成長

赤ちゃんはますます大きくなり、この1カ月間で体重が1.5倍になります。皮膚の下に毛細血管ができはじめ、赤ちゃんという名前の通り皮膚に赤みがさして見えます。

また、**手のひらにふれたものをギュッと握る把握反射が出始めるのもこのころ。**この反射は、生まれたあと、新生児まで続きます。**指しゃぶりの練習も始まります。**おなかの中でこうして練習することで、生まれてすぐおっぱいが飲めるようになるのです。

妊娠27週末ごろの赤ちゃん

＊鼻の穴が開通し、まぶたが開きます。
＊皮膚が赤みを帯びてきます。
＊大脳が発達し、自分の意思で動きを調節できるようになります。
＊味覚や嗅覚が発達します。
＊手のひらが刺激されると、ギュッと握る把握反射が出始めます。

赤ちゃんの重さの目安は
グレープフルーツ3個
ぐらい

身長 約35cm　体重 約1000g

パパができること

大きなおなかになったママをサポート

ママのおなかがどんどん大きくなり、ベビーグッズの購入や部屋の模様替えを考えるころ。パパはおなかが大きくなったママのフォローをしましょう。大量のベビーグッズを持ったり、家具の配置替えで重いものを持ち上げたりするのは、ママのおなかが張る原因に。**重いものを持つのはパパの出番です。できるだけ代わってあげて。**

あんしん

ママの転倒にも注意

転倒しておなかやお尻を打たないように、お風呂掃除は交代を。

この時期の過ごし方

体調が安定していても早産には注意

体調が比較的安定しているとはいえ、おなかがせり出し、腰や背中への負担もいっそう大きくなるこの時期。ベビーグッズの買い出しや、夫婦で外食を楽しんだり友だちと女子会をしたりするなど、この時期にしておきたいことはたくさんあると思いますが、動きすぎには注意しましょう。

この時期に気をつけたいのは早産。妊婦健診で早産につながるサインが発見されることも多いので、**健診は欠かさずに受診します。**細菌の感染による膣《ちつ》炎なども早産を引き起こす要因になります。**「おりものの様子がおかしい」「局部にかゆみや痛みがある」などがあれば、健診を待たずに受診しましょう。**

早産を引き起こす原因は、子宮の異常など予防できないものもありますが、ふだんの生活でできることもあります。たとえば禁煙。副流煙の影響も受けるので、**ママだけでなくパパも禁煙しましょう。**

妊娠7カ月（24～27週）に知っておきたいこと・することリスト

体の変化を注意深く見守ろう

もうすぐ妊娠後期。トラブルが増えていく時期でもあるので、
体の変化にきちんと目を向け、体調に不安を感じたら医師に相談しましょう。

［ 知っておきたいこと ❶ ］

切迫早産の自宅安静は基本的には横になる

妊娠22週から37週未満に赤ちゃんが生まれることを早産といいます。**出血や激しいおなかの張り、痛みなどのサインが見られたら、すぐに受診しましょう。**適切な処置を施すことで、早産をくい止めることができます。切迫早産と診断されたら、入院して安静にする場合もありますが、自宅安静になることも。その場合、「絶対安静」ならトイレや食事以外は横になって過ごします。「安静」を指示された場合は、無理をせずなるべく横になります（➡p.41）。

あんしん

「安静」とは

家事は簡単なものだけ行います。基本的におなかが張ったら、すぐに横になります。

あんしん

助産師は出産・産後の専門家

これから出産が近づくにつれ不安が高まったり、産後の授乳や育児で迷ったら相談してみましょう。

［ 知っておきたいこと ❷ ］

助産師外来があったら不安や心配を相談してみよう

病産院によっては、助産師外来といって妊婦さんの健診やアドバイスを行うところがあります。**1人当たりの診察時間をゆとりを持って設定しているので、不安なことや質問があったら相談して解消しましょう。**

全員チェック！

この時期のすることリスト

- ☐ 栄養バランスのよい食事をとる ➡p.110
- ☐ 体重管理をする ➡p.80
- ☐ 適度な運動を習慣にする ➡p.83
- ☐ 便秘や腰痛などマイナートラブルが増える時期なので予防や対策を ➡p.96
- ☐ ベビーグッズや赤ちゃんスペースを準備する ➡p.112

必要な人はチェック！

こんな場合はここをチェック！

- ☐ 仕事をしているママは今のうちに産休・育休の手続きを確認 ➡p.143
- ☐ 立ち会い出産の検討がまだの人は ➡p.125
- ☐ 健診で赤ちゃんが逆子だった人は ➡p.128

Dr.荻田'sアドバイス

妊娠中の服薬は自己判断を避けましょう

薬の影響を過剰に心配する妊婦さんも多いのですが、**医師に妊娠を伝えたうえで処方された薬は、きちんと服用しましょう。**反対に、自己判断で市販薬を使用するのは避けましょう。意外な盲点が湿布。腰痛がつらいときに湿布ぐらいならと思いがちなのですが、湿布の薬の成分が経皮吸収で胎児に届く可能性があります。**市販薬はむやみに使わず医師に相談しましょう。**

妊娠7カ月(24〜27週)の生活ポイント

大きなおなかに合わせて生活を

すっかりおなかが大きくなり、外見も妊婦さんだとすぐわかるこの時期。
日常の動作やペース配分を見直して、無理のないように過ごしましょう。

24週

出産予定日まであと112日

あんしん

性別を知らせない理由

望まない性別の場合の中絶を防ぎ、赤ちゃんを守るための方針です。

性別の診断は100%ではない

赤ちゃんの性別は受精する時点で決まっていて、確認がしやすいのは妊娠24週前後だともいわれていますが、**超音波検査での性別の診断は100%正確なわけではありません。**そのため、産婦人科学会の方針では、性別の告知は慎重に判断することになっています。

25週

出産予定日まであと105日

らくらく

レンタルも活用

ベビーバスなど短期間しか使わないものはレンタルを活用しても。

そろそろベビーグッズの準備を

ベビーグッズの準備を始めましょう。必要なものをリストアップしたら、**実物を見たり、インターネットサイトなどを活用したりして下調べをしましょう。購入する前に全体にかかる費用を確認**しておくと、予算オーバーを防げます。

26週

出産予定日まであと98日

あんしん

切迫早産のサインは？

休めば治まる程度のおなかの張りなら、切迫早産の心配はありません。

おなかが張ったらひと休み

おなかが大きくなり、すぐに妊婦だとわかる体形になる時期。胎動を感じることも増え、おなかの赤ちゃんとの妊娠生活を最も満喫できる時期かもしれません。一方、おなかの張りを感じることも増えるでしょう。**「おなかが張ったらひと休み」を心がけましょう。**

27週

出産予定日まであと91日

らくらく

時間と心にゆとりを

体形の変化で動作に時間がかかり、休みながら動く必要が出てきます。

大きなおなかに合わせた生活を

おなかが大きくなると、バランスを崩して転倒しやすくなったり、消化不良や胸焼けの症状が出てきたりすることもあります。**転倒を防ぐためにゆっくり動くようにしたり、食事は胃に負担をかけないよう小分けにしたりするなど、心地よく過ごせる方法を探りましょう。**

妊娠7カ月（24～27週）の食事ポイント

減塩・低カロリーの食事をとろう

妊娠後期になると発症率が高まる、妊娠高血圧症候群や妊娠糖尿病。
予防のために、塩分や脂肪分、糖分をとりすぎないようにします。

ポイント 1 低カロリーにする

甘いものや油っこいものを食べすぎない

ケーキやチョコレートなどの甘いものや、揚げものなどの油っこいものの食べすぎは、糖分や脂肪分のとりすぎ、つまりカロリーのとりすぎにつながります。一方でその他の必要な栄養素が不足する状態にもなってしまいます。これらの食べすぎに注意しましょう。

低カロリーのためにできること

間食するなら野菜や果物に

果物や野菜チップスなど、ビタミン、ミネラル摂取につながるものがおすすめ。

記録をとって食べすぎを防止

毎日、量った体重といっしょに、何を食べたかメモをとるのがおすすめです。

高カロリーで栄養価が低いものは避ける

スナック菓子やファストフードは、この時期はできるだけ避けましょう。

主食はなくさない

体重増加を抑えようとごはんなど主食の糖質をまったくとらないのはいけません。

ポイント 2 減塩する

1日の摂取量は5g未満を目標に だしや酸味、スパイスなどを活用

塩分のとりすぎは高血圧や腎機能低下の原因になります。減塩を心がけましょう。塩分摂取の目標量は1日5g未満。それに対して日本人の1日の平均摂取量は10g前後ともいわれています。**日常生活で意識して少しずつ減塩し、薄味に慣れていくとよいでしょう。**

減塩のためにできること

だしやスパイス、ハーブを活用

だしなどで風味づけすると、減塩したときの味の物足りなさがカバーされます。

生野菜や果物をとる

生野菜や果物に多く含まれるカリウムは、体内の余分な塩分を排出してくれます。

塩分が多い食品を控える

佃煮や漬けもの、スナック菓子、加工食品や市販の惣菜などのとりすぎに注意。

調味料は「かける」より「つける」

とんカツソースや刺身のしょうゆは、小皿に取り分けてつけると減塩になります。

妊娠7カ月の気がかりなことQ&A

Q おなかが苦しくてなかなか寝つけません。

A 寝る姿勢を工夫してみましょう。

「なかなか寝つけない」「夜中に何度も目が覚める」。その大きな原因に、寝る姿勢があります。苦しくなったら、おなかを圧迫しないように、**体を横向きにして寝る**といいでしょう。その他、**クッションなどを下に敷き、上体を30度ぐらい起こした姿勢**もおなかを圧迫せず、おすすめです。

Q 妊娠前よりのどが渇くようになりました。

A 塩分のとりすぎかもしれません。

塩分をとりすぎると、体内の塩分濃度を薄めるために水が必要なので、のどが渇きます。**減塩を心がけましょう。**塩分の問題でなければ、単に体が水分を欲しているだけ。妊娠中は血液量が増え、体がぽかぽかして汗をかきやすくなります。**しっかりと水分補給しましょう。**

らくらく

冷たい飲み物は避けよう

冷たい飲み物のとりすぎは、避けましょう。ただし妊婦は熱中症になりやすいので冷たいものや塩分が必要になる場合があります。

Q 胎動が激しすぎて、破水しないか心配です。

A どんなに赤ちゃんが動いても、破水はしないので安心しましょう。

胎動が激しすぎて破水するようなことはありません。赤ちゃんが大きく動くのは元気な証拠。動くことによって、筋肉や運動機能がさらに発達するのです。

あんしん

出産が近づくと胎動が減る

出産が近づくと赤ちゃんは頭を骨盤の中に入れて動かなくなるので、大きな胎動は感じなくなります。

Q 健診で逆子でした。このまま治らない？

A 34週ごろまでに治ることがあります。

逆子は、赤ちゃんが子宮の中で頭を上にした状態のこと。お産のときにこの状態だと帝王切開になることが多いのですが、妊娠7カ月の**この時期は、まだ赤ちゃんは子宮の中で自由に動き回っています。**95％の赤ちゃんが、妊娠34週ごろまでに頭を下にします。経過を見ましょう。

Q 妊娠して、体を動かすことが減りました。

A 運動不足は肩こりやむくみの原因に。ストレッチをしましょう。

足を組んで、上に乗せたほうの足首をくるくると回したり、肩をぐるぐる回したり、座りながらできるストレッチをこまめに行いましょう。むくみを防ぐため、着圧ストッキングも有効です。

赤ちゃんを迎える準備をしよう

この時期にチェック！
初期　中期　後期

臨月になって動くのが大変になる前に赤ちゃんを迎える準備をしましょう。肌着などを購入し、ママと赤ちゃんが過ごしやすいよう部屋を整えます。

育児用品は必要なものだけ購入。赤ちゃんスペースも準備しよう

出産後に必要な育児用品の準備は、妊娠中から少しずつ進めておきましょう。退院後にママと赤ちゃんが過ごす、赤ちゃんスペースも妊娠中に整えておくと、産後に慌てずにすみます。

季節や住環境などにより、必要なものは違ってきます。ムダ買いや買いもれを防ぐために、購入予定のものをリストアップし、あらかじめ予算を決めておきます。レンタルやお下がりを活用するなど、**妊娠中は最低限のものだけをそろえ、後は産後必要になったら用意する**ようにするとムダがありません。

また、出産後は、昼間はリビングに赤ちゃんのための場所を用意する人が多いようです。赤ちゃんにとっては安全で快適に過ごせること、ママにとっては家事と赤ちゃんのお世話がスムーズに両立できることがスペース作りのポイントです。

赤ちゃんを迎える準備スケジュール

妊娠6・7カ月～

必要なものをリストアップ

「授乳グッズ」「沐浴グッズ」「ねんねグッズ」など、赤ちゃんとの生活を思い浮かべて何が必要か考えてみると、スムーズにリストアップできます。p.113からの「妊娠中にそろえておきたいグッズ」も参考にしてください。

妊娠7カ月～

買いそろえる

購入は臨月前にすませておくと安心です。出産入院時に必要なものも、ベビーグッズといっしょにそろえておきましょう（➡p.138）。

妊娠9カ月

買い忘れのチェックと赤ちゃんスペース作り

出産後に退院してから慌てないよう、赤ちゃんスペースを整えます。ベビーベッドなど、あらかじめセッティングできるものはしておきましょう。

産後

必要に応じて買い足しを

産後すぐはあまり外出しないほうがよいので、ベビーカーなどは産後しばらく経ってから用意すればOK。赤ちゃんの成長に合わせ、必要なものは買い足しましょう。

妊娠中にそろえておきたいグッズ

産後1カ月は、ママの体の回復を考えるとあまり外出しないほうがよい時期です。少なくとも1カ月間、赤ちゃんのお世話に必要なものだけは、妊娠中にそろえておきましょう。

肌着 各4～5枚

季節に応じて組み合わせよう

赤ちゃんは、素肌の上に短肌着や長肌着を着せ、その上に下記のベビーウエアを着せます。**基本は短肌着のみでOKですが、寒い季節は長肌着も用意しましょう。**

長肌着
赤ちゃんの足元まで隠れる丈の長い肌着です。

短肌着
オールシーズン使える、丈が短い肌着です。

あんしん
着せる前に水通しを
赤ちゃんが肌トラブルを起こさないよう、肌着を着せる前に一度水洗いしましょう。このとき、洗剤は使わなくてもかまいません。

ドレスオールで着せる
おむつ替えが頻繁な新生児期に。

ツーウェイオール
ドレスオールにもカバーオールにもなります。

カバーオールで着せる
足の動きが活発になったらこちらを使用。

ベビーウエア 4～5枚

ツーウェイオールがおすすめ

肌着の上に着るのがベビーウエアです。股下がスカートのように開いているドレスオール、股下をスナップボタンで留めるカバーオール。スナップの留め方で2通りに使えるツーウェイオールがあります。

おむつ 1～2袋　お尻ふき 3～5袋

1日10回以上のおむつ替えにも対応

新生児（生後4週末満の赤ちゃん）はおしっことうんちの回数が多いため、頻繁におむつ替えが必要です。おむつには紙おむつと布おむつがあります（➡p.180）。赤ちゃんのお尻ふきも用意しましょう。

紙おむつ
新生児用はすぐに小さくなるので、買いすぎに注意。

お尻ふき
ワンタッチで取り出せるようケースもあると便利。

らくらく
お尻ふきを温めるウォーマーも
冷たいお尻ふきを赤ちゃんに当てるとびっくりして泣いてしまうこともあります。お尻ふきウォーマーを用意しても。

らくらく
フィットシーツがおすすめ
シーツはキルトパッドの上にかけます。裏面にゴムがついていて、簡単に装着できるフィットシーツが取り替えやすくておすすめ。

ベビー布団 1組

敷き布団はかため、かけ布団は軽めに

大人用の布団はやわらかすぎたり重すぎたりすることもあるので、赤ちゃん用の布団セットを用意。夏に生まれる赤ちゃんは、バスタオルをかけ布団代わりにしてもOK。

沐浴グッズ

- ベビーバス 1台
- ベビーソープ 1個
- ガーゼ 10枚ほど

生後1カ月間は大人用のお風呂とは別

生まれたばかりの赤ちゃんは抵抗力が弱いため、大人といっしょのお風呂に入るのは避けます。**ベビーバスや、赤ちゃん専用のソープ、顔をふくときや体を洗うときに使うガーゼを用意しましょう。**

ベビーソープ
片手でプッシュするだけで泡が出てくるポンプタイプの液体せっけんが便利です。

ガーゼ
赤ちゃんの顔をふくとき、体を洗うときなどに使います。

ベビーバス
床置きタイプだけでなく、ビニール製でふくらませて使うもの、台所や洗面所のシンクにはめて使うマットタイプなどさまざま。

あってよかった♪ いらなかった！

先輩ママのベビーグッズ購入アドバイス

人によって役に立ったものや、使わなかったものが異なります。

授乳クッション

○ 授乳がぐっとらくになりました。

✕ 枕やクッションで十分でした。

ベビーベッド

○ ペットを飼っていたので、床に寝かせることができず購入。

✕ 夜はベビーベッドで寝てくれず、結局は添い寝でした。

バウンサー

○ のせるとご機嫌になり、家事のとき便利でした。

✕ のせても泣きやまず、うちの子には合わなかったようです。

おむつ用ごみ箱

○ 夏場のにおいが気になるときはあってよかったです。

✕ 専用カセットが必要で、意外と費用がかさみました。

ミトン

○ しょっちゅうひっかき傷をつくっていたのであってよかったです。

✕ 赤ちゃんが嫌がってはめられませんでした。

ケアグッズ

- つめ切り 1個
- 綿棒 1箱

つめ切りと綿棒を用意

赤ちゃんのつめは小さくてやわらかいので、**専用のつめ切り**を用意。**綿棒**は耳掃除や鼻掃除、沐浴後のおへそのお手入れなど、さまざまなシーンで重宝します。おへそのお手入れなどに使うときはふつうのものよりサイズが小さいベビー用綿棒が便利です。

あんしん
ガーゼも使用
ガーゼは沐浴のときだけでなく、赤ちゃんの耳や目をふくときなど、何かと重宝します。

必要に応じて買い足しを！ その他にも便利なベビーグッズ

抱っこひも

おでかけのときや寝かしつけのときに重宝します。首がすわってから使えるものや、パーツを追加すれば新生児から使えるもの、おんぶひもとしても使えるものなどさまざまな種類があります。店頭で実際に使ってみて使いやすいものを買いましょう。

チャイルドシート

＊出産後、自家用車で退院する場合は必須！

6才未満の子どもは装着する義務があります。1才ごろまで使える乳児専用タイプや4才ごろまでの乳幼児兼用タイプなどさまざまです。

ベビーカー

首がすわる生後3～4カ月ごろより前から使えるものや、首と腰がすわる生後8～9カ月ごろ以降に使えるものなどいろいろなタイプが。店頭で試してから購入するのがおすすめです。

調乳グッズ

退院後すぐ必要な哺乳びんや粉ミルク、消毒グッズは妊娠中に準備します。母乳育児を考えている人も、産後の母乳の出によっては必要になることもあるので、準備しておくと安心です。

赤ちゃんスペースを作ろう

「授乳するとき」「赤ちゃんのねんねを見守りながら家事」など
赤ちゃんが生まれた後の生活をイメージしながらスペースを作りましょう。

あんしん

夜間は大人の布団の隣に赤ちゃんを

夜は寝室がお世話の中心になります。暗い中、何度も赤ちゃんの授乳やおむつ替えで起きるので、ベビーベッドやベビー布団を大人用の布団の隣に置いたり敷いたりするとお世話がらくです。

赤ちゃんが安全・快適に過ごせるスペース作り

出産した後のママと赤ちゃんは、一日のほとんどを自宅で過ごします。生後間もない赤ちゃんは2～3時間おきにおなかがすいたと泣いて起き、おむつは10回以上替える生活です。その合間に、ママは家事をすませることが多いでしょう。**日中、ママと赤ちゃんが過ごしやすいスペースを作って、**快適に生活しましょう。

スペース作り 4つのコツ

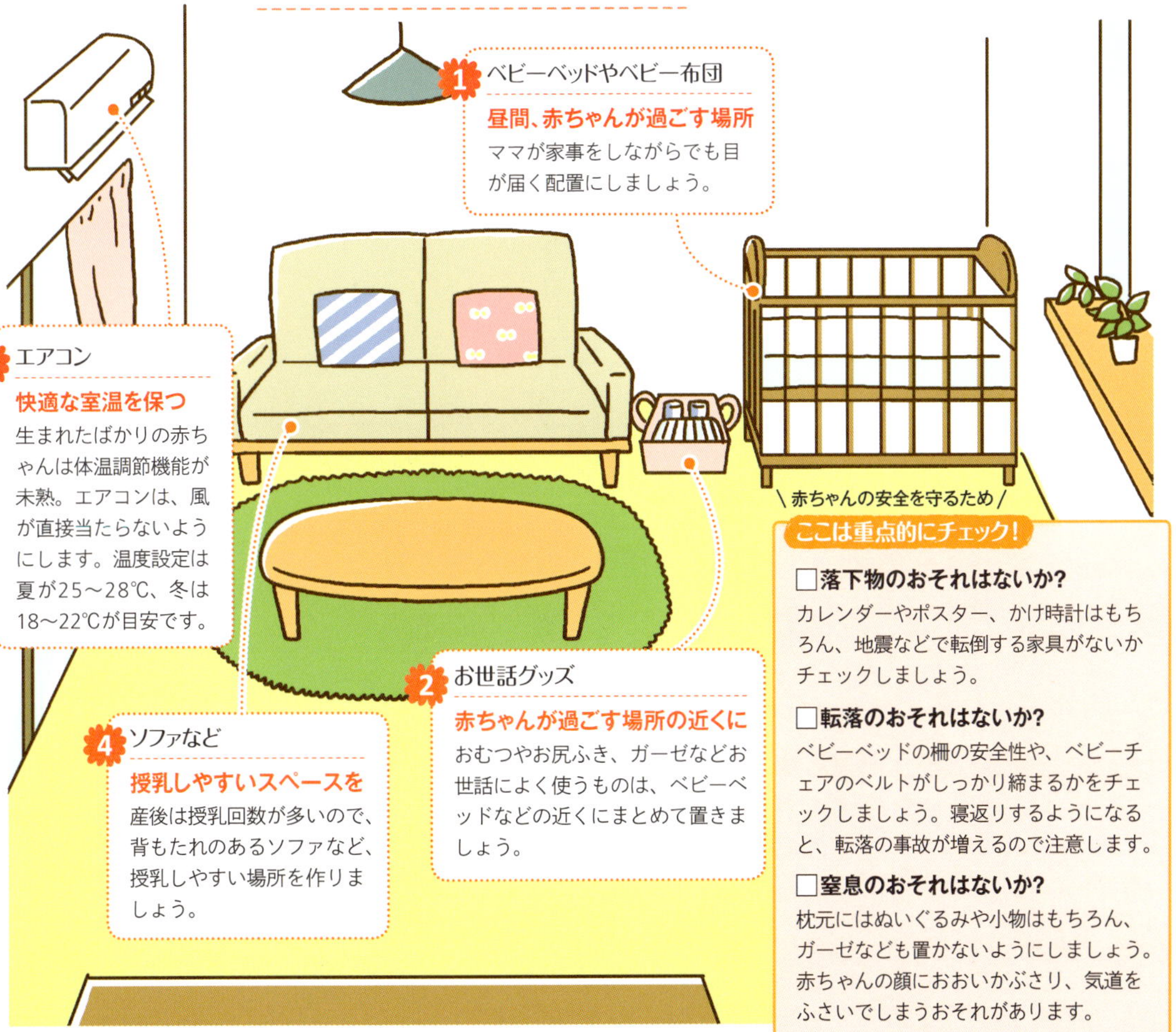

1 ベビーベッドやベビー布団

昼間、赤ちゃんが過ごす場所

ママが家事をしながらでも目が届く配置にしましょう。

3 エアコン

快適な室温を保つ

生まれたばかりの赤ちゃんは体温調節機能が未熟。エアコンは、風が直接当たらないようにします。温度設定は夏が25～28℃、冬は18～22℃が目安です。

2 お世話グッズ

赤ちゃんが過ごす場所の近くに

おむつやお尻ふき、ガーゼなどお世話によく使うものは、ベビーベッドなどの近くにまとめて置きましょう。

4 ソファなど

授乳しやすいスペースを

産後は授乳回数が多いので、背もたれのあるソファなど、授乳しやすい場所を作りましょう。

＼赤ちゃんの安全を守るため／

ここは重点的にチェック！

□落下物のおそれはないか？

カレンダーやポスター、かけ時計はもちろん、地震などで転倒する家具がないかチェックしましょう。

□転落のおそれはないか？

ベビーベッドの柵の安全性や、ベビーチェアのベルトがしっかり締まるかをチェックしましょう。寝返りするようになると、転落の事故が増えるので注意します。

□窒息のおそれはないか？

枕元にはぬいぐるみや小物はもちろん、ガーゼなども置かないようにしましょう。赤ちゃんの顔におおいかぶさり、気道をふさいでしまうおそれがあります。

妊娠初期 1カ月（0～3週） 2カ月（4～7週） 3カ月（8～11週） 4カ月（12～15週） 妊娠中期 5カ月（16～19週） 6カ月（20～23週） 7カ月（24～27週） 妊娠後期 8カ月（28～31週） 9カ月（32～35週） 10カ月（36～39週） 出産の流れ 産後の生活と新生児のお世話

妊娠中に楽しんだこと、先輩ママに聞いてみました

妊娠中期に入ると徐々におなかが大きくなってきます。出産に向けて心と体の準備や育児の準備を進めるとともに、出産までの妊娠生活を楽しみましょう。体調に合わせて、くれぐれも無理はしないようにすること。

安産祈願に行きました

石島隆子さん（32歳）

妊娠5カ月のときに、夫といっしょに水天宮にお参りに行きました。戌《いぬ》の日は混雑すると聞いていたので、他の休日を選んで午前中に行きました。ご祈祷を受けて、安産祈願のお守り、お札とお神酒をいただきました。このタイミングで写真をSNSに載せて、友だちにも妊娠を報告。ちなみに出産は、予定より3週間早い正産期初日の37週0日、無事に安産でした。

妊娠中、夫婦でこう過ごしました！

妊娠中は、ふたりで胎児ネームを考えました。名字をもじって「ちびじま」と名づけました。「ちびじま、元気？」と、話しかけやすくなりました！

ネットでベビーグッズをお買いもの

澤地真由美さん（34歳）

妊娠中期に切迫早産で「動いてはダメ！」という生活が始まってしまったので、体を休めながらできることをしました。毛糸でベビーシューズを作ったり、インターネットを使ってベビーグッズを探しました。右上の写真はお宮参りのときのために購入したドレスです。フランスのアンティーク風がいいなーと、探しに探して、アンティーク風のドレスを作っているサイトにたどり着きました。ちなみに出産は、切迫早産だったので早めかと思ったら、予定日の6日後でした。

妊娠中、夫婦でこう過ごしました！

8カ月で切迫早産になってからは実家に帰ったので、ゆっくり夫婦で過ごせなかったのが残念。でも、仕事が忙しかった中の切迫早産だったので、夫のサポートがありがたかったです。

妊娠中のおなかの写真を撮影！

高村あゆみさん（32歳）

妊娠中のおなかが写っている写真が意外となかったので、妊娠後期にきれいな桜といっしょに撮影しておきました（写真下）。産後、子どもが生まれた後に同じ場所でパチリ（写真上）。よい記念になりました。妊娠中は、おなかの赤ちゃんのことを新婚旅行先のモルディブからとって「モルオ」と呼んでいました。ところがその名前に親しみを持ちすぎて、いざ赤ちゃんの名前を考えようとすると他の名前がしっくりこなかったりもしました。

妊娠中、夫婦でこう過ごしました！

結婚式を挙げた式場などで、夫婦でいっしょにランチをしたりしていました。誕生日プレゼントに買ってもらったルンバがうれしかったです。今でも大活躍！

らくらく あんしん 妊娠後期

妊娠後期になると、おなかがいよいよ大きくなり出産間近となります。赤ちゃんに会える喜びだけでなく、分娩に対する不安が大きくなってくる人もいるかもしれません。お産が始まるサインやお産の流れを知り、出産当日のイメージをふくらませておきましょう。

妊娠 8カ月（28～31週）

おなかの上から赤ちゃんの形がわかるように

赤ちゃんが足を突っ張っているとポコッとおなかが突き出て見えるなど、おなかの上から赤ちゃんの形がわかるように。いよいよ出産まで残り３カ月。妊娠後期により注意したい病気（➡p.100）にも気をつけて過ごしましょう。

ママの体の変化

おなかが張りやすくなる時期

妊娠後期になり、ママの体は出産に向けて最後の準備を整えていきます。これまで以上におなかが張りやすくなったり、おなかがせり出したことで姿勢が反りがちになり腰痛に悩まされたり、足元が見づらくなって転倒しやすくなったりします。**「おなかが張ったらひと休み」を心がけましょう。** また、腰に負担をかけないようにできるだけ背筋を伸ばし、転倒予防のため、階段の上り下りは手すりなどにつかまって、ゆっくり動きます。

ママができること

母乳のため、体を温め栄養バランスのよい食事を

そろそろ気になるのが、産後の母乳のこと。母乳はママの血液から作られるため、**妊娠中から栄養バランスのとれた食事と体全体の血行をよくすることを心がけましょう。** また、母乳トラブルを相談できる、母乳外来を探しておくと安心です。病院や助産院で開設されていることが多いです。

ママの体の変化と健康管理

子宮底長

約25～28㎝。

体の変化

＊動《どう》悸《き》や息切れがしやすくなります。

＊おなかがせり出し、足元が見えにくくなります。

＊血圧が正常範囲内で少しずつ上昇します。

＊眠りが浅くなり、胎動で目覚めることもあります。

体重増加の目安

妊娠前から＋５～7.5kgほど。

妊婦健診

２週に１回。

赤ちゃんの様子

脳にしわができ始め、五感も著しく発達

おなかの赤ちゃんはすっかり大きくなりました。今までは羊水の中を自由に動き回っていましたが、次第に位置や姿勢が一定に落ち着いてきます。**皮下脂肪がついて、少しずつ丸みを帯びた体形に。脳や肺、消化器以外の臓器は新生児と同じ程度に成熟します。**

五感は刺激を受けながらますます発達し、脳も急成長を続けています。また、脳にしわができ始めます。指を1本だけしゃぶるなど、細かい動きもできるようになっています。

パパができること

ひととおりの家事はできるようになっておこう

妊娠中は予想外のトラブルがつきものです。後期に入ると早産や妊娠高血圧症候群などのリスクも高まります。ママが急遽《きゅうきょ》入院という事態になってもあわてないよう、**日ごろからひととおりの家事ができるようになっておきましょう。**調理器具の場所やゴミ出しの日、日用品のストック場所など、いざというときに困らないように、確認しておきましょう。

らくらく

産後はパパが家事をしよう

ママは産後に退院しても、しばらくは体を回復させる時期。その間、パパが家事をすると考えて。

妊娠31週末ごろの赤ちゃん

* 内臓や神経系の機能がほぼ完成に近づきます。
* 大きくなって動きづらくなり、体を丸めています。
* 脳にしわができ始めます。
* 脳が発達して頭が大きく重くなり、頭を下にしていることが多くなります。

赤ちゃんの重さの目安は **中玉のメロン1個** ぐらい

身長 約40cm　体重 約1500g

この時期の過ごし方

妊娠後期は急激な体重増加に注意

妊娠後期に入ると、これまで以上に体重管理がむずかしくなります。妊娠中期まではあまり体重が増えなかった人でも、後期に入ると一気に体重が増加します。ここまでにすでに体重が増えすぎてしまっている人は、食事や運動で、出産まで体重増加をセーブする必要があります。

体重が増えすぎると妊娠高血圧症候群のリスクが高まったり（➡p.101）、子宮や産道に脂肪がつくことで、微弱陣痛（➡p.161）の原因になったりします。また、出産後に体形が戻りにくくなることもあるので、出産まではきちんと体重管理をしましょう。

妊娠後期はたんぱく質や鉄など、必要な栄養素の量が増えるので、体重の増加を抑えるためには、ただ食事量を減らすだけでなく食事の内容にも気をつけましょう。p.78などを参考に、**1日3食規則正しく、栄養バランスのよい食事をとるように心がけてください。**

妊娠8カ月（28～31週）に知っておきたいこと・することリスト

出産に向けた準備を本格的に開始

妊娠後期に入ったら、臨月に入る前の妊娠8～9カ月のうちに、
ベビーグッズや出産に向けた入院の準備をすませましょう。

［ 知っておきたいこと❶ ］

後期は妊娠糖尿病を発症しやすい

妊娠糖尿病は**今まで糖尿病ではなかった人でも発症すること**があり、また、妊娠初期に血糖値に問題がなくても、**妊娠後期に入ると血糖値に大きく関わるインスリンというホルモンがうまく機能しなくなり、発症率が高まる**ので注意が必要です。甘いものの食べすぎを避け、食事は時間をかけて食べると、血糖値の急上昇を抑えられます（➡p.102）。

あんしん

産後の食事・生活にも注意

妊娠糖尿病を発症すると将来的にも糖尿病になりやすいので、産後も食事や運動に気をつけましょう。

らくらく

妊婦健診で相談してもOK

両親学級に参加できなくても、不安なことは健診で主治医や助産師に質問を。出産する病産院で沐浴指導などもしてもらえます。

［ 知っておきたいこと❷ ］

中期に参加できなかった人はこの時期に両親学級へ

妊娠中期の両親学級は平日の日中に行われる場合もあるため、時間がとりにくいこともあります。**妊娠後期に開催している病産院や自治体もある**ので、時間ができたら参加してみて。この時期の両親学級では、**陣痛が起きたときにどうするべきか、呼吸法、産後の過ごし方などを学べます。**

全員チェック！

この時期のすることリスト

- □ 栄養バランスのよい食事をとる ➡p.122
- □ 体重管理をする ➡p.80
- □ 適度な運動を習慣にする ➡p.83
- □ ベビーグッズや赤ちゃんスペースを準備する ➡p.112
- □ 入院グッズを準備する ➡p.138
- □ バースプランを立てる ➡p.124

必要な人はチェック！

こんな場合はここをチェック！

- □ 便秘や腰痛など
  マイナートラブルが気になる人は ➡p.96
- □ 仕事をしているママは
  産休や育休の手続きを確認 ➡p.143
- □ 健診で赤ちゃんが逆子だった人は ➡p.128

Dr.荻田'sアドバイス

出産はひとりじゃない

はじめての出産、何かと不安や心配を抱えることも多いでしょう。出産にはさまざまなリスクがあるのは事実なのですが、むやみにこわがらなくても大丈夫。今の日本の周産期医療は世界でもトップクラスの質の高さを誇ります。**産科医や新生児科医といった医師や看護師、助産師だけでなく、そのバックステージにもさまざまな人がいて、無事に赤ちゃんを出産できるよう、サポート体制を整えてくれているのです。**

妊娠8カ月（28～31週）の生活ポイント

妊娠後期ならではのトラブルに注意

妊娠後期に入り、いよいよ出産予定日まであと3カ月。
後期に起こりやすいトラブルもあるので、注意しましょう。

28週

出産予定日まであと84日

あんしん
自然になおるのを待つ
逆子のほとんどは28～34週ごろになおります。あまり気にしすぎないで。

この時期はまだ逆子《さかご》でも大丈夫

妊娠28週で逆子と診断されても、**多くが出産までに頭を下に向ける**ので、あまり心配しすぎないようにしましょう。まだ子宮の中にゆとりがあるので、おなかの赤ちゃんは自由に動いています。なお、逆子体操を行う場合は、必ず医師の指導を受けてからにします。

29週

出産予定日まであと77日

あんしん
健診で病気を早期発見
尿や血液検査で血糖値を調べたり、血圧の値でチェックしたりします。

後期に発症しやすい病気に注意

妊娠中に注意が必要な、妊娠高血圧症候群や妊娠糖尿病などの妊娠合併症ですが、後期に入るとママの体の負担がさらに増し、発症しやすくなります。いずれも妊娠による病気なので、出産を終えれば治りますが、きちんと**妊婦健診を受けて、早期発見・治療を心がけましょう。**

30週

出産予定日まであと70日

らくらく
退職する人は
失業給付金の延長措置は、退職から約2カ月間と短いので注意しましょう。

仕事の引き継ぎはゆとりを持って

妊娠すると、仕事をしているママは、産休・育休をとって出産後も仕事を続けたり、出産を機に退職を選んだり、人それぞれです。仕事を続ける場合の**産休・育休の申請は「原則として産休に入る1カ月前まで」など、期限や手続き方法が勤務先によって異なります。事前に確認しておきましょう。**

31週

出産予定日まであと63日

あんしん
胎動でトラブル発見
胎動が極端に減った場合、長時間胎動を感じない場合は、早めに受診を。

胎動の感じ方はしだいに変化

おなかの赤ちゃんは手足を大きく伸ばすなどダイナミックに動き、ママは激しい胎動を感じることもあるでしょう。**これからさらに赤ちゃんが大きくなると、だんだん子宮の中で動けるスペースが少なくなり、胎動を感じることは少なくなっていきます。**

妊娠8カ月（28～31週）の食事ポイント

妊娠後期の食事の注意点

ママのおなかがぐっと大きくなり、おなかの赤ちゃんも成長する妊娠後期。
食事のとり方にも初期や中期とは異なる注意点があります。

ポイント 1 たんぱく質をとる

妊娠後期はたんぱく質の必要量が増加

たんぱく質はおなかの赤ちゃんの体をつくるためにも必要な栄養素。ママにとっても、出産に向けて体力や免疫力をつけるために必要です。**妊娠後期になると、妊娠前に比べて１日＋25.0g摂取することが推奨されていて、必要な摂取量がぐんと増えます。毎回の食事に積極的に取り入れるようにしましょう。**

カロリーを抑えるコツ！

肉や魚は揚げるよりグリルして脂を落としたり、蒸したりして調理すると低カロリーになります。

らくらく

さまざまなたんぱく源を摂取

たんぱく質は肉・魚介、卵や、豆腐や納豆など大豆製品からとることができます。含有量は、豚ひき肉は100gに約22g、鮭１切れ100gで約18g、卵１個で約７g。木綿豆腐100gで約10g、納豆１パック50gで約７gです。

ポイント 2 エネルギー摂取

体重管理しながら栄養不足は注意して

妊娠後期の１日に必要な摂取エネルギーは2450～2500kcalといわれます。ただ、代謝は人それぞれでこの時期体重が増えすぎているママもいますし、**一概に上記の摂取エネルギー分を食べてもよいとは限りません。**体重増加を防ぎたい人は、おやつなどから減らして摂取エネルギーを抑えましょう。

運動もしよう！

食事内容の見直しだけでなく、運動も積極的に行って体重管理をしましょう。

あんしん

栄養豊富な食材を選んで

太りすぎはNGですが、その一方で、その他の栄養素は必要量が増えるのが妊娠後期です。ジャンクフードやお菓子などは控え、豆腐や蒸し野菜など、低カロリーで栄養豊富な食材を積極的にとりましょう。

ポイント 3 便秘対策

予防、改善のため水分補給を積極的に

妊娠後期から臨月にかけては、子宮が腸を圧迫してお通じを妨げる、おなかが大きくなったことで体を動かすことがおっくうになり運動不足になる、などの理由で便秘になる人は多いようです。**薬を処方してもらうこともできますが、水分摂取や食事など、できるだけ日常生活の中で改善（➡p.98）しましょう。**

ここもチェック！

温かい飲み物を飲んだり、入浴で体を温めたりすると、血行が促進され、腸の活動を促すので有効です。

あんしん

朝食後にトイレに行く習慣を

便秘解消には、朝起きたら１杯の水を飲んで水分補給をし、朝食後にトイレに行く習慣を。朝食後は胃腸が刺激されてぜん動運動が起こるので、朝食後にトイレに行くようにすると、お通じがよくなりやすいのです。

妊娠8カ月の気がかりなことQ&A

Q 産休を社外の人にも知らせたほうがいい？

A 後任者などを知らせましょう。

社内だけでなく**取引先に対しても産休に入ることを知らせます。その際、これまでの仕事を「いつから」「だれが」どう引き継ぐのかを伝えておきましょう。**

らくらく

あいさつはゆとりを持って

産休に入る前に何かあれば連絡してもらえるよう、最終出社日より前に、ゆとりを持ってあいさつをすませましょう。

Q 立ちくらみするのですが、貧血のせい？

A ほとんどは起立性低血圧です。

妊娠中は子宮に多くの血液が供給されるため、**低血圧の人は急に立ち上がるなどすると十分な血液が脳に送られず、立ちくらみが起こることもあります。**貧血は検査で当てはまらなければ心配いりません。

Q 早産で小さく産んだほうが分娩はらく？

A 早産のリスクのほうが心配です。

分娩がらくかそうでないかは、赤ちゃんの大きさだけで決まるものではありません。なにより大事なのは、赤ちゃんの発育状態です。妊娠36週以降になれば子宮の外に出ても生きていける準備はほぼ整ってきています。しかし、37週以降の正期産の赤ちゃんに比べて呼吸機能などが未熟です。37週まではおなかの中にいられるよう、早産を防ぐ努力をします。

Q おなかがたまに痛いのは、もしかして陣痛？

A 陣痛とは違う「前駆《ぜんく》陣痛」でしょう。

張りや痛みを感じても、すぐに治まったり不規則に起こったりというのであれば、前駆陣痛だと考えられます。前駆陣痛とはいわば、お産の予行練習。出産が近づいていることは確かです。すぐに陣痛が起こることは少ないですが、不安な場合は病院に連絡しましょう。

あんしん

出産本番の陣痛は

間隔が規則的で徐々に短くなっていきます（➡p.151）。陣痛の間隔に規則性を感じたら、メモをとって、間隔を計るとよいでしょう。

Q 健診で子宮頸管《けいかん》が短めといわれましたが、注意点は？

A 早産の心配があるので安静に。

子宮頸管とは、子宮と膣《ちつ》をつなぎ、出産のときに赤ちゃんが通る管。平均的な長さは約3.5～4.5㎝で、4.0㎝以上だと安心していられる長さ、**3.0～3.5㎝だと要注意で、できるだけ安静にするように指示されます。**まだお産の時期ではないにもかかわらず、子宮頸管が短いと、その分赤ちゃんが下がって子宮口が開きやすくなるため、早産へとつながってしまうからです。

出産のイメージをふくらませよう

この時期にチェック!
初期　中期　**後期**

できるだけ希望通りのお産にするためには、あらかじめパートナーや主治医、助産師とよく話し合って、バースプランを立てましょう。

どんなお産にしたいかを考える「バースプラン」を立てよう

「バースプラン」という言葉を聞いたことがあるでしょうか? 直訳すると「出産計画」です。どのようなお産を望んでいるか、出産後や入院中の過ごし方など、自分の希望や考え方をまとめたものです。バースプランを作る過程では、**出産について家族と話し合うことで、互いが出産をどのように考えているかを確認できますし、自分がどのような出産をしたいのかを医師・助産師と話すことで、信頼関係を築くことにもつながります。**

バースプランの立て方

1 プランを書き出す

バースプランを受け入れている病産院では、専用の記入用紙があるところも。希望を書き出したら優先順位を決めて、絞り込みましょう。

2 プランを見直す

たくさん希望があってもそのすべてが実現できるかは、病産院の体制や設備によっても変わってきます。希望がかなわない場合でもポジティブにのぞむことが大切。出産は、ママとおなかの赤ちゃんの安全が第一です!

※1〜6の各項目にあなたの希望を書き込んでみましょう。

	バースプラン	プランを考える前にここをチェック!
1 出産の方法	例 ・痛みが怖いので無痛(和痛)分娩にしたい ・フリースタイル分娩がしたい あなたの希望は? ➡	➡p.125
2 立ち会い出産	例 ・パパにビデオ撮影をしてほしい ・パパの立ち会いは陣痛室までにしてほしい あなたの希望は? ➡	➡p.125
3 陣痛中にしたいこと	例 ・出産の進み具合を教えてほしい ・呼吸が乱れたら助産師にリードしてほしい あなたの希望は? ➡	➡p.154
4 赤ちゃんが誕生したらしたいこと	例 ・赤ちゃんとパパと3人で写真を撮ってほしい ・分娩後すぐにママの胸の上で赤ちゃんを抱っこしたい あなたの希望は? ➡	➡p.126
5 医療措置	例 ・帝王切開になった場合でも、すぐに赤ちゃんを抱きたい ・できれば会陰《えいん》切開をしたくない あなたの希望は? ➡	➡p.160、164
6 入院中の生活	例 ・個室(あるいは大部屋)がいい ・疲れがひどい場合は赤ちゃんを預かってほしい あなたの希望は? ➡	➡p.126

お産の流れを知り、助産師や家族にお願いしたいことを考えてみましょう。

出産時の医療処置について知り、希望する出産法を考えてみましょう。

実際にバースプランを立ててみよう

これから紹介する例を参考に、自分なりのバースプランを考えてみましょう。

チェックポイント 1 知っておこう！ いろいろな出産方法

無痛分娩やフリースタイル分娩など、最近は出産のスタイルも多様化しています。ただし、新型コロナウイルスの流行状況によって選択肢が制限される場合もあるので、**それぞれの方法のメリットやデメリットを考慮しながら検討しましょう。**

経膣《けいちつ》分娩

産道を通ってきた赤ちゃんを膣《ちつ》から産む方法。
ママや赤ちゃんの体に異常が起きた場合は、帝王切開に切り替わることもあります。

出産方法	内容	メリット	デメリット
普通分娩	自然の流れに沿って産む、日本でいちばん多い方法	● 産後の回復力が高い ● 他の方法に比べて費用が安い	● 陣痛から出産までの間に痛みを伴う
計画分娩	事前に予定日を決め、陣痛促進剤を用いて出産する方法	● 出産日が予測できるので、家族の立ち会い出産などの予定が立てやすい	● 出産費用が普通分娩より高くなる
無痛・和痛分娩	麻酔薬や鎮痛薬を使って出産の痛みを和らげる方法	● 薬剤の効き方に個人差があるが、陣痛の痛みが和らぎ、落ち着いて出産にのぞめる	● 出産費用が普通分娩より高くなる ● 薬剤がさほど効かないこともある
フリースタイル分娩	分娩台に乗らず自由な体勢で産む方法	● リラックスすることで陣痛を和らげる	● 妊娠の経過によっては選べないこともある
水中分娩	水中で出産する方法	● 水の浮力で体勢の変更がらくになり、リラックスすることで陣痛を和らげる	● 水中での感染症リスクがあるため、事前の検査や衛生管理に十分注意が必要

帝王切開

腹部を切開して赤ちゃんを取り出す方法。帝王切開は母体と胎児に何らかの異常が見られる場合に、医師の判断によって行われる出産方法で、ママが選択することはできません。

チェックポイント 2 話し合おう！ 立ち会い出産

出産の大変さも感動も夫婦で共有できるなどメリットがある一方、「パパがいることで出産に集中できない」というママや、「血を見るのが苦手」というパパも。**夫婦でそれぞれの気持ちを尊重し、よく話し合って決めましょう。**また、感染症予防のため、立ち会い出産を中止している出産施設もあるので事前に確認を。

病産院に確認！

- □ 立ち会い出産が可能か
- □ 両親学級に参加するなど、事前に必要なことがあるか
- □ 写真やビデオの撮影はOKか

あんしん

どこまで立ち会うかも話し合おう

立ち会い出産には、出産の瞬間までの場合と、陣痛室にいるときだけの場合があります。どこまで立ち会えるか、事前に確認して話し合っておきましょう。

チェックポイント 3　考えてみよう！ 赤ちゃん誕生の瞬間

赤ちゃん誕生の瞬間は、心に残るとっておきの時間にしたいもの。出産時のママや赤ちゃんの状態、新型コロナウイルスの流行状況などによっては、希望がすべてかなえられるわけではありませんが、希望を挙げて、出産施設に相談してみましょう。

たとえばこんなことをしてみよう

- 赤ちゃんを胸に抱っこしたい
- いちばんにパパに赤ちゃんを抱かせたい
- 性別をすぐに教えてほしい
- 産声を録音したい
- 家族でいっしょに写真を撮りたい
- へその緒はパパにカットしてもらいたい
- 胎盤を見てみたい
- 産まれたらすぐに待合室の家族全員を部屋に入れて赤ちゃんを見せたい
- 臍帯血《さいたいけつ》を提供したい（右記参照）

……など

いずれも希望をまとめたら、実現可能かどうか、事前に出産施設に確認してみましょう。

知っておこう！

臍帯血《さいたいけつ》バンクとは

臍帯血とは、胎盤と臍帯（へその緒）の中に含まれている血液です。保管先には、第三者に提供される公的バンクと赤ちゃん本人と家族のために利用できる民間バンクがあります。公的バンクには寄付という形になり、移植を待つ人に使用されます。民間に臍帯血を保存しておけば、赤ちゃんが将来白血病などの病気にかかった場合、拒絶反応なく治療ができるといわれます。ただし、保存期間や管理体制、また、保存した臍帯血の使用頻度などを考えると、賛否両論あるようです。

チェックポイント 4　選ぼう！ 病室での過ごし方

入院中の部屋のタイプを知り、自分に合ったものを選びましょう。

個室 or 大部屋

個室

メリット

- 周りの人に気を使わずのんびり過ごせます。
- 診察などの際、プライバシーが保たれます。

デメリット

- 費用は高め。
- 他のママと接する機会が少なく、孤独を感じる人もいます。

大部屋

メリット

- ママ同士で情報交換ができます。
- 個室より費用が安くなります。

デメリット

- プライバシーが気になる人には不向き。
- 赤ちゃんの泣き声に気を使うことも。

母子同室 or 母子別室

母子同室

基本は一日中赤ちゃんといっしょに過ごします。

メリット

- 母乳育児に取り組みやすいです。

デメリット

- ママの体調によっては、赤ちゃんを預かってもらったほうがよい場合もあります。

母子別室

赤ちゃんは新生児室で過ごします。

メリット

- ママが体をゆっくり休めることができます。

デメリット

- 基本的に赤ちゃんと別々に過ごすので、入院中、お世話に慣れにくいことがあります。

里帰り出産を希望するときは早めによく話し合って

親元を離れて生活している場合、里帰り出産をするかしないかで悩む人は多いでしょう。そんな場合は、メリットとデメリットを挙げて、家族にとって何をいちばんに優先するべきか考えてみましょう。なお、里帰り出産を検討する場合は、転院希望先の出産施設へはなるべく早めに問い合わせましょう。新型コロナウイルスの流行中は、現在住んでいる地域での出産をお願いされるケースもあります。受け入れ先が決まったら、転院前に一度受診し、遅くとも妊娠34週までには転院前の病院からの紹介状を持って転院します。

詳しく知りたい！

里帰り出産について

里帰り出産とは、一時的に実家へ帰省し、実家の近くの施設で出産をすること。新型コロナウイルスの流行中は、受け入れてもらえないこともありますが、ここでは一般的なスケジュール例などを紹介します。

里帰り出産のスケジュール例

妊娠初期
- 里帰りについて家族と実家に相談を始める
- 里帰り先の施設を探し始め、分娩予約をすませる

妊娠中期
- 通っている病院に里帰りする旨を伝える
- 転院先で一度、妊婦健診を受ける

妊娠後期
- 帰省の準備
- 留守中の生活について家族と相談する
- 遅くとも34週までには転院
（施設によって差があるので事前に確認を）

産後
- 出生届などを提出
- 産後健診の受診
- 家族が待つ自宅に帰宅

帰省時に必要なもの

- □母子健康手帳
- □病院の紹介状
- □健康保険証
- □印鑑
- □出産施設で記入が必要な各種申請書
- □入院の準備品
- □ママの衣類
- □赤ちゃんの衣類などお世話グッズ

実家や家族とのコミュニケーション

実家 甘えすぎは避けよう

実家で家事や赤ちゃんのお世話など、すべて親に任せきりにしてしまうと、自宅に戻ったときに環境ががらりと変わって大変に感じることも。甘えすぎは禁物です。また、実家に対してかしこまってお礼をするのは少し照れくさいですが、里帰りのお礼はきちんとしましょう。里帰りしたタイミングで、最初にお礼を渡すとよいでしょう。

家族 里帰り中は家族とのコミュニケーションを密に

里帰り中は家族と離れて暮らすので、パパには父親の自覚が芽生えにくいこともあります。産後は写真や映像でこまめに赤ちゃんの様子を知らせるなど、パパと積極的にコミュニケーションをとるようにしましょう。パパには数日間でもよいので、里帰り先に泊まりにきてもらうのもおすすめです。

逆子の気がかりを解消しよう

この時期に
チェック！
初期 中期 **後期**

健診で「逆子《さかご》」と診断されるとママやパパも不安になるでしょう。
逆子の疑問や、逆子が解消しなかった場合のことを知りましょう。

頭が下を向いていない「逆子」。多くが出産までに自然になおる

おなかの赤ちゃんは通常、頭を下に向けて子宮の中にいる状態です。これを「頭位《とうい》」といいます。一方、頭を上にした状態で足やお尻が子宮口の近くにある姿勢を「逆子（または骨盤位《こつばんい》）」といいます。

妊娠中期は、赤ちゃんの30～50％程度が逆子ともいわれます。まだ子宮内に赤ちゃんが動き回るゆとりがあるので、頭が上を向いたり下を向いたり、たびたび入れ替わっています。**8カ月ぐらいまでは逆子の赤ちゃんもたくさんいますが、成長につれて頭が重くなり、多くが出産までの間に自然に頭位になります。逆子のまま出産する人は全体の3～4％程度です。**

逆子のように頭が上で足が下になっていると、お産のとき、最後に頭が残ってしまうなど、通常の経腟《けいちつ》分娩ではリスクが高くなります。その場合、帝王切開になるケースが多くなります。

いろいろな逆子の姿勢

逆子の中には経腟分娩が可能な場合もあります。

単臀位《たんでんい》

お尻を子宮口に向け、両足が上がっている姿勢です。経腟分娩が可能な場合もあります。

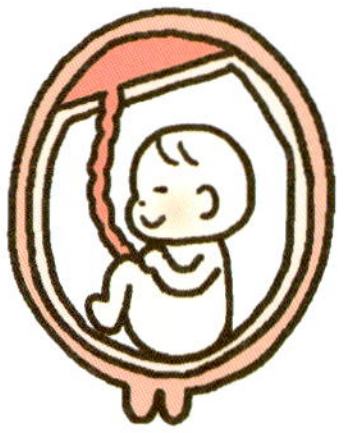

複臀位《ふくでんい》

お尻を子宮口に向け、ひざを曲げている状態です。経腟分娩が可能な場合もあります。

全膝位《ぜんしつい》

立てひざのような姿勢です。ひざが子宮口のほうを向いています。帝王切開が安全です。

全足位

両足を伸ばして立っている状態。足が子宮口のほうを向いています。帝王切開が安全です。

あんしん

お産の進行によって安全な選択を

経腟分娩が可能でも、逆子のお産はスムーズにいかないことも多くあります。危険な兆候が見られたら、すぐに帝王切開に切り替える場合があるので、そうなったときのことも、医師とよく話し合っておきます。

逆子をなおすためにできることはある？

逆子体操

赤ちゃんが向きを変えるよう、ママが特定のポーズで10～15分じっとしているもの。確実になおるわけではなく、おなかが張りやすいなど状態によっては行わないほうがいい場合もあります。**必ず医師の指導を受けてから試します。**

一般的なものは「胸膝位《きょうしつい》」という姿勢。四つん這いになり、腕はひじから先を床につけ、お尻を高く持ち上げます。1日1回、その姿勢で10～15分キープします。

医師による外回転術

医師がママのおなかの上から手で赤ちゃんの向きを変える方法です。**慎重に行わなければ胎盤がはがれる危険もあり、熟練した技術が必要です。**超音波装置で赤ちゃんや胎盤、へその緒などを確認しながら進めます。

あんしん
外回転術を行う時期
妊娠36週に行うことが多いようです。

逆子の診断と対処法の流れ

逆子がなおりにくい時期や、なおらなかった場合の対処法を知っておきましょう。

妊娠28～34週ごろ
ほとんどの逆子はなおる
このころに逆子と診断されても、**ほとんどが自然に解消します。**

妊娠34週ごろ
逆子がなおりにくくなる
赤ちゃんが大きくなっておなかの中で動きにくくなるので、逆子がなおりにくい状態に。**なおらない場合を考え、帝王切開の手術予定日を決める病産院もあります。**

妊娠36週ごろ
外回転術を行う
赤ちゃんが成熟してくるこの時期に行われます。

妊娠37～38週ごろ
帝王切開の手術
逆子がなおらない場合、妊娠38週ごろに帝王切開の準備をします。

逆子についてのQ&A

Q なぜ逆子になるのですか？

A 原因はよくわかっていません。

逆子の原因は、ママの骨盤が小さい、前置胎盤や子宮の奇形などのためともいわれますが、多くの逆子は原因がはっきりしていません。誰でも逆子になる可能性はあります。

Q 手術前に逆子がなおっても帝王切開？

A 経腟分娩で出産します。

臨月になると逆子がなおる確率は低くなりますが、ゼロではありません。帝王切開の手術日を決めた場合でも、予定日までに逆子がなおれば、経腟分娩を行います。

Q 逆子をなおすため、鍼灸《しんきゅう》を試してもいい？

A まずは産婦人科に相談を。

施術を受けても必ずなおるわけではありませんが、妊娠34週を過ぎると逆子がなおる確率が下がるので、早めに始めます。かかりつけの産婦人科医に相談してからにしましょう。

ママと赤ちゃんの心配ごと（妊娠後期）

この時期にチェック！
初期　中期　**後期**

赤ちゃんがぐんと大きくなる妊娠後期は、ママの体の負担も増加。
妊娠後期に気をつけたいトラブルの予防や対処法を知っておきましょう。

妊娠後期のママの4人に1人が貧血。妊娠合併症にも注意

妊娠後期になると、ぐんとおなかが大きくなり、出産に備えて急激に体が変化します。血液の量も妊娠前の1.5倍に増え、体の負担が増す時期です。それと同時にさまざまなトラブルも起こりやすくなります。たとえば、この時期は**妊娠高血圧症候群や妊娠糖尿病を発症しやすくなる**（➡p.100）、**4人に1人は貧血になる**とのデータも。

また、新型コロナウイルスなどの呼吸器感染症にかかった場合、重症化する可能性が高まるともいわれています。さらに、妊娠後期に知っておきたいトラブルもあります。たとえば**常位胎盤早期剥離《はくり》**（➡p.131）ですが、**妊婦全体の1％程度と確率は低いものの、母子の命の危険に関わるため、兆候や対処法を知っておきましょう。**その他、陣痛前に破水してしまう前期破水や、過期妊娠の胎盤機能不全などにも注意が必要です。

貧血

放置すると産後の授乳にも悪影響。食事療法や鉄剤の服用で改善

どんな病気？

妊娠すると、赤ちゃんを育てるために血液の量が増えます。とくに妊娠後期には分娩に備えて血液量が増えますが、赤血球などの血液中の成分の生成が追いつかず、血が薄まったような状態になります。この状態が貧血（鉄欠乏性貧血）です。

ママとおなかの赤ちゃんへの影響は？

おなかの赤ちゃんには優先的に血液が送られるため影響は出ませんが、血液が極端に不足するとママの体に動悸《どうき》や息切れなどの症状が出ます。また、出産時の出血が増える、産後の回復が遅くなる、母乳の出が悪くなるなどの影響があります。

予防や治療法は？

妊婦健診の血液検査で貧血と診断された場合は、食事療法や鉄剤の服用で改善を目指します。食事療法では、あさりや小松菜など、鉄分が豊富な食材を積極的にとるようにします。鉄分を、たんぱく質やビタミンCなどといっしょにとると吸収率が高まります（➡p.46）。

鉄剤が処方されたら…

貧血改善のため、鉄剤を処方されることもあります。鉄分は少しずつしか体内に吸収されないため、改善まで根気よく服用を続けることが大切です。鉄剤の種類によっては体質に合わず、吐き気や便秘に悩むママもいます。その場合は、医師に相談して別の鉄剤を処方してもらいましょう。

胎盤機能不全

酸素や栄養がきちんと届かず、赤ちゃんに悪影響が

どんな病気?

赤ちゃんは胎盤を通して酸素や栄養をもらっているので胎盤の機能が低下すると、赤ちゃんの発育が悪くなったり仮死状態になったりします。**妊娠高血圧症候群や妊娠糖尿病、腎炎《じんえん》など合併症がある人、妊娠42週以降の場合、危険が高まります。**

予防や治療法は?

合併症がある場合は胎盤機能不全の兆候がないか常に注意深くチェックします。また、過期妊娠の胎盤機能不全を防ぐため、妊娠40～41週に超音波検査で胎児の心拍を確認し、胎盤機能の低下が見られたら分娩を誘発します。

前期破水

正産期でも30%程度の確率で起こる。破水が見られたらすぐに病院へ

どんな病気?

陣痛が起きていない段階で羊水が外に流れ出します。**妊娠37週以降の正産期でも30%程度の確率で起こり、珍しいことではありません。**しかし、破水した時点で羊水が減って赤ちゃんに負担になったり、子宮内が細菌に感染したりする危険が高まるので、**早めの処置が必要です。**

予防や治療法は?

破水しても少量の場合、尿もれやおりものと見分けがつきにくいですが、破水は自分の意思で止めることができない点が尿もれなどとの違いです。診察を受けたうえでおなかの赤ちゃんの感染症を防ぐ処置をしたり、陣痛促進剤を使ってそのまま出産することもあります。

もし破水したら…

破水は急に起こるため、あわててしまいますが、まずは大きめのナプキンをつけるかタオルなどを当て、タクシーなどで出産施設に向かいましょう。健康保険証や診察券、母子手帳も忘れずに。

常位胎盤早期剥離《はくり》

母子ともに危険なトラブル。下腹部の激痛に注意

どんな病気?

胎盤は、赤ちゃんが生まれた後に子宮からはがれるのが通常ですが、赤ちゃんが生まれる前にはがれてしまうことがあります。これが常位胎盤早期剥離です。赤ちゃんに酸素や栄養が行きわたらず非常に危険な状態になるうえ、母体にも大出血のおそれがあり、大変危険です。

予防や治療法は?

初期症状は少量の出血とおなかの張りですが、重症になると**下腹部に激痛が起き、おなかがカチカチにかたくなります。出血がおさまらないことも。このような状態になったら一刻を争う緊急事態なので、すぐに救急車を呼んでください。**

とくに注意したいケースは…

- □ 妊娠高血圧症候群や高血圧の場合
- □ 子宮内感染(絨毛膜羊膜炎《じゅうもうまくようまくえん》)をしている場合
- □ 切迫早産の場合
- □ 交通事故や転倒などでおなかを強く打った場合

羊水過多・過少

切迫早産や破水の危険、赤ちゃんの発育などに影響が

どんな病気?

妊娠後期の羊水の量は約500mlですが、これが800ml以上になると羊水過多、100ml以下になると羊水過少と診断されます。羊水が多すぎると切迫早産や破水の危険が高まり、少なすぎると赤ちゃんの発育や健康状態の悪化につながります。

予防や治療法は?

羊水量に異常が見られるのは比較的まれなことです。**健診で「羊水が多め・少なめ」と指摘されても、あまり心配しすぎなくて大丈夫です。**重症羊水過多の場合、おなかに長い注射針を刺して、羊水を抜く治療をすることもあります。

妊娠 9カ月（32～35週）

赤ちゃんがおなかにいる時間もあとわずか

赤ちゃんは外の世界に出てくる準備を着々と整えています。ママも夜中に何度も目が覚めるなど、産後の授乳に向けて体が変化。いよいよ出産に向けて最終段階をむかえています。赤ちゃんがおなかにいる時間は、あとわずかです。

ママの体の変化

近い出産に向けて最終調整中

子宮はみぞおちの位置まで上がり、おなかもずいぶん大きくなります。**動悸《どうき》や息切れがひどくなり、仰向けで寝るなど長時間同じ体勢でいるとつらくなることも。**

これから出産に向けて赤ちゃんの頭が骨盤に入ってくると、**恥骨《ちこつ》のあたりに痛みを感じたり、**赤ちゃんの頭が膀胱《ぼうこう》を圧迫することで、**頻尿や尿もれなどのトラブルが出たりすることも**あります。また、膣《ちつ》や子宮口がやわらかくなり、徐々におりものが増える時期です。

ママの体の変化と健康管理

子宮底長
約28～31㎝。

体の変化
＊おなかが張ることが増えます。
＊動悸や息切れが激しくなることがあります。
＊貧血になりやすくなります。
＊胃もたれしたり、食欲がなくなったりします。
＊前駆《ぜんく》陣痛が起こることも。

体重増加の目安
妊娠前から＋６～９kgほど。

妊婦健診
２週に１回。

ママができること

赤ちゃんの体重が増える。ママの増加分は控えめに

妊娠後期のママの体重増加の目安は１週間で0.3～0.5kgです。妊娠９カ月目から出産まで赤ちゃんの体重は倍以上に増加するため、ママがそれほど食べていないつもりでも、体重が増えてしまいがちです。赤ちゃんの増加分を考えると、これまで以上に体重管理を心がける必要があります。

赤ちゃんの様子

外の世界で生きる準備は最終段階

赤ちゃんの体作りは最終段階。**妊娠35週になると肺の機能が完成して外の世界で呼吸できるように。**また、羊水を飲んでおしっことして出すこともします。これは生まれてからおっぱいを飲み、おしっこを出す準備です。

皮下脂肪はこれから誕生までに約2倍に増えます。脂肪は、出産のときに赤ちゃんが頑張るためのエネルギーになり、ママのおなかを出てから外の世界で体温を維持するためにもなくてはならないものです。

妊娠35週末ごろの赤ちゃん

* 皮下脂肪が増えますが、ぽっちゃりめの子と細めの子との個人差が大きくなります。
* 皮膚のしわが少なくなり、張りが出てきます。
* 肺の機能がほぼ完成します。
* 少しずつ免疫がついてきます。

赤ちゃんの重さの目安は
小玉のすいか1個
ぐらい

身長 約46cm　体重 約2300g

パパができること

出産の流れや、入院中にやることをひととおり理解しておこう

いよいよ出産が近づいてきました。パパもひととおり出産の流れを頭に入れておきましょう。また、ママと赤ちゃんの入院中にやっておくべきこと、出産後に必要な手続きや届け出の内容などもリストアップして確認します。印鑑や通帳、日用品の場所などは夫婦で事前に情報共有を。赤ちゃんが生まれたら、その日から育児がスタートします。今のうちに赤ちゃんのお世話の予習をしておくのもおすすめです。また、産前産後に休暇がとれるよう、仕事を調整しておくとよいでしょう。

らくらく

立ち会い出産や面会は要確認

感染症対策のため、立ち会い出産や入院中の面会が制限されている場合もあります。必ず事前に出産施設に確認を。

この時期の過ごし方

出産に向けて、流れをイメージしよう

いよいよ妊娠9カ月です。ベビーグッズや入院の準備がまだの人は早めにすませましょう。臨月に入ってからでは負担が大きくなってしまいます。

この時期になるとママは寝つきが悪くなったり、眠りが浅くなったりすることがあります。おなかが大きくなって、息苦しかったり、トイレが近くなったりするのも原因のひとつですが、生理的にも深い眠りが減り、浅い眠りが増えます。これは、産後の夜間の授乳に体が備えているためともいわれます。**なるべく質のよい睡眠をとれるような工夫をしましょう。寝苦しさを解消するためには、体を横向きにする姿勢をとったり（⇒p.97）、昼寝で夜の寝不足を補ったりしましょう。**

この時期になると、出産を無事に乗り切れるかどうか、不安が高まってくるでしょう。**出産当日の流れを確認し、イメージトレーニングをして、不安をやわらげましょう。**

妊娠9カ月（32～35週）に知っておきたいこと・することリスト

おなかがさらに重くなる前にするべきこと

おなかが重く、大きくなると動くのもひと苦労。入院や産後の準備は早めに。
ママの体に無理のないよう、パパや家族といっしょに準備をしましょう。

[知っておきたいこと ❶]

産後のためにも貧血対策はきちんと

妊娠後期になると血が薄まって貧血が助長されます。この時期に貧血と診断されると鉄剤が処方されることもありますが、すぐに改善するわけではありません。ただし、鉄剤で赤血球ひとつひとつに含まれる鉄の量を増やす、つまり**“貯鉄”することで、産後の貧血対策になります。**もちろん鉄分が豊富な食材を積極的にとることも忘れずに（➡p.46）。

あんしん
貧血はきちんと改善
産後の体の回復や母乳の出にも影響するので早めに改善に取り組みましょう。

あんしん
破水に備えてバスタオルを
移動中の破水に備えてバスタオルを用意しておきましょう。

[知っておきたいこと ❷]

病産院への移動手段を確保しよう

陣痛が始まったり破水したりしたら、自分で車を運転するのはNG。**家族に連れていってもらうか、タクシーを使いましょう。陣痛タクシーに登録しておくと安心。**陣痛タクシーとは、出産予定の病産院や予定日を登録しておくと、陣痛が来たときに優先的に配車してくれるタクシーです。破水したときのために、防水シートを用意してくれているところもあります。

全員チェック！

この時期のすることリスト

- □ 栄養バランスのよい食事をとる ➡p.136
- □ 体重管理をする ➡p.80
- □ 適度な運動を習慣にする ➡p.83
- □ ベビーグッズや赤ちゃんスペース、入院グッズの最終確認をする ➡p.112、138
- □ 出産の流れをイメージしておく ➡p.152、154
- □ 出生届など産後の手続きを確認 ➡p.139
- □ 内祝いや出産報告はがきを準備 ➡p.188

必要な人はチェック！

こんな場合はここをチェック！

- □ 里帰り出産の人は帰省する ➡p.127
- □ 便秘や腰痛などマイナートラブルが気になる ➡p.96
- □ 帝王切開について知りたい ➡p.164

Dr.荻田'sアドバイス

お産はいつ始まるかわからない

この時期になると、赤ちゃんがいつ生まれるか、気になる人も多いでしょう。**出産予定日の40週0日は、統計的にこの日の出産が多いだけで、あくまでも目安。**立ち会い出産を希望していても間に合わなかったというケースも多々ありますが、それはしかたのないことです。出産後に来て赤ちゃんを抱っこするパパの表情は、立ち会えたパパと同じ、よい表情をしていることが多いですよ。

妊娠初期
1カ月（0～3週）
2カ月（4～7週）
3カ月（8～11週）
4カ月（12～15週）
妊娠中期
5カ月（16～19週）
6カ月（20～23週）
7カ月（24～27週）
妊娠後期
8カ月（28～31週）
9カ月（32～35週）
10カ月（36～39週）
出産の流れ
産後の生活と新生児のお世話

妊娠9カ月（32～35週）の生活ポイント

いつでも出産できるよう準備を万全に

来月はいよいよ妊娠10カ月。働いている人は産休に入る時期です。入院準備をすませるなど、出産に向けて準備を万全に整えましょう。

32週

出産予定日まであと56日

あんしん
里帰りの時期は要相談
里帰りの時期は妊娠経過をみながら。通っている病産院で帰省前に相談を。

里帰り出産の人は帰省を

里帰り出産が可能な場合、施設によって異なりますが、**遅くとも妊娠34週までには帰省して、転院先で妊婦健診を受診しましょう。**長距離の移動はママの体に負担になります。とくに飛行機の場合、搭乗可能な妊娠週数の制限や、医師の診断書を提示する必要がある航空会社もあるので注意しましょう。

33週

出産予定日まであと49日

らくらく
パパと情報共有を
ママの入院中に必要な家事や手続きを、パパと情報共有しておきましょう。

出産の入院準備をしておこう

いつ出産となってもあわてないように、入院に必要なものを準備しましょう。産褥《さんじょく》ショーツなど、必要なものは出産施設によって異なるので確認しておきます。退院時に必要なベビー服なども別のかばんにまとめ、家族にもわかる場所に置いておくと安心です。

34週

出産予定日まであと42日

らくらく
職場とは早めに相談を
産休に入る時期や育休の期間は、早めに職場と相談しておきましょう。

予定日6週間前は産休に入る目安

ママやおなかの赤ちゃんの健康や出産準備などのため、**産前は、出産予定日の6週間前（多胎の場合は14週間前）から産休に入ることができるように法律で決まっています。**ただし、もしママの体調が悪かったり妊娠の経過が心配だったりする場合は、職場に相談して早めに産休に入ることも検討しましょう。

35週

出産予定日まであと35日

あんしん
連絡手段を確保しよう
いつお産が始まるかわからないので、パパとはいつでも連絡できる状態に。

パパの休暇申請などの準備を

いよいよあと1週間で妊娠10カ月目に突入。出産予定日に合わせて、パパの休暇の申請や仕事の調整が必要な場合もあるでしょう。**ママが正産期に入ったらパパはいつでも休暇をとったり、早退したりできるように、この時期からあらかじめ準備できれば万全です。**

妊娠9カ月（32～35週）の食事ポイント

大きなおなかに合わせた調理・食事を

急激におなかが大きくなると、胃もたれや胸焼けを感じたり、
立って調理するのがつらくなったりするママも。対処法を紹介します。

ポイント1 胃もたれや胸焼け対策

小分けにして消化のよいものを食べる

妊娠後期になり子宮が大きくなると、胃が圧迫されて胃液が逆流し、胃もたれや胸焼けになることがあります。そんなときは**食事を小分けにしてみましょう。1回の食事量を減らして食事回数を増やすとらくになることがあります。消化のよい食べ物をよくかんでゆっくり食べるようにするのもよい**でしょう。

ここもチェック！

臨月に入って赤ちゃんが骨盤のほうに下がってくると食欲が増加しがち。体重増加に気をつけましょう。

あんしん

水分のとり方にも注意しよう

食事中に水分をたくさんとると、胃液の濃度が薄まるので消化が悪くなってしまいます。水分は、食事中やその前後以外に、なるべくこまめにとりましょう。

ポイント2 らくな調理法をマスター

キッチンにいすを置くなどらくに調理できる工夫を

妊娠後期に入るとおなかが大きくなり、調理がつらく感じるママもいます。**料理のメニューは、なるべく短時間で作れるものに。市販の惣菜を利用する**のもひとつの方法です。長時間作業する場合は、**いすをキッチンに置いて休みながら行う**と、おなかの張りを和らげることができるでしょう。

洗い物も減らそう

洗い物は食洗機を活用する、ワンプレートメニューにして数を減らすなど、工夫してみましょう。

らくらく

買い物の負担を軽く

買い物はインターネットやカタログで注文するだけで自宅に配達してくれるサービスを利用しても。産後はしばらく、買い物に行きづらい日が続くので、今のうちにいろいろ調べて試しておくとよいでしょう。

ポイント3 むくみ対策

塩分を控え、水分はしっかりと補給

妊娠中にむくみやトイレが近いのを気にして、水分を控えてしまうママもいるかもしれませんが、それはNGです。**むくみが気になる場合は、水分よりも塩分を控えるようにしましょう。体内の余分な塩分を排出する、カリウムを多く含む食品（生野菜や果物など）を摂取することも有効です。**

水分補給は大事！

しっかり水分補給すると、血液の流れがよくなります。おなかの赤ちゃんにきちんと血液を届けることにもつながるので、水分補給はとても大事です。

らくらく

むくみがちなら指輪は外しておこう

むくみが気になる人は、悪化する前に結婚指輪などは外しておきましょう。緊急手術の場合に指輪を切断することもあります。抜けにくい場合は石鹸や油などを指輪に垂らして指輪を回すと外しやすくなります。

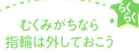

妊娠9カ月の気がかりなこと Q&A

Q 入院時にあると便利なものは？

A ペットボトル用のストローと、ヘアゴムが便利。

ストローは、お産中に便利です。のどが渇くので、ボトルにはめておけば横になったまま水分がとれます。ヘアゴムは、髪が長いママのために。出産後、慣れない赤ちゃんのお世話では髪をじゃまに感じがちなので、まとめるのに役立ちます。

らくらく

ママがリラックスできるものを

入院中にリラックスして過ごせるよう、音楽プレイヤーや雑誌などを持っていくのもおすすめです。

Q おなかが大きくて、座っているのも苦痛です。

A 前かがみは避けて。

いすに座るときは浅めに腰をかけ、できるだけ背すじを伸ばすようにします。前かがみになると、おなかが圧迫されてしまいます。**床に座るときは、あぐらがおすすめ。**横座りは骨盤をゆがめる原因になるので避けましょう。**長時間同じ姿勢をとらず、こまめに立ち上がって軽いストレッチをするなど、血流を滞らせないようにしましょう。**

Q 赤ちゃんの首に、へその緒が巻きついているようです。

A わりとあること。心配しすぎないで。

へその緒が首や胴体に巻きつくことはそれほど珍しいことではなく、**全体の3割ほど**に見られます。へその緒は、血管の外側がゼラチン状の物質でおおわれたもの。弾力があり、赤ちゃんに**巻きついたままでもほとんどは無事に生まれてきます。**

あんしん

安全な出産のための処置

へその緒が赤ちゃんの体に何重にも巻きついている場合や、出産時にへその緒が赤ちゃんと子宮壁の間に挟まって赤ちゃんが一時的に苦しくなった場合は、吸引・鉗子《かんし》分娩（➡p.162）や帝王切開（➡p.164）が必要になることも。処置が必要かは、赤ちゃんの心拍を確認し、状態をチェックして確認します。

Q おなかが大きいからか、不眠がちです。

A 寝る2～3時間前までに食事をすませて。

ただでさえ、不眠になりがちな時期。寝る直前の食事は胃腸に負担をかけ、安眠を妨げます。**夕食は少なくとも就寝2～3時間前までにとり、消化が落ち着いてから布団に入るような流れを組みましょう。**また、大きくなった子宮が膀胱《ぼうこう》を圧迫するため、**寝る前に水分をたくさんとると夜中に何度もトイレに起きてしまう**ことになります。水分のとり方にも注意して。

出産の入院準備をしよう

この時期にチェック！

初期 中期 **後期**

いつ出産となってもあわてることがないよう、早めに入院準備を。
ママの入院中にパパが困らないよう、留守宅の準備も忘れずにしましょう。

妊娠9カ月ごろまでには入院準備をすませよう

妊娠9カ月ごろまでには、入院グッズ一式をバッグに詰めて、いつでも持ち出せるようスタンバイを（⬇p.190妊娠・出産準備品のリスト）。**荷物をそろえるときのポイントは「入院当日」「入院中」「退院当日」とスケジュールに合わせて必要なものをリストアップし、バッグを分けておくこと。**そうすれば、必要なときに必要なものを持ち運びやすく、家族にもわかりやすくなります。

入院準備と同時に忘れてはいけないのが、パパとの情報共有です。出産施設によって異なりますが、ママが経膣《けいちつ》分娩の場合は4～5日間、帝王切開の場合は6～7日間入院することになります。必要な家事のことや、出生届、赤ちゃんの健康保険の加入など、**出産後短期間のうちにすませなければならない必要な手続きや届け出について、話し合っておくと安心です。**

入院準備をしよう

入院時に必要なものや退院時の準備は、
体調がよい日に少しずつすませておきましょう。

1 臨月にいつも持ち歩くものは

外出先で破水したり、万が一陣痛が強くなったりしたときのために、いつでも出産施設に行けるように準備しておきましょう。

いつも持ち歩くもの

- □母子健康手帳
- □健康保険証
- □診察券
- □現金（タクシー代など）
- □携帯電話・スマートフォン

あんしん

破水に備えて

大きめのナプキンやタオルを持っているといざというときに安心。

2 入院時に必要なものは

出産施設によって異なります。あらかじめリストをくれるはずなので、それを確認して準備します。自分なりに必要なものをプラスしましょう。

らくらく

出産施設で借りられるものも

授乳をらくにする授乳クッションや会陰《えいん》の傷が痛むときに役立つ円座クッションなど、出産施設で借りられるものもあるので確認しておきましょう。

3 退院時に必要なものは

意外と忘れがちなのが退院時の準備。赤ちゃんやママの着替えなど、必要なものを別のかばんに入れておきます。退院時に精算する入院費用は、大金なので、精算時に家族に持ってきてもらうと安心です。

留守宅の準備も万全にしよう

ママの入院中の家事などでパパが困らないように、情報共有しておきましょう。

すぐ食べられるおかずを用意しておく

食事を作りおきして冷凍しておくのもおすすめ。お産を終えて退院した後、家事を負担に感じるときなどにも役立ちます。

お総菜やレトルトも活用

らくらく

入院期間は1週間前後なので、デリバリーやテイクアウト、レトルトなどで乗り切っても。

日用品の置き場所について

印鑑や通帳だけでなく、トイレットペーパーやティッシュペーパー、ゴミ袋など、日用品の場所もわかるように、メモなどにまとめておきましょう。

家電の使い方も

らくらく

洗濯機の使い方など、ふだん家事をしていないとわからないことを伝えておきましょう。

出生届や健康保険の申請などの手続きのこと

出生届や児童手当の申請、健康保険の加入など、出産後にやるべき手続きはたくさんあります。あらかじめリストアップしておくとよいでしょう。

もれがないように

あんしん

里帰り出産の場合はとくに、手続きや申請の段取りをきちんと確認しておくこと。

出産後の届け出や手続き

出産後には各種届け出や手続きが必要となります。産後のママは体が回復していないうえ、慣れない赤ちゃんのお世話や夜中の授乳などで疲れがち。パパが率先してすませましょう。

出生届

生後2週間以内に、赤ちゃんの名前を記入して役所に提出。里帰り先でも提出できます（➡p.189）。

出産育児一時金の申請

分娩・入院費用として、公的医療保険に加入している人すべてに支給されます（➡p.142）。

児童手当の申請

原則、出生日翌日から15日以内に役所に申請すれば、翌月から支給されます（所得制限あり）（➡p.142）。

赤ちゃんの健康保険証をもらう

赤ちゃんを健康保険に加入させ、保険証をもらいます。医療処置を受ける赤ちゃんの場合は早急に行います。

お祝い金や助成金の申請

勤務先からのお祝い金や、自治体独自の助成がある場合も。事前にチェックをしましょう。

生命保険や医療保険の手術・入院給付金の申請

帝王切開での出産の場合、手術・入院給付金が支払われるケースもよくあります。

妊娠・出産で受けられるお金のこと

この時期にチェック！
初期 中期 後期

妊娠・出産で受けられる助成金などは人によってさまざまです。
自分が受けられる助成を知り、おおよその費用をイメージしておきましょう。

自分が受けられる助成を知り忘れずに手続きを

毎回の妊婦健診代に始まり、分娩・入院費用、ベビーグッズといった育児費用など、赤ちゃんを授かって育てるにはお金がかかります。それだけに国や自治体による助成金は、とてもありがたいものです。

ただし、**助成金は申請をしないともらうことができません。**また、働いているか、専業主婦かどうか、また、**所得によっても受けられる助成金の種類や額は異なります。**まずは左の表で、自分に当てはまる助成をチェックして、p.141以降で紹介している詳細を確認しましょう。出産後すぐに必要な手続きもありますが、ママの体が回復していないこともあるので、パパが率先してやりましょう。具体的な手続きの方法や詳しい内容はそれぞれ申請先に相談すれば教えてもらえるので、疑問点は確認しておきましょう。

妊娠・出産で受けられる助成

○＝受けられる
△＝条件を満たせば受けられる
×＝受けられない

	専業主婦のママ	会社員・公務員のママ	出産を機に退職するママ
妊娠時に受けられる助成			
1 妊婦健診の補助券	○	○	○
2 高額療養費	△	△	△
3 傷病手当金	×	△	△
4 失業給付金（受給期間の延長措置）	×	×	△
出産後に受けられる助成			
5 出産育児一時金	○	○	○
6 乳幼児の医療費助成	○	○	○
7 児童手当	○※	○※	○※
8 未熟児養育医療制度	△	△	△
9 児童扶養手当	△※	△※	△※
10 出産手当金	×	○	△
11 育児休業給付金	×	○	×
12 所得税還付（確定申告）	×	×	○
13 医療費控除（確定申告）	△	△	△

※所得制限が設けられているもの。

もらえるお金を詳しく知ろう

いくらもらえる？　どのように申請する？
それぞれの制度について詳しく知っておきましょう。

妊娠中に

3 傷病手当金

業務外の病気やけがなどで仕事を休んだときの助成です。

[だれが対象?]
勤務先の健康保険に加入していて、医師に安静・入院が必要と診断され、仕事を休み、給与を受け取れない人。
[いくらもらえる?]
（それまでの標準報酬月額の12カ月平均÷30）の3分の2相当額×休んだ日数分※1。
※1 連続3日休業した後の4日目を1日目として数えます。
[いつ申請?]
連続3日休業した後の、4日目から数えて2年以内に申請※2。
※2 休んだ後出社してから申請しても支給されます。
[いつ受け取り?] 申請後約2週間～2カ月後。
[どこに申請?]
勤務先の担当窓口または各健康保険組合や協会けんぽ、各共済組合。

妊娠中に

4 失業給付金（受給期間の延長措置）

妊娠中、出産後のママは求職活動がむずかしいため、失業給付金の受給期間を最大3年間延長できます。

[だれが対象?]
就職の意思があり、一定期間雇用保険に加入していた人。
[いくらもらえる?]
賃金日額（離職前6カ月分の月給÷180）×給付率（0.5～0.8）で計算した基本手当日額×日数分（最大90～150日分※）。
※一般の離職者の場合。ただしコロナ特例が適用される場合は、給付日数が延長されます。
[いつ申請?]
退職日翌日から30日経過後の翌日から申請可能※。
※退職時に離職票をもらって手続きします。
[いつ受け取り?]
産後、求職活動を開始し、定期的に失業認定を受けた後に受け取ります。
[どこに申請?] ハローワーク。

妊娠が確定したら

1 妊婦健診の補助券

妊婦健診の費用が公費でカバーされる受診票です。

[だれが対象?] 妊婦全員。
[いくらもらえる?]
基本的な健診費用14回程度※。
※自治体によって異なり、残りの健診費用は自費。回数を無制限とする自治体も増えています。また、里帰り先での支払い分は、後日の申請で還付されることが多いようです。
[いつ申請・受け取り?]
母子健康手帳交付の際。
[どこに申請?]
住んでいる市区町村の役所または保健所。

妊娠中に

2 高額療養費

切迫早産などで医療処置や入院をして高額の医療費がかかった場合、一定額を超えた分の医療費が戻ってきます※。
※入院が月をまたぐと、医療費が月末で一度精算されるため限度額を超えなくなり、利用できないことも。

[だれが対象?]
医療処置や入院で、1カ月の医療費自己負担が限度額を超えてたくさんかかった人。
[いくらもらえる?]
自己負担限度額（一般的な所得の場合で月8万100円＋α）を超えた分の額。
[いつ申請?]
入院する前。または診療を受けた翌月から2年以内。
[いつ受け取り?]
事前申請の場合は、精算時に限度額を上限とする金額の支払いになります。事後申請の場合は支給まで2～3カ月かかります。
[どこに申請?]
専業主婦は夫の加入する各健康保険組合・協会けんぽ・各共済組合、会社員・公務員は勤務先または加入している公的医療保険の窓口に、自営業の人は市区町村の役所に申請。

出産後早めに

7 児童手当

中学校卒業までの子どもに支給される手当。

[だれが対象?]
中学校卒業までの子を養育する家庭[※]。

※所得制限があります。2022年10月より世帯主の年収が1200万円以上の場合は支給停止になる予定。

[いくらもらえる?]
子ども1人につき月5000円～1万5000円。

[いつ申請?]
出生日の翌日から15日以内。

[いつ受け取り?]
2・6・10月に各前月までの分が支払われます。

[どこに申請?]
公務員は勤務先、それ以外の人は住まいの市区町村の役所。

出産後早めに

8 未熟児養育医療制度

入院治療が必要な赤ちゃんの医療費を補助する制度。

[だれが対象?]
出生時の体重が2000g以下など、入院して養育を受ける必要があると医師に診断された赤ちゃん。

[いくらもらえる?]
入院・治療費が公費負担となり窓口での支払いが発生しない。収入に応じて一部制限がある場合も。

[いつ申請?]
生後なるべく早めに申請します。

[どこに申請?] 住んでいる地域の役所。

出産後早めに

9 児童扶養手当

ひとり親家庭の生活をサポートする制度。

[だれが対象?]
ひとり親の家庭[※]。 ※所得制限があります。

[いくらもらえる?]
所得や子どもの人数によりますが、1人目は全額支給で月4万3160円、2人目は1万190円、それ以降は6110円追加[※]。

※令和3年度の全額支給の金額。

[いつ申請?]
申請した月の翌月からもらえるので早めの手続きを。

[いつ受け取り?]
奇数月に2カ月分ずつ支払われます。

[どこに申請?] 住んでいる市区町村の役所。

出産前後に

5 出産育児一時金

分娩・入院費用として出産した子ども1人につき42万円が支給される制度。

[だれが対象?]
公的医療保険に加入していて、出産した人[※1]。

※1 妊娠4カ月以上になっていれば流産した人も対象です。

[いくらもらえる?]
原則、子ども1人につき42万円（双子以上は人数分[※2]）。

※2 健康保険や自治体によって付加金がつく場合があります。

[いつ申請・受け取り?]
次の3つの方法があり、それぞれ異なります。

1. **直接支払制度**　出産までに産院と合意文書を取りかわし、退院時に、出産費用が一時金の分を超過したら差額分を支払う方法。下回ったら差額分を後日請求して受け取ります。多くの産院で取り入れています。
2. **受取代理制度**　加入している健康保険組合などの保険者に申請書をもらい、産院で必要事項を記入後、出産予定日まで2カ月以内に、保険者に提出。退院時に出産費用が一時金の分を超過していたら差額分を支払い、下回ったら後日、指定した口座に振り込まれます。
3. **産後申請**　出産・入院費用を全額自分で支払った後に、保険者に申請して一時金を受け取る方法。保険者でもらった申請書に産院で記入してもらい、産後に提出。2週間から1カ月程度で指定口座に振り込まれます。

[どこに申請?]
加入している健康保険組合や国民健康保険などの窓口。

出産後早めに

6 乳幼児の医療費助成

子どもにかかった医療費のうち全額または一部を自治体が助成する制度。

[だれが対象?]
健康保険に加入している子ども。

[いくらもらえる?]
小学校就学前までの医療費の自己負担額は全国一律で2割ですが、一定年齢までそれが全額または一部助成されます（対象年齢は自治体によって異なります）。

[いつ申請?] 出産後できるだけ早めに[※]。

※まず赤ちゃんの健康保険証を作り、その後申請します。

[いつ受け取り?]
受診時にその場で助成を受けられるパターンと、役所に後日申請すると振り込まれるパターンがあります。

[どこに申請?]
住んでいる市区町村の役所。

退職翌年いつでも

12 所得税還付（還付申告）

退職した人が在職中に払いすぎていた所得税額を、還付申告で返してもらう制度。

[だれが対象?]
妊娠を機に退職した人。
[いくらもらえる?]
源泉徴収で前払いした所得税額から実際の所得税額を差し引いた金額※。
※申告しないと翌年の住民税が高いまま課税されます。
[いつ申請?]
退職翌年の1月1日～5年以内の還付申告で。
[いつ受け取り?]
申告から1～2カ月後に指定の口座に振り込まれます。
[どこに申請?]
住んでいる地域の税務署。

確定申告の時期に

13 医療費控除（確定申告）

妊娠・出産でかかった高額な医療費を確定申告で控除してもらう制度。

[だれが対象?]
生計を一にする家族全員の医療費（実際に支払った額－保険金などで補てんされる額）が1年間で10万円を超える場合。
[いくらもらえる?]
実際に支払った医療費から保険金などで補てんされる額をひき、そこから10万円を引いた額を所得から差し引いて税金を計算した分の差額が戻ります※。
※医療費控除をすると課税所得額が低くなり、その分、翌年の住民税や保育料が安くなることがあります。
[いつ申請?] 出産翌年の確定申告で。
[いつ受け取り?]
申告から1～2カ月後に指定の口座に振り込まれます。
[どこに申請?] 住んでいる地域の税務署。

知っておこう!

控除の対象になる? ならない?

なる	ならない
● 妊婦健診・検査費用※	● マタニティインナー
● 分娩・入院費※	● サプリメント代
● 診察・治療費	● 予防接種代
● 通院時の交通費	● 里帰り出産のための実家への帰省費用
● 治療のための薬代	

※妊婦健診の助成や出産育児一時金も差し引く必要があります。

産休中に

10 出産手当金

産休中、給料の3分の2相当額が支給されます。

※「3 傷病手当金」と「10 出産手当金」は同期間に併給されず、10 が優先で支給されます。3 の額が 10 より多ければ差額が支給されます。

[だれが対象?]
勤務先の健康保険に加入していて、出産した人※1で、休んだ期間の給与の支払いがなかった人。
※1 パートや契約社員でも対象です。
[いくらもらえる?]
出産手当金の支給金額は、（それまでの標準報酬月額の12カ月平均÷30）の3分の2相当額×産前産後に休んだ期間。手当金が出る期間は出産日を挟んで産前42日（多《た》胎《たい》の場合は98日）から産後56日まで。
[いつ申請?]
産休終了後に、産前分、産後分をまとめて申請するのが一般的。申請期限は産休開始の翌日から2年以内※2。
※2 産休前に会社の健康保険窓口などで申請書をもらっておき、必要事項を出産施設で記入してもらいます。
[いつ受け取り?]
申請から2週間～2カ月ほどで受け取れます。
[どこに申請?]
勤務先の担当窓口または各健康保険組合や協会けんぽ、各共済組合。

育休中に

11 育児休業給付金

育休中に給料の3分の2～2分の1相当額が支給。

[だれが対象?]
雇用保険に加入して育児休業をとっている人※。
※ただし、休業前の2年間のうちに1カ月に11日以上働いた月が12カ月以上ある人。
[いくらもらえる?]
育休開始から180日は月給の3分の2相当額、それ以降は2分の1相当額。
[いつ申請?]
産休に入る1カ月前までには必要な書類を勤務先に提出しておきましょう。申請自体は育休に入ってから、原則として会社が行います。
[いつ受け取り?]
初回は育休を開始して2～5カ月後に支給。その後は約2カ月ごとに支給されます。
[どこに申請?]
勤務先の担当窓口またはハローワーク。

妊娠10カ月（36～39週）

いよいよ赤ちゃんとご対面！

待ち望んでいた、赤ちゃんを抱っこできる瞬間ももうすぐ。出産の痛みや育児への不安を感じるかもしれませんが、これまで10カ月間、おなかの赤ちゃんを大切に守ってきたのです。自信を持って出産にのぞみましょう。

ママの体の変化

不規則な痛みや張りはもうすぐ出産のサイン

出産が近くなるとおなかの赤ちゃんの体は子宮の出口に向かって下がり始めます。子宮が下がることで動悸《どうき》や胃もたれは解消されますが、尿もれや頻尿などおしっこのトラブルや恥骨《ちこつ》の痛みが続く場合もあります。

また、出産が近づくと、前駆《ぜんく》陣痛といって不規則なおなかの張りや痛みを感じることがあります。**張りや痛みが規則的になったら間隔を測り、10分ほどになったところで病産院に連絡を。お産のスタートです！**

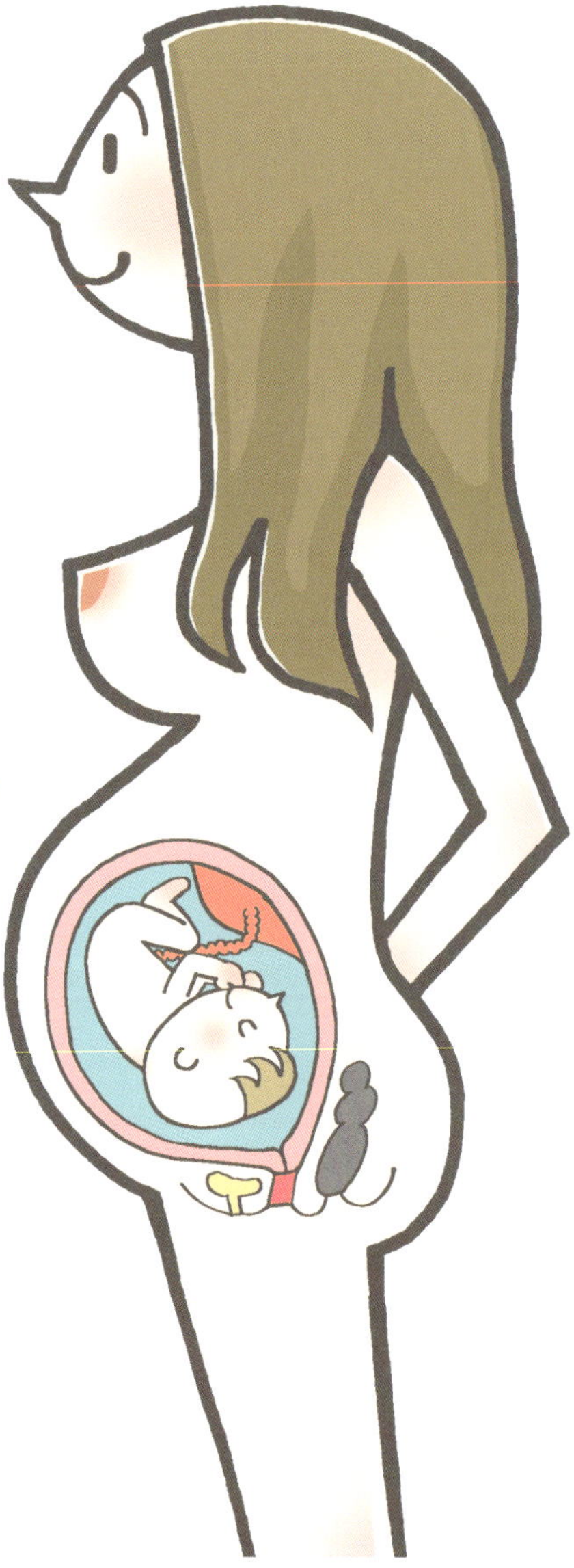

ママの体の変化と健康管理

子宮底長
約32～35㎝。

体の変化
＊おなかの赤ちゃんの激しい胎動が減ります。
＊おりものが増えます。
＊前駆陣痛が起こることも※。
＊おしるしがあることも。
＊陣痛が始まる前に破水することも※。
（※ いずれも出産が始まるサイン）

体重増加の目安
妊娠前から＋７～10.5kgほど。

妊婦健診
１週に１回。

ママができること

リラックスすることが安産の近道

いよいよ出産と考えると、不安と緊張でいっぱいという人も多いでしょう。**陣痛が始まり、分娩となったら、そばに助産師がついて、呼吸の仕方やいきみ方をリードしてくれます。**赤ちゃんに会えるのももうすぐです。リラックスして身を任せましょう。

赤ちゃんの様子

体の機能は新生児とほぼ同じに

妊娠36週を過ぎた赤ちゃんは、**いつ外の世界に出ても大丈夫なように準備が完了。**すべての臓器の機能が整います。睡眠と覚醒の生活リズムもほとんど新生児と同じです。

頭は骨盤の中にスッポリと入り、大きく体を動かすこともありません。出産が近づくと、背中を丸めて手足をぐっとおなかに引きつけ、狭い産道を通り抜ける姿勢をとります。スムーズに通り抜けられるよう、頭蓋骨はやわらかいままです。

妊娠39週末ごろの赤ちゃん

* すべての臓器の機能が完成します。
* 五感や呼吸器が発達します。
* 頭が骨盤内に降り、体は大きく動きません。
* 骨が発達してかたくなりますが、頭蓋骨はやわらかいままです。
* 腸の中に胎便がたまっています。

赤ちゃんの重さの目安は**中玉のすいか1個**ぐらい。

身長 **約50cm**　体重 **約3000g**

パパができること

いよいよ陣痛が始まった！
頑張るママを応援しよう

ママの体の準備が整うと、陣痛が起こり、いよいよ出産となりますが、その間、ママは周期的に起こる陣痛を感じています。この痛みをパパが経験することはありませんが、「睾丸《こうがん》を２分間に１回蹴り上げられる、あるいはギューッと握りつぶされるような痛み」とも。**出産に向けて最後のひと頑張りをしているママを、応援してあげましょう。**

らくらく

ママをサポート！

病産院へ送ったり、入院グッズを運んだりします。立ち会い出産ならそばで応援を。

この時期の過ごし方

出産が始まるサインを見逃さない

いつ出産が始まってもおかしくないこの時期は、遠出は控えましょう。**玄関から近い場所に入院グッズの入ったバッグを置いておき、近所への買い物の際も、母子健康手帳、診察券と健康保険証は常に携帯します。**そして、規則的な陣痛や破水など、出産が始まるサインを注意深く待ちましょう。

出産予定日は妊娠40週0日ですが、**予定日より早くても遅くても、心配しすぎないで。**妊娠37〜41週の間の出産は正期産といって、分娩経過やママ・赤ちゃんにリスクが少ないといわれます。また、36週でも赤ちゃんは外の世界で生きていける機能を備えています。

42週以降の出産は過期産といって、赤ちゃんの状態や胎盤の機能が落ちていないか注意が必要ですが、よく歩いて陣痛開始を促したり医療措置で分娩を誘発したりするなど、無事に赤ちゃんを出産できるよう、必要な手段がとられます。

妊娠10カ月（36～39週）に知っておきたいこと・することリスト

リラックスして出産のときを待とう

いつ出産が始まってもおかしくないこの時期。
出産が始まるサインを知っておけば、いつそのときが来ても安心です。

［ 知っておきたいこと ❶ ］

出産開始のサイン

出産が始まるサインは大きく分けてふたつ。ひとつめは「陣痛」。最初は不規則で弱いおなかの痛みでも、徐々に強くなり、10分間隔になったら本格的な陣痛です。もうひとつのサインは「破水」。通常は陣痛が起きてから破水しますが、**正産期でも30％程度の割合で陣痛の前に破水することがあります。**尿もれと勘違いするかもと心配になりますが、破水の場合は自分の意思で止めることができません。いつもの尿もれやおりものと違うと思ったら、破水を疑います。いずれもすぐに出産施設に連絡しましょう。

あんしん

外出先の場合は

外出先で陣痛や破水が起きても、落ち着いて対処しましょう。出産施設に連絡して現状を説明し、タクシーなどですぐに向かいます。

らくらく

家族の付き添いが可能か確認を

感染症予防のため、付き添いや立ち会いができないこともあります。

［ 知っておきたいこと ❷ ］

入院準備とパパや親への連絡

陣痛が始まったら、出産施設に連絡して入院の準備をすると同時に、パパがそばにいない場合はパパにも連絡をしましょう。両親や義両親へは、入院が決まった時点で、「産まれたらまた連絡するので、それから来てもらいたい」と伝えるとよいでしょう。入院しても、お産が進まないといったん帰宅する場合があるからです。

全員チェック！

この時期にすることリスト

- □ 栄養バランスのよい食事をとる ➡p.148
- □ 体重管理をする ➡p.80
- □ 適度な運動を習慣にする ➡p.83
- □ 出産が始まるサインを知っておく ➡p.150
- □ 出産の流れをイメージしておく ➡p.152、154
- □ 入院時の交通手段を確認しておく ➡p.134

必要な人はチェック！

こんな場合はここをチェック！

- □ 便秘や腰痛などマイナートラブルが気になる ➡p.96
- □ 帝王切開を予定している人は ➡p.164
- □ 産後のことについて知りたい人は ➡p.170

Dr.荻田'sアドバイス

みんな立派なお産です

帝王切開で分娩した人が落ち込む、という話をよく聞きます。経腹で産んであげられなかったと自分を責めてしまうそうですが、帝王切開もちゃんとした立派なお産です。だから誇りを持って育ててください。そもそも**帝王切開はママの体やおなかの赤ちゃんを助けたいから行うもの**であって、経腟分娩と比べて優劣をつけるのはおかしな話です。分娩方式とその後の子どもの成長にも、相関関係は一切ありません。「陣痛に耐えてがまんしてこそお産」という古い考えは、無視しましょう。

妊娠10カ月（36～39週）の生活ポイント

出産の流れをイメージしておこう

お産の始まりや進み方は人それぞれ。そのときが来てもあわてないように、出産が始まるサインや出産の流れを最終確認しておきましょう。

36週

出産予定日まであと28日

あんしん

準備を万全に

妊娠37週以降の前駆陣痛は、分娩陣痛の前触れのこともあります。

不規則な張りを感じることも

この時期になると前駆《ぜんく》陣痛を感じる人もいます。時期は人それぞれですが、だいたい妊娠36週ぐらいから、遅い場合は出産数日前や数時間前の人もいます。また、赤ちゃんの頭が骨盤に入ってくることで、**足のつけ根や恥骨《ちこつ》に痛みを感じる人もいるでしょう。**

37週

出産予定日まであと21日

らくらく

出産は体力勝負

バランスのよい食事と規則正しい生活で、体調を整えることも大切です。

いよいよ正産期に

正産期とは、妊娠37週0日目から41週6日目までのことをいいます。**37週になると、おなかの赤ちゃんの身体機能や臓器が十分に発達し、いつ生まれてもおかしくない時期です。**出産が始まるサインをよく確認しておき、出産の流れをイメージしておきましょう。

38週

出産予定日まであと14日

あんしん

帝王切開での出産

日本人の約5人に1人が帝王切開で赤ちゃんを出産しています。

帝王切開を予定している人は

帝王切開を予定している場合、手術日はママの体とおなかの赤ちゃんの様子を見て決めますが、妊娠37～39週が多いようです。不安かもしれませんが、**帝王切開はママの体を守り、元気な赤ちゃんを産むための安全な出産。**前向きに出産にのぞみましょう。

39週

出産予定日まであと7日

あんしん

42週に入ると過産期

必要に応じて医療措置で分娩を誘発し、ママと赤ちゃんの安全を守ります。

「出産予定日」はあくまで予定

出産予定日間近になると、妊婦健診では子宮口の開きを確認します。出血があった場合は「おしるし（➡p.150）」の可能性もあります。いつ出産が始まるかママもパパもドキドキしますが、**妊娠41週くらいまで、出産予定日を超過することはよくあります。**ゆったり待ちましょう。

妊娠10カ月（36〜39週）の食事ポイント

出産・産後を見据えた食事を

そろそろ産後も見据えた食事を考えていきましょう。
母乳を作るための食事や、食事作りの負担を減らすコツを紹介します。

ポイント 1 時短調理をマスター

産後の食事作りをらくにする

出産前に**作りおきや冷凍など、時短調理を覚えておくと何かと役立ちます。ママの入院中にパパが作る食事や、退院してすぐの食事にも活用できます。**産後すぐは慣れない赤ちゃんのお世話に追われ、ママの体も回復していないので食事のことをきちんと考えるのがむずかしいこともあるでしょう。けれども、産後の食事は体を回復させるためにも大切ですから、なるべく栄養バランスのよい食事を作れるとよいでしょう。調理が負担なら、無理をせず市販品なども活用しましょう。

便利な時短調理

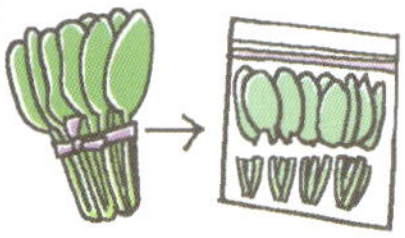

覚えておくと便利❶

下ごしらえして冷凍

野菜などを下ごしらえして冷凍しておくと、調理の際に使う器具が少なくてすむので洗い物が減ったり、時間短縮に。

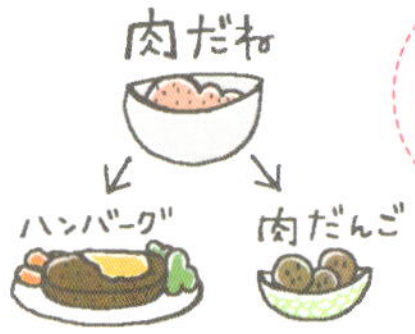

覚えておくと便利❷

作りおき

ハンバーグのたねなど、作りおきして冷凍し、2〜3種類の料理に展開できるレシピなら、献立を決めやすくなります。

覚えておくと便利❸

電子レンジ活用

火を通すのに時間がかかる野菜などはあらかじめ電子レンジで加熱しておくと、調理時間が短縮できます。

覚えておくと便利❹

具だくさんメニュー

野菜スープなど1品にたくさんの種類の食材を入れられるメニューなら、少ない品数でも簡単に栄養バランスがとれて便利。

ポイント 2 母乳によい食事

産後も視野に入れて栄養バランスのよい食事を

母乳は、ママの血液から作られます。母乳育児を考えているママは、栄養バランスのよい食事を心がけてください。**授乳期に必要なエネルギーは1日2350〜2400kcal、たんぱく質は85〜87g、鉄は13.0mg*。**とくに貧血の人は妊娠中から意識して鉄分をとりましょう。
また、**食事とともに大事なのが水分補給。**母乳は成分のほとんどが水分ですから、ママは母乳の分の水分もとる必要があります。日中に、こまめに水分補給をする習慣をつけましょう。

食事は主食、主菜、副菜で栄養バランス◎。汁物をつけると水分補給にもなります。

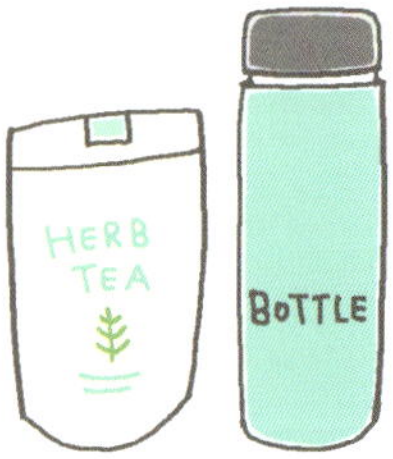

日中は手元に水筒を置いておくと、こまめに水分補給をしやすくておすすめです。ママ向けのハーブティーなどを入れてもよいでしょう。

＊厚生労働省「日本人の食事摂取基準（2020年版）」から摂取推奨量。

妊娠10カ月の気がかりなことQ&A

Q おなかが大きくなってから家事がキツイです。

A おなかを圧迫しない工夫を。

掃除機をかけるときは、できるだけ持ち手を伸ばし前かがみにならないように。背すじを伸ばして取っ手を片手で持つようにすると、腰痛を防げます。家事をするときは無理をせず少しずつ。おなかが張ったら休みましょう。

Q 出産時の痛みが怖い。帝王切開にできる？

A 経過に問題なければ、できません。

原則として、帝王切開は「経膣《けいちつ》分娩で安全に出産するのがむずかしい」と判断された場合に行われるもの。**医学的に帝王切開にする必要がないと判断された際は、認められないケースが多いでしょう。**痛みが怖い場合は、麻酔を使った無痛・和痛分娩を行うこともできます。

あんしん

病産院に確認を

病産院によっては麻酔を使った分娩を行わないところも。あらかじめ確認しておくとよいでしょう。

Q「お尻が大きい＝安産型」というのは本当？

A たんなるうわさです。

骨盤の広さは見た目のお尻の大きさではわからないですし、それだけで安産になるとも限りません。お産は、「産道」「娩出力」「胎児」の3つの要素が関係しています（➡p.160）。

Q パパの帰りが遅いので、生活リズムが乱れがちです。

A 今のうちから改善を。

夫婦2人だけだと、どうしても夜型生活になりがち。ですが、就寝時間が遅くなると睡眠不足で疲れがたまり、さらに起きられなくなり……というように、どんどん生活リズムが乱れてしまいます。**産後は、赤ちゃんのために生活リズムを整える必要があります。**今のうちから、パパを待たずに食事をしたり先に寝たりして、生活リズムを改善しましょう。

らくらく

パパからもひと声

パパからも「先に寝ててね」などママに伝えられるといいでしょう。

Q 自宅や外出先で破水したら？

A すぐに病産院へ連絡し、移動を。

すぐに病産院に連絡し、タクシーを利用するか車を運転してもらって、病産院に向かってください。**下着には生理用ナプキンや産褥《さんじょく》パッドを当てて。車内では下にタオルを敷いて安静にします。**なお、破水後のシャワーや入浴は、細菌感染のおそれがあるので厳禁です。

知っておこう！

出産の流れ❶

出産が始まるサインを覚えておこう

この時期にチェック！
初期　中期　**後期**

お産が始まるサインをあらかじめ知っておき、いざというときにあわてないようにしましょう。赤ちゃんとの対面は、すぐそこです。

お産が始まるサインを知ればいざというときにあわてない

妊娠36週になると妊婦健診は週1回になり、いよいよお産も間近。健診ではそのつど、内診で子宮口の開き具合をチェックします。**妊娠中はかたく閉じていた子宮口が、このころになると少し開きかけてくる**準備期（➡p.152）に入るママもいます。また、**臨月になると赤ちゃんも骨盤の入口あたりまで降りてきます。**内診では、この赤ちゃんの頭の下がり具合もチェックします。ママも赤ちゃんも準備万端となったら、あとはお産が始まるのを待つばかりです。

お産はいつ、どのように始まるかわからないからこそ、いざというときにあわてないように必要なことを確認しておきましょう。お産の始まりを示すサインを覚えておき、医療施設に連絡するタイミングなどを確認します。陣痛タクシーの申し込みもすませておきましょう（➡p.134）。

「もうすぐお産」のサイン

お産が近づくと、ママの体には次で紹介するような2つのサインが見られます。

サイン1　前駆《ぜんく》陣痛

お産本番の予行練習

本格的な陣痛の前に、不規則なおなかの張りを頻繁に感じることを前駆陣痛といいます。**痛みはそれほど強くなく、間隔もまばらで、そのうち次第に遠のいていき、治まってしまいます。**

あんしん
お産本番の陣痛との違い
お産本番の陣痛は規則正しい間隔でやってきて、痛みも少しずつ強くなります（➡p.151）。

サイン2　おしるし

おしるし=すぐ出産とは限らない

子宮収縮によって卵膜と子宮壁がずれることで起こります。**粘り気のあるおりものに少量の血が混ざったようなもの。量や色には個人差があり、鮮血やピンク色、あるいは茶色っぽかったりします。**多くのママに見られますが、おしるしがあってもすぐにお産が始まらないこともあります。

あんしん
おしるしがあったら病産院に連絡
おしるしは、心配な出血と見分けがつかないこともあるので一度、病産院に連絡するようにしましょう。

「いよいよお産」のサインと病産院への連絡

お産のサインに気づいたら病産院へ連絡を。
陣痛の間隔などを聞かれることが多いので、連絡はママ本人がしましょう。

お産スタートのサイン❷ 破水（前期破水）

流れ出る量が少ないこともある 早めに病産院へ

量は、どんどん流れ出すほど大量なこともあれば、尿やおりものと区別がつかないこともあります。少し生臭い特有のにおいがあります。

破水したらこうしよう！

- 膣《ちつ》から細菌が入るおそれもあるため、すぐに病産院へ。
- シャワーや入浴などをしない。
- 大きめの生理用ナプキンをあてる。
- 病産院への移動の際は、車のシートにバスタオルやビニールシートを敷く。

お産スタートのサイン❶ 陣痛

陣痛が10分間隔になったら 病産院へ連絡をしよう

これまでとは違うおなかの痛みを感じたら、次の痛みが始まるまでの間隔を計ります。だんだん痛みが増して10分間隔になったら、本格的な陣痛です。

陣痛の間隔の計り方は？

痛みが始まった瞬間から、痛みが治まって次の痛みが始まるまでの時間が陣痛の間隔です。10分間隔の陣痛の痛みの長さはだいたい40〜60秒程度。

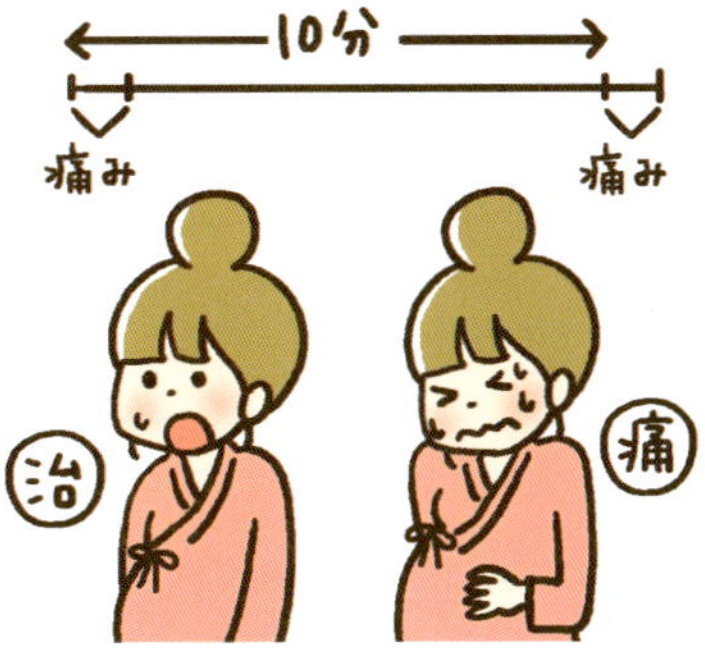

病産院へ連絡を

こんなときに陣痛が始まったら……

ひとりのとき

タクシーで

初期の陣痛はそれほど強いものではなく、普通に行動できます。電話をしてから病産院に行きますが、途中で破水する危険もあるため、くれぐれも自分で運転はしないようにします。入院用の荷物は、後から家族に持ってきてもらってもよいでしょう。

夜中

病産院は24時間対応

病産院は24時間対応してくれるので、夜中でも大丈夫。タクシーにすぐ来てもらえるよう、あらかじめ何社かのタクシー会社の電話番号を携帯電話などに登録しておきましょう。

外出先で

まずは病産院に連絡

臨月になったら遠出は避け、出かけるときは必ず母子健康手帳・診察券・健康保険証を持っていきましょう。出先でもあわてず、まずは病産院に連絡しましょう。

知ってておこう! 出産の流れ❷

出産の流れ（進み方）を知ろう

この時期にチェック!
初期 中期 **後期**

お産はどのように進むのか、おおまかな流れを知っておけば
不安がやわらぎ、リラックスして本番にのぞめるでしょう。

出産の流れ（進み方）を知ることでリラックスしてのぞめる

お産の進み方は左の表のように分けられます。**10分間隔の規則的な陣痛がきてから、子宮口が全開になる前までを「分娩Ⅰ期」**といいます。お産の中で最も長くかかるのがこの時期。ママは、陣痛室や病室で過ごします。**陣痛が2～3分間隔で起こり、子宮口が全開に近づくと、分娩室に移動します。「分娩Ⅱ期（娩出期）」は、いよいよ赤ちゃんに会える瞬間**です。

そして、**赤ちゃんが誕生した後にもう一度弱い陣痛が起こります。これが「分娩Ⅲ期（後産期）」です。**妊娠中、赤ちゃんとママをつなぐ役割を担っていた胎盤が娩出されて、お産が終了します。ここまで、初産の人で10時間程度かかるといわれますが、進み方には個人差があります。

分娩Ⅰ期 子宮口がだんだん開き、全開大になるまでの時期

	準備期（➡p.155）	進行期（➡p.155）
子宮口の開き	0～3㎝	3～8㎝
陣痛	陣痛の間隔：8～10分 収縮（痛み）が続く時間：30秒～1分	陣痛の間隔：5～6分 収縮が続く時間：45秒～1分
目安の時間	初産で6～8時間	初産で5～7時間
ママの様子	●不規則な痛みやおなかの張りがある。 ●少量の出血（おしるし）があることも。	●陣痛の強さ・痛む場所などは人それぞれだが、痛む場所が腰からお尻へだんだん下がる。
赤ちゃんの様子	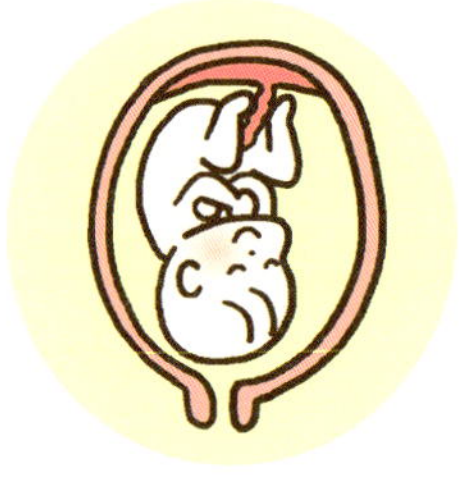	●ママの骨盤内に入りやすいように体勢を変え、腕を胸の前で合わせて体を縮めながら子宮口に降りてくる。 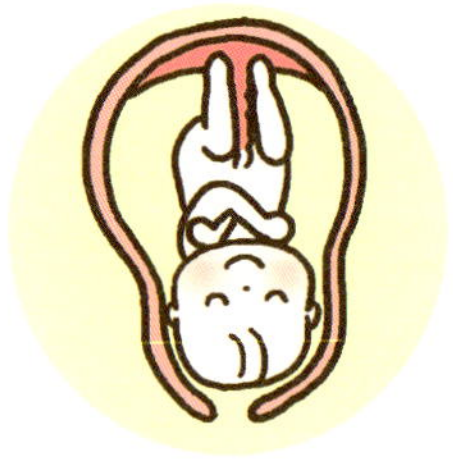
ママがすること	●入院グッズをまとめておく。 ●10分間隔ぐらいで定期的なおなかの痛みを感じたら、電話して医療施設に向かう。	●なるべくらくな姿勢を見つけ、痛みを逃す。
医療施設の指示や措置	●ママの状態を尋ね、来院タイミングを指示。	●内診でママの子宮口の開きや赤ちゃんの下がり具合をチェック。 ●分娩監視装置をつけて、子宮の収縮や赤ちゃんの心拍を確認。

入院グッズにプラスしても！ 先輩ママ直伝!! 陣痛のときに役立ったものは？

使い捨てカイロ、靴下
腰が痛いときにカイロを腰にあてて温めるとらくでした。厚手の靴下も、足元が温まってよかったです。

アロマオイル
好きな音楽やアロマポットを陣痛室に置いてもよい施設だったので、お気に入りのものを持参しました。

タオル
汗をかいているときにふいたり、陣痛が起きているときに握りしめると安心感が増しました。

扇子《せんす》
陣痛中、暑くて汗だくになりましたが、パパが扇子であおいでくれて気持ちよかったです。

安産のお守りと超音波写真
戌《いぬ》の日に買ったお守りと赤ちゃんの超音波写真を、ベッドの横に並べて頑張りました！

リップクリーム
陣痛中は深呼吸をくり返して唇がカサカサに乾いてつらかったので、持っていってよかったです。

分娩Ⅲ期 胎盤が出るまで	分娩Ⅱ期 子宮口が全開して赤ちゃんが誕生	
後産期（➡p.157）	娩出期（➡p.156）	移行期（➡p.155）
—	全開（10cm）	8～10cm
—	陣痛の間隔：1～2分 収縮が続く時間：1分～1分30秒	陣痛の間隔：2～3分 収縮が続く時間：1分～1分30秒
初産で15～30分	初産で1～3時間	初産で1～3時間
—	●分娩室へ移動。	●陣痛の間隔が狭まり、痛みが強くなるといきみたくなる。
●へその緒を切ったり体をきれいにしたり、体温を測るなど。 	●あごを上げて首を反らせながら会陰《えいん》から顔を出す。そのまま体を横向きにし、肩や体が出てくる。 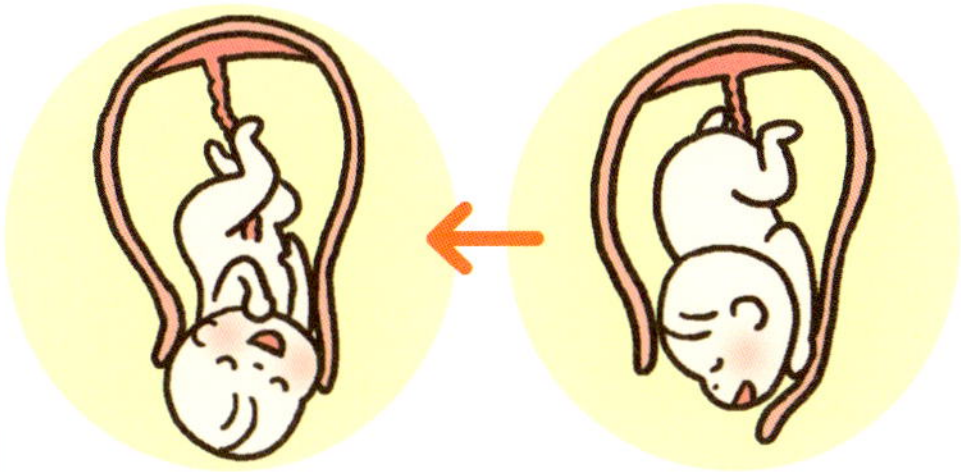	●少しずつ回旋しながら降りていき、頭が骨盤の出口あたりに来る。 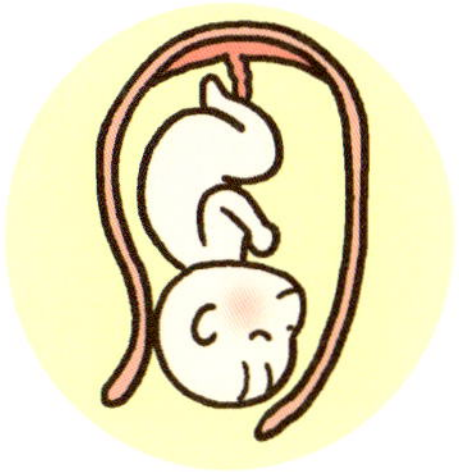
●胎盤が子宮壁からはがれてくる。 ●子宮の収縮で軽い陣痛のような痛みがある場合も。	●陣痛のタイミングと助産師の合図に合わせていきむ。 ●赤ちゃんの顔が出てきたら、力を抜いて胸に手をあて「ハッハッハッ」と短く速い呼吸をする。	●いきみたくなったときも呼吸法で逃す。
●へその緒を切る。 ●赤ちゃんの顔や体をふき、健康状態をチェック。 ●胎盤を取り出す。 ●会陰切開した場合は縫合。	●陣痛に合わせていきむタイミングを指示。 ●必要に応じて会陰切開や吸引分娩・鉗子《かんし》分娩などの医療措置。	●分娩監視装置や内診でママや赤ちゃんの様子を確認。 ●痛みを逃すマッサージやいきみ逃しのアドバイス。

知って おこう!

出産の流れ❸

陣痛から出産までを知ろう

この時期に チェック!

初期 中期 **後期**

陣痛が始まり、分娩台に乗って出産を終えるまでの、過ごし方を紹介します。
時期に合った過ごし方で、お産を乗り切りましょう。

なるべくリラックスして「呼吸」を意識しながら過ごそう

陣痛が10分間隔くらいになり、医療施設に入院することになったら、まずは問診や内診でママやおなかの赤ちゃんの様子を確認。その後、陣痛室や病室に入ります。

出産までは初産の人で平均10時間前後で、もっとかかる人もいます。**お産は長丁場です。陣痛がつらくないときはなるべくリラックスして体力を温存しましょう。**医療施設の中を歩いたり、食事や入浴をして過ごしてもよいでしょう。

次第に陣痛が強くなり間隔が狭まってくると、思わず体に力を入れたり息を止めてしまったりしがちです。これは、おなかの赤ちゃんが酸欠になってしまい危険ですし、余計に痛みを感じやすくなってしまいます。**呼吸に集中して、力を抜きましょう。**リラックスすると子宮口が開きやすくなり、お産が順調に進みます。「強くなった痛みは、もうすぐ赤ちゃんに会える合図」と考えるようにしましょう。

陣痛〜出産を乗り切る 2つのポイント

準備期から娩出期までを乗り切るために、覚えておきたいポイントです。

ポイント1 陣痛の痛みがない瞬間を活用

陣痛が起こる間隔はお産が進むと徐々に短くなっていきますが、**痛みが続く時間は、せいぜい30秒〜1分半ほどです。**痛みがない間に陣痛時の姿勢を工夫したり、腰をさすったりして痛みを逃しましょう。痛みの感じ方が変わるはずです。

らくらく

痛みを和らげるコツ

痛みをがまんしようと思うと、体に力が入ってしまい逆効果です。ポイント2で紹介している呼吸に集中しましょう。息を吐くとリラックスして体がゆるみます。

ポイント2 赤ちゃんに酸素を送るつもりで呼吸

陣痛が強いときは、赤ちゃんの心拍も少し落ちるものです。いっしょに頑張っている赤ちゃんに酸素を送るイメージで、ゆっくりと長く息を吐きます。なるべく背すじを伸ばし、肋骨を閉じる感じで。**一気に吐き出さず、「ふー」と言いながらゆっくりと吐くようにします。**

あんしん

「吐く」ことで「吸える」

息をゆっくり吐き出すと呼吸が深くなり、吸える酸素量もアップ。陣痛がピークになったときに起こりやすい過呼吸も防げます。

分娩Ⅰ期：準備期～進行期の過ごし方のポイント

体力温存を心がけよう

まだまだ先は長いので、なるべくママがリラックス&らくに過ごせる方法を探しましょう。

1 息を吐くことに集中

徐々に強くなる陣痛の痛みを和らげる方法はいろいろありますが、基本は呼吸法。陣痛がきたら、息を吸うことよりも吐くことに集中します。

2 陣痛の「休み」を活用

陣痛と陣痛の合間は、痛みを感じることはありません。その間に呼吸を整えたり、エネルギーを補給したりして体力を温存しましょう。

3 痛みが弱いうちはあえて動く

じっとしていると逆に痛みを感じるもの。室内を歩いたり、スクワットをしたりしましょう。動くことが刺激になりお産が進みます。

4 らくなポーズをとる

時間とともに痛む場所もらくなポーズも変わってきます。いろいろな姿勢を試して、過ごしやすい体勢を探しましょう。じっとしているよりも、らくな姿勢を探して動いたほうが痛みもやわらぎます。

クッションを足に挟んで横になる

背中を丸め、足の間にクッションや枕を挟んで横になります。

お尻を上げる

手足をついてお尻を上げると、おなかの圧迫感から解放されます。

いすに逆座り

いすに逆向きに座り、いすの背の部分を抱え込むようにします。

分娩Ⅰ期：移行期の過ごし方のポイント

まだいきまないで！

いきみたくてもいきんではいけないこの時期、いきみを逃して乗り切りましょう。

ここでいきんでしまうとママの体や赤ちゃんに負担

赤ちゃんが少しずつ降りてきて、いよいよ子宮口が全開に近づきます。**子宮口が開くと自然とおなかに力を入れたくなる、つまりいきみたくなりますが、まだ開ききっていない子宮口に負荷をかけるのは避けたい**ところです。会陰《えいん》や膣《ちつ》内が裂けたり、赤ちゃんにちゃんと酸素が届かなくなってしまうことがあるためです。

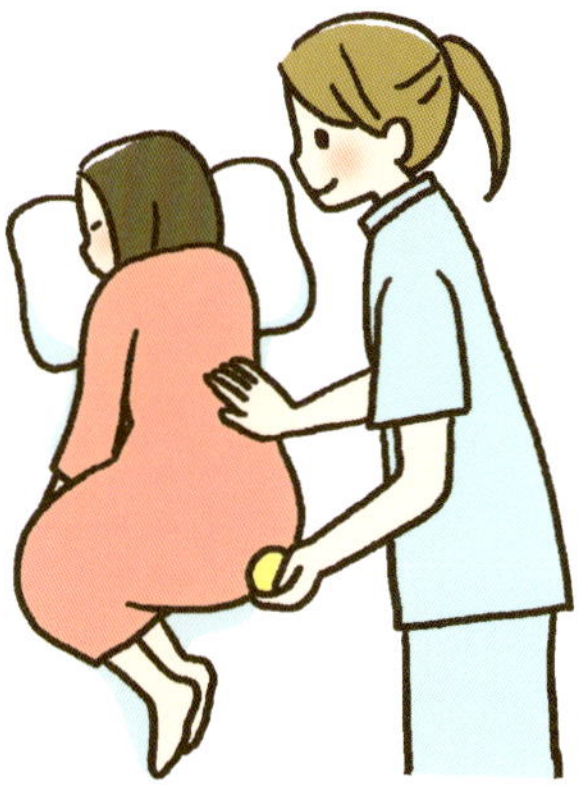

痛みが強いときは、いきみたくなります。そのときは、肛門あたりを手のひらの手首近くや、テニスボールで強く押してもらいます。その際に息を吐くようにすると、いきみを逃せます。

分娩Ⅱ期：娩出期の過ごし方のポイント

分娩台では「いきみ」と「呼吸」に集中！

もう少し！　赤ちゃんに会うための最後のひとふんばりです。頑張りましょう。

分娩台に乗ってから赤ちゃん誕生まで

赤ちゃんが降りてくるのを後押しするイメージでいきみましょう。

陣痛がきたらいきむ

陣痛の波と、助産師の合図に合わせていきみます。レバーを握り、少し上体を丸めます。

↓

陣痛の合間はリラックス

↓

赤ちゃんの頭が見えた！

頭は、最初のうちは陣痛時に見えますが、痛みが引くと引っ込みます。それをくり返すうちに、徐々に頭が出てきます。

↓

いきまず浅い呼吸に

赤ちゃんの頭が出てくるときにいきむと会《え》陰《いん》裂傷の原因になります。「ハッハッ」と短い呼吸で力をかけないようにしましょう。

↓

誕生！

助産師がママに赤ちゃんを見せてくれます。感動の初対面！

助産師のリードに従っていきみと呼吸をくり返す

子宮口が全開大になったら分娩台に乗ります。いよいよ陣痛の間隔が短くなり、痛みもつらくなりますが、赤ちゃんが降りてくるのをあとひと押しするイメージで、**いきみとリラックス、そして深呼吸をくり返して、メリハリをつけましょう。**助産師が呼吸やいきみのタイミングをリードしてくれるので、落ち着いてそれに従いましょう。

赤ちゃんといっしょに頑張ろう！

骨盤の中まで下がってきた赤ちゃんは、頭をねじ込むようにしながら、子宮収縮による押し出す力を借りて、産道を進んでいきます。複雑に入り組んだ産道の形に合わせ、体を何回かひねりながら進みます。ママが陣痛に耐えているあいだ、赤ちゃんも外の世界へ出ようと頑張っているのです。

分娩台でのいきみ方

分娩台は赤ちゃんを産みやすいように設計されており、足を乗せると自然といきみやすい姿勢になります。背もたれの角度は調節できます。

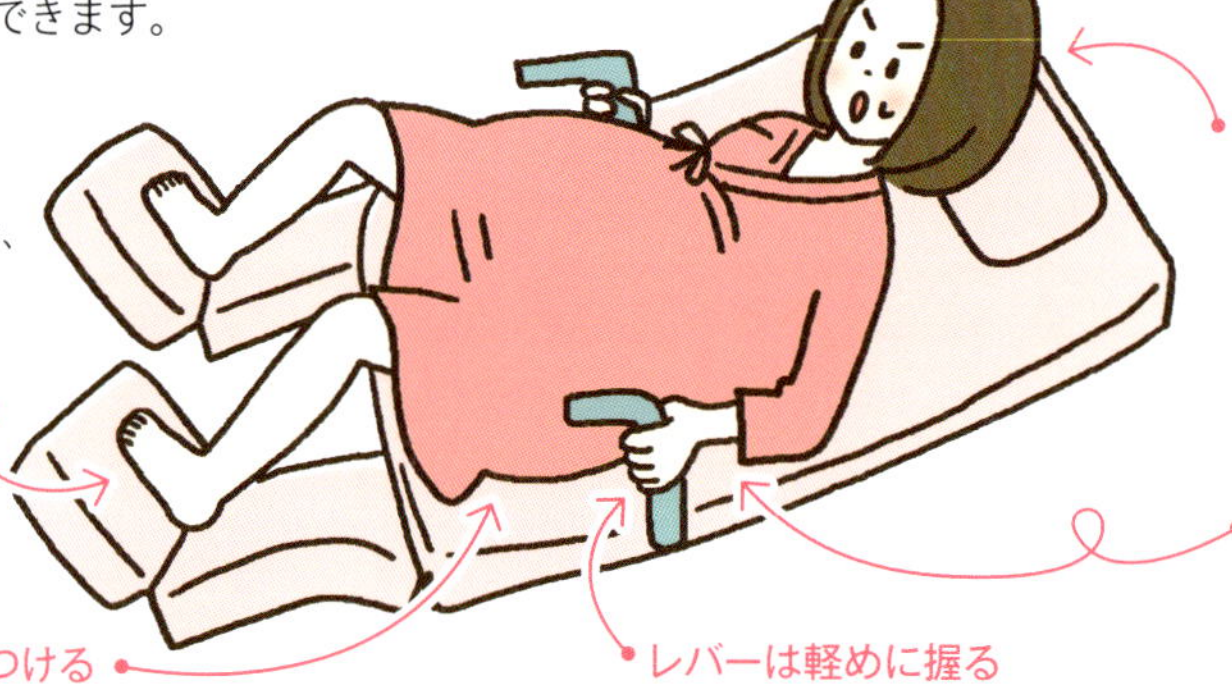

口を開ける
息を長くゆっくり吐き出せるように、口は開けておきましょう。

目を開き、目線はおへそに
目を閉じると、痛みに意識が集中して力が入り、赤ちゃんが出てきにくくなってしまいます。

かかとをしっかりつける
台に足の裏をピッタリとつけ、いきむときにかかとをグッとふんばります。

体を丸める
あごを引いて少し上体を丸めると、産道に沿ったU字の体勢になります。赤ちゃんが出てきやすくなります。

お尻と背中は分娩台につける
お尻と背中を浮かせてしまうと、体がよじれてしまいます。力の向きも変わってしまうので、しっかりつけましょう。

レバーは軽めに握る
強く握りすぎると力が分散してしまいます。いきむときは手前に引くように力を入れると、体が丸まっていきみやすい体勢になります。

分娩Ⅲ期：後産期の過ごし方のポイント

胎盤が排出されたらお産は無事終了

大きな産声とともに赤ちゃんが生まれてひと安心。しばらく分娩台で体を休めます。

赤ちゃんのケア

ママが体を休めているあいだに、赤ちゃんは体についた血や体液などをきれいにとり、必要があれば肺に残っている羊水を吸い出すなど処置をして、温かいインファントウォーマー（保温用ベッド）に寝かせます。呼吸・皮膚色・心拍などの確認を行います。

分娩後は2時間ほど分娩台で経過を観察

赤ちゃんが誕生後しばらくして、軽い陣痛とともに胎盤が排出されたら、お産は無事に終了です。分娩台の背もたれをフラットにし、そのまま**2時間ほど横になって過ごします。**すぐに入院室に移動しない理由は、体を休めることはもちろん、急な出血や血圧の急上昇・急下降など、母体の様子が急変した場合にもすぐに対応できるようにするためでもあります。

詳しく知りたい！

入院生活について

出産当日　出産後の体を十分に休ませよう

出産後2時間経って問題がなければ入院室に行きます。ゆっくり休んで体の疲れをとりましょう。興奮で眠れないこともよくありますが、目を閉じて静かにしているだけでも休息になります。

産後1日目　赤ちゃんのお世話がスタート

翌日には赤ちゃんのお世話がスタート。おむつの替え方、抱っこの仕方、着替えのさせ方、授乳やミルクのあげ方、沐浴の方法など丁寧に教えてもらえます。

産後2～4日　退院に向けてのチェックや指導

入院中は毎日、医師による簡単な診察があります。退院前日は、ママの体の回復プロセスや生活面の注意などについて説明があります。

退院当日　検査を受けて昼前には退院

午前中に赤ちゃんとママの最終健診を受け、昼前には退院します。

入院中はママの体の回復と赤ちゃんのお世話の練習

心と体を大事にしながら妊娠10カ月間を過ごし、陣痛を乗り越え、やっと対面できたわが子。出産後の入院生活は、満足感と充足感でいっぱいでしょう。同時に、育児について学び、ママの体をいたわる大事な時期でもあります。

らくらく

ママは無理しないで

赤ちゃんのお世話で気が張ってしまいがちですが、ママの体の回復も大事なこと。無理せず、体を休めたいときは看護師や助産師に相談してみて。

あんしん

退院前に疑問解消を

授乳の仕方など、赤ちゃんのお世話について疑問や気がかりなことを残さないよう、わからないことはすべて質問しましょう。

陣痛中から分娩までの気がかりなこと Q&A

Q 途中で無痛分娩に切り替えられる?

A 医療施設によって方針が異なります。事前に確認をしましょう。

陣痛の痛みに耐えられなくなったなどの理由から、自然分娩の途中で無痛(あるいは和痛)分娩に切り替えることは医学的には可能です。**麻酔は短時間で効き始めるので、お産の途中だとしても痛みは軽減されます。**ただし、無痛分娩をするためには、麻酔の専門医やスタッフによる十分な管理が必要です。**医療施設によっては対応していないところもあるので、事前によく確認しておきましょう。**

Q 家で生まれないか心配。早めに入院できる?

A あせらなくても大丈夫。

陣痛が10分間隔で規則正しくくるようになっていない段階は前駆《ぜんく》陣痛といわれる段階で、お産がまだ始まっていないことが多いです。10分間隔になってからでも長くかかるのが普通で、とくに**初産の場合、陣痛が始まったからといってすぐに生まれるわけではありません。**あまり心配しすぎないようにしましょう。

Q 陣痛を乗り切るため、ごはんはしっかり食べたほうがいい?

A 食べられる場合は食べましょう。

お産は長時間かかることもありますから、痛みが強くない最初のうちは、食べられるなら少しずつ食べたほうがよいでしょう。**おにぎりやバナナ、ゼリー飲料などの、消化がよく、すぐにエネルギーに変わるものがおすすめ**です。

Q ものすごく痛いとき何か問題はない?

A 過強陣痛などのトラブルがある場合もあります。

痛みの感じ方は人それぞれですから、順調なお産の場合でも、不安に感じることがあるでしょう。**陣痛促進剤を使用しているときなどは、過強陣痛の疑いもあるので、助産師に伝えましょう。**きちんと調べてもらい、正常な経過だとわかれば安心してもうひとふんばりできるでしょう。

らくらく

無理はしないで

陣痛のとき、食べたくない場合は無理して食べなくてもOKです。

あんしん

過強陣痛とは

陣痛が過剰に強いことを過強陣痛といいます。陣痛促進剤(➡p.162)が効きすぎた場合などに起こります。急激に強い陣痛がきたら医師や助産師に知らせましょう。

Q ナースコールを押してよいのはどんなとき？

A 異常を感じたら押して知らせましょう。

陣痛の間隔があかず痛みが続くとき、破水、出血、吐き気、いきみたいときなど、変化があったときは知らせておいたほうが安心です。**問題がないことも多いですが、変化を知らせるのも大事です。**

らくらく

お産ではよくあること

分娩中もいきんだ拍子に出てしまうのはよくあることなので気にしないようにしましょう。

Q お産の最中にトイレに行きたくなったら？

A まずは助産師さんに知らせましょう。

分娩台で尿意や便意を催すことはよくあること。助産師さんに知らせると導尿(尿道口にカテーテルを挿入して尿を排出させる処置)をすることもあります。分娩中の便意は赤ちゃんの頭の刺激によることもあるので、**ひとりで勝手にトイレに行くようなことはせず、まずは助産師さんに知らせましょう。**

Q 気分が悪く、吐きたくなったら……。

A 横向きに寝るとらくになることもあります。

陣痛が強くなると吐き気をもよおすことがあります。子宮の収縮によって内臓が圧迫されるためです。助産師を呼んで、**吐けるときは吐いてしまったほうがすっきりするかもしれません。**横向きに寝ると気分がらくになることもあります。

Q 助産師さんがおなかにのって押すって本当？

A お産を助けるためにのることがあります。

もう少しで生まれそうなところまで赤ちゃんが降りてきているのに、何らかの原因でそれ以上出てこないときに有効な方法です。おなかを押すことで赤ちゃんが進むのを助けます。助産師や医師がママのおなかの上にまたがるので、知らないとびっくりしてしまうこともあるかもしれませんが、**クリステレル圧出法という分娩介助です。**

Q いきみをがまんできないときは？

A かかとで肛門を押してみよう。

正座やあぐらをしてかかとで肛門を押したり、好きなことを考えていきみや痛みから意識をそらすなど、できることをして乗り切りましょう。助産師を呼んで肛門あたりを押してもらったり、呼吸をリードしてもらってもよいでしょう。

知っておこう!

出産の流れ❹

出産がスムーズに進まないとき

この時期にチェック!
初期 中期 **後期**

いざ、お産が始まっても、陣痛が弱いなどの問題が起きることがあります。万が一に備えて、起こる可能性のあることについて理解しておきましょう。

お産がスムーズに進まないことも。長引くお産には医療措置が必要

スムーズにお産が進むには、「胎児」「産道」「娩出力」の3つの要素がうまくかみ合っていくことが必要です。逆にいえば、これらのいずれかに問題があると、お産がなかなか進みません。お産が長引くことを避けるため、**陣痛中は子宮口の開き具合や陣痛の間隔をチェック。問題がある場合は、解決のための医療措置をとります。**

できるだけ自然分娩を考えるママにとって、医療措置は避けたいものかもしれませんが、お産では思わぬことが起こることがあります。医療措置は、万が一に備えてママと赤ちゃんの安全を守るために行われるもの。ただし、医療施設によって、会陰《えいん》切開を「補助的に必ず行う」のか、「基本的には行わず、会陰が自然に伸びるのを待つ」のかなど、方針が異なることがあります。気がかりなことは医師やスタッフに聞いてみましょう。

お産を進める3つの要素

娩出力
おなかの赤ちゃんを押し出す力

産道
赤ちゃんの通り道がやわらかく伸びる

胎児
おなかの赤ちゃんが出ようとする力

この3つのバランスがよいとお産はスムーズに進行します。逆にいうと、この3つの要素に問題があると、お産がスムーズに進まない原因になります。

3つの要素に問題がある場合

娩出力の問題の例

- 微弱陣痛
- 過強陣痛（➡p.158）

産道の問題の例

- 子宮口が開かない
- 骨産道が狭い
- 軟産道がかたい

胎児（おなかの赤ちゃん）の問題の例

- 児頭回旋異常
- 産道を出るときへその緒が巻きつく（➡p.137）
- 赤ちゃんが疲れてしまう

それぞれに適切な医療措置をすれば無事に出産できます。 ➡ p.161〜162

出産時のトラブルと対処法

右ページで紹介したお産を進める3つの要素に問題がある場合について詳しく紹介します。

軟産道がかたい

ママの緊張が原因のこともある

どんな状態？

軟産道は10cmほどの、分娩のときの赤ちゃんの通り道。ここがかたくて伸びが悪いと、赤ちゃんの通り抜けが困難になります。

対処法は？

できるだけママがリラックスすることでやわらかくなることがあります。なかなか緊張がとれない場合は、無痛分娩に切り替えることもあります。

微弱陣痛

歩いたり、階段の上り下りで陣痛を促す

どんな状態？

弱いままの陣痛が続き、お産が進まない状態。そのままだとママの疲労がさらに増して、陣痛が強くならないという悪循環を招くこともあります。

対処法は？

病院内を歩いたり、階段の上り下りをしたりしましょう。人工破膜といって人工的に破水させると一気に陣痛が強くなることもあります。

児頭回旋異常

状況によって分娩方法を変更

どんな状態？

赤ちゃんはお産のとき、骨産道の形に合わせて頭の向きを変えて進みますが、それがうまくいかず、お産の進行が止まってしまうことをいいます。

対処法は？

しばらく様子を見ますが、医師が手を入れて赤ちゃんを回したり、状況により吸引分娩や鉗子《かんし》分娩（➡p.162）、帝王切開になることもあります。

子宮口が開かない

陣痛に勢いをつけて全開大に

どんな状態？

陣痛が弱かったり子宮口自体がかたかったりすると、赤ちゃんが通れるだけの広さ（10cmの全開大）になかなか開かないことがあります。

対処法は？

上記の微弱陣痛で紹介している方法で、陣痛に勢いをつけます。赤ちゃんが出ようとする力を後押しし、子宮口が開くようにします。

赤ちゃんが疲れてしまう

ママは呼吸を止めず酸素を送って

どんな状態？

陣痛中は赤ちゃんに届く酸素が減少します。長く続くお産でママが耐えられないと、赤ちゃんは心拍数が低下し、弱ってしまうことがあります。

対処法は？

ママに酸素マスクをつけることもありますが、深呼吸するだけでも効果があります。陣痛がきても呼吸を止めないことが大切です。

骨産道が狭い

事前にサイズを測り、出産方法を検討

どんな状態？

骨産道とは骨盤の内側のこと。赤ちゃんの頭とママの骨盤の大きさのバランスによっては、赤ちゃんの頭が通り抜けるのがむずかしい場合も。

対処法は？

妊娠中やお産の途中に骨盤と赤ちゃんの頭の大きさを計測。最初は経腟《けいちつ》分娩でトライして、それが困難なら帝王切開に切り替えます。

出産をスムーズに進めるための医療措置

お産を安全に進めるために、以下のような医療措置をとることもあります。

陣痛促進剤を使う

経過を見ながら安全なお産に導く

どんなときに行う?

陣痛促進剤（誘発剤）は、陣痛を強める薬です。たとえば前期破水したので早く分娩したほうがよいときや、出産予定日を過ぎて胎盤機能の低下が心配なとき、計画分娩をするときなどに使います。

どんな措置?

ママや赤ちゃんの様子を慎重に観察しながら陣痛促進剤を使って人工的に陣痛を起こし、出産に導きます。安全な使用に関するガイドラインに沿って使うため、安心して受けられる処置です。

陣痛促進剤を使うケース

- 前期破水を起こした
- 出産予定日を過ぎ、胎盤機能の低下が心配
- 微弱陣痛
- 妊娠高血圧症候群など合併症がある

その他、ママや赤ちゃんの状態に異常が見られる場合。

あんしん
個別に慎重に投与

陣痛促進剤の効き目には個人差がありますが、陣痛が強くなりすぎないよう、慎重に様子を見ながら投与します。

会陰《えいん》切開

会陰が大きく裂けないように行う

どんなときに行う?

切開は陣痛の最中、赤ちゃんの頭が出たままになっているとき（これを発露といいます）に行います。痛みに耐えている途中なので、ママは麻酔や切開の痛みに気づかないこともあります。切開した部分は、出産後に縫合します。

どんな措置?

赤ちゃんが出てくるときに、会陰は自然と広がるものです。しかし伸びが悪く、時間がかかりそうなときや、会陰が大きく裂けそうなときは2～3cmほど切開し、赤ちゃんの出口を広げます。

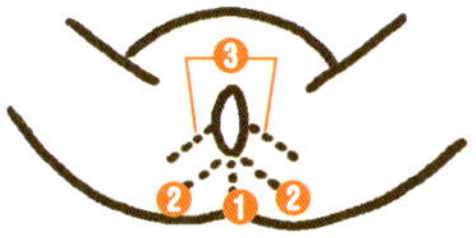

膣の出口から肛門の間の部分を、会陰といいます。縦に切るのが❶正中切開、斜め下に切るのが❷正中側切開、ほぼ横に切るのが❸側切開です。

あんしん
抜糸は入院中に

入院中に抜糸するか、溶ける糸を使った場合はそのままです。傷が痛む場合は痛み止めが処方されます。

子宮口を開く

陣痛を強めてスムーズな出産に導く

どんなときに行う?

陣痛が始まっても子宮口がなかなか開かないとき、器具を使って子宮口を広げます。子宮口が開くと、陣痛も強くなりやすいです。出産予定日が近づいてもお産が始まらないときなど、人工的に陣痛を起こす前にこの処置をすることがあります。

どんな措置?

ラミナリア、メトロイリーゼなどの器具を子宮口に入れて子宮口を広げたり、子宮頸管《けいかん》熟化剤といわれる膣《ちつ》坐薬・点滴・注射薬などを使い、子宮口をやわらかくして開かせます。

吸引分娩・鉗子《かんし》分娩

吸引カップなどで赤ちゃんを引き出す

どんなときに行う?

赤ちゃんが降りてきているのになかなか出られず、酸素不足や心拍低下が心配なときに行います。下記で紹介する器具を使い、ママのいきみに合わせて赤ちゃんを引き出してあげます。

どんな措置?

器具を使って赤ちゃんを引き出します。金属製またはシリコン製の椀形のカップを赤ちゃんの頭にあてて吸引する方法を吸引分娩といいます。鉗子で赤ちゃんの頭を挟んで引き出す方法を鉗子《かんし》分娩といいます。

出産後のトラブルとその処置

出産直後に起こりがちなトラブル。ここを乗り越えればひと安心です。

赤ちゃん　産後にすぐ泣かない

羊水を吸い取って肺呼吸を促す

赤ちゃんは、個人差はありますが、生まれて少ししてから「オギャー！」と泣き始めます。これは赤ちゃんが生まれて最初に肺呼吸を始めた合図。羊水が気道に残っていて呼吸ができない場合はそれを吸い取ってあげたり、場合によっては人工呼吸器で蘇生処置することもあります。

赤ちゃん　低出生体重児

保育器で成長を見守る

低出生体重児とは、2500g未満で生まれた赤ちゃんのことをいいます。どの程度小さく生まれたかによって、とる措置も異なりますが、体温調節機能が未熟だったり呼吸が上手にできなかったり、感染症の心配があったりするので、しばらく保育器で治療しながら見守ります。

ママ　出血が多い

子宮の収縮を促して止血する

分娩後、胎盤がはがれた子宮の内壁面から出血がありますが、通常は子宮が急速に収縮して血が止まります。ところが収縮が弱くて止血しきれないことがあります。止血のため子宮を冷やしたり圧迫して収縮を促したり、子宮収縮剤を点滴することがあります。

赤ちゃん　アプガースコアが低い

状態によっては蘇生処置を行う

アプガースコアとは、出生した赤ちゃんの状態を点数化して、そのときの状態、今後の治療の必要性、予後などを予測できるものです。誕生の1分後と5分後に判定し、状態がよくなければ蘇生処置を開始。1分後は少し低めでも、5分後には多くの赤ちゃんが改善します。

難産になる？ Q&A

Q とても痛みに弱いんです。

A お産の最初は動いて気分転換をしましょう。

痛みの感じ方には個人差がありますが、まだ陣痛が強くない時期から寝たままになってしまうと痛みが余計に強く感じられます。医師や助産師にお産の進み方を教えてもらい、必要があれば積極的に体を動かすと、痛みもまぎれるでしょう。早くから呼吸法を頑張りすぎると疲れてしまうこともあるので、深呼吸する程度でもよいでしょう。

Q 体力に自信がないのですが……。

A 特別に体力がなくても大丈夫。

お産は体力を消耗しますが、特別体力があるママでなくても出産しています。疲れていると陣痛が弱まることもありますから、食べ物や飲み物をとったり、点滴でブドウ糖を補給してもらうなどのサポートを受けたりすることもあります。

Q 赤ちゃんが大きめ。難産になる？

A 個人差の範囲内なら、難産とは限らない。

お産のときに問題になるのは、赤ちゃんの体の大きさより、むしろ頭の大きさ。体は標準より大きめでも、難産になるとは限りません。ただし、出生時の体重が4000gを超えるような大きな赤ちゃんだと、頭が外に出ても肩が出ない「肩甲難産」になる可能性があります。

知ってお《》こう！ 出産の流れ⑤

帝王切開で出産するとき

この時期にチェック！
初期 中期 **後期**

帝王切開は、手術によってママとおなかの赤ちゃんの安全を守りながら出産する方法。日本では5人に1人が帝王切開で出産しています。

帝王切開はママと赤ちゃんの命を救う安全な出産方法

「帝王切開」とは、何らかの理由で経膣《けいちつ》分娩ができないときに、開腹して赤ちゃんを取り出す手術です。**あらかじめ帝王切開が決まっているケースを「予定帝王切開」、出産の途中で突発的なトラブルが起きて帝王切開に切り替えるケースを「緊急帝王切開」といいます。**

一般的な予定帝王切開では前日に入院し、さまざまな検査をします。医師や助産師から説明を受けるときに、不安なことはそのままにせず何でも相談することで、安心して手術にのぞむことができるでしょう。

緊急帝王切開では、一刻を争う事態であることが多いため、医師や助産師に気がかりなことを相談する時間をゆっくりとるのはむずかしいですが、主治医からわかりやすく状況が説明され、そのあと手術となります。

帝王切開になる理由って？

予定帝王切開の場合

多胎妊娠《たたいにんしん》

赤ちゃん同士がじゃましあって児頭回旋がうまくいかない、多胎だと早産になりやすく赤ちゃんが未熟なことが多い、などの理由によります。

逆子

赤ちゃんの安全を考えて、ほとんどが予定帝王切開に。お尻から産道を進む逆子（単臀位《たんでんい》や複臀位《ふくでんい》）は、まずは経膣分娩を試みることもあります。

前置胎盤

胎盤が子宮口をふさいでしまっている場合は帝王切開になります。胎盤の位置によってはいつでも帝王切開に切り替えられる用意を整えたうえで、経膣分娩を試みることもあります。

その他に、心疾患などの持病や重症の妊娠高血圧症候群（➡p.101）など、経膣分娩の負担によるダメージが母子にとって大きいと判断されると予定帝王切開になります。

緊急帝王切開の場合

常位胎盤早期剥離《はくり》

胎盤が子宮からはがれて赤ちゃんへの酸素供給が途絶えてしまい、ママも大出血を起こす、一刻を争う事態。緊急帝王切開になります。

臍帯《さいたい》脱出

逆子で経膣分娩をする場合に多い、赤ちゃんより先にへその緒が出てきてしまったケース。へその緒が圧迫されて赤ちゃんに酸素が届かない危険が。

その他、微弱陣痛などでお産がスムーズに進まず、陣痛促進剤を使用しても効果が得られなくて、なおかつ吸引分娩や鉗子分娩が可能な位置まで赤ちゃんが降りてきていないとき、赤ちゃんの心拍数が減少したままの状態など、すぐに赤ちゃんを外に出さなければ心配なときは、緊急帝王切開になります。

帝王切開の流れ

予定帝王切開の場合は前日に入院。緊急帝王切開の場合は、お産直前かお産の途中で、最低限必要な検査を行い、そのあと手術になります。

スタート！

1 同意書にサイン

緊急帝王切開でも、主治医から帝王切開になる旨の説明があり、自分か家族が同意書にサインをします。

2 検査

超音波検査、NST（ノンストレステスト）、心電図、胸部レントゲン、血液検査、アレルギーテストなどが行われます。

3 剃毛・消毒、浣腸

傷口からの感染予防のために行います。また、浣腸で直腸内を空っぽにします。

4 血管確保

緊急時にすみやかに輸血・投薬できるよう前もって行います。

5 麻酔開始

下半身だけの局所麻酔になることが多くなります。

6 切開

下腹部の切開開始。筋膜、腹膜、子宮壁の順に切開します。

7 赤ちゃん誕生！

切開から誕生までは5分ほどと、あっという間。局所麻酔ならば、ママは産声も聞けます。

8 胎盤などを取り除く

胎盤やへその緒などを取り出し、子宮内をきれいにします。

9 縫合

子宮に続き、おなかを縫合します。

あんしん

手術は1時間程度

麻酔開始からここまで1時間ほどです。

入院中の生活は

帝王切開の場合は、手術日当日を含め、医師の許可が出るまでは絶飲食で点滴での栄養・水分補給、カテーテルを通しての排尿となります。手術後1～2日目ごろから、少しずつベッドの上で体を動かせるようになります。退院は産後6日目ごろというケースが多いようです。

帝王切開の気がかりなことQ&A

Q 傷は痛みますか？

A 鎮痛剤が処方されます。

帝王切開では、傷の痛みに加えて子宮が収縮する後陣痛の痛みが加わるため、つらいと感じるかもしれません。痛みが強い場合は鎮痛剤を処方してもらいましょう。

あんしん

母乳への影響

母乳に影響のない鎮痛剤が処方されます。赤ちゃんのためにもきちんと薬を飲んで、体力を早く回復させましょう。

Q 次の出産も帝王切開になりますか？

A 帝王切開になることが多いです。

帝王切開になった理由にもよりますが、母体側に原因がある場合は、次も帝王切開になる可能性が高いでしょう。妊娠経過が順調であるなど、条件によっては、経腟分娩が可能なこともあるかもしれません。ただし、次の出産まで最低1年はあけます。

Q 帝王切開でも立ち会い出産は可能ですか？

A オンライン対応可能な施設も

感染拡大防止のために立ち会い出産を中止しているケースが多いですが、ビデオ通話を利用したオンライン立ち会いが可能な医療施設も増えています。ただしすべての施設でできるわけではないので事前に確認を。

いよいよ出産！
先輩ママはどんなお産だった？

陣痛はどんな痛みなの？　どうやって乗り越えられた？　どんなお産だった？　ここで紹介する先輩ママたちの出産体験談で、出産へのイメージをふくらませておくと、心の準備ができます。

らくで順調なお産でした！

DATE

竹内亜紀子さん

23歳

予定日より10日早い出産

分娩時間	11時間33分
出生時身長	48.4cm
出生時体重	3188g

受診したらすでに子宮口が全開！そのまま出産に

朝から少しおなかが痛かったのですが、妊婦健診で病院に行くと、「子宮口が全開ですよ！」といわれました。そう聞くと痛みが強まり、分娩台へ向かいました。はじめてでも妙に冷静で、「そろそろかな？」と思ったところで、「産みます！」と手を挙げていきみ始めました。助産師さんにはあとから「あなたみたいな静かなお産ははじめて」と驚かれました。もともと痛みに強い体質ではありますが、想像していたほどの痛みではなかったです。

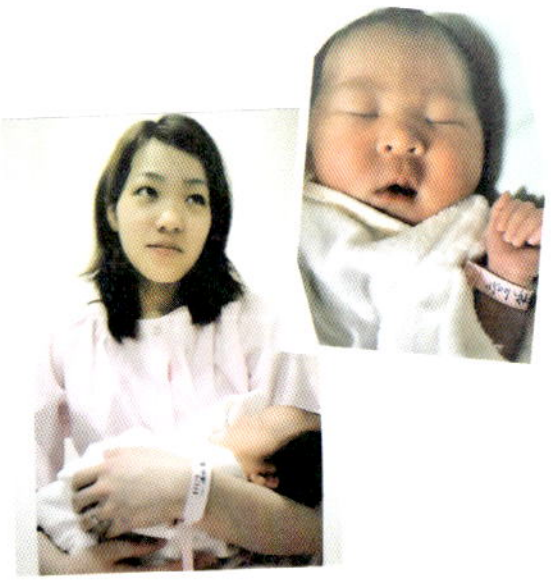

「娘誕生！」の知らせに、長らく会っていない友達や親戚から次々と連絡がありました。人を動かす赤ちゃんの力に驚きました。

予定日より前に緊急入院！

DATE

柳由美子さん

37歳

予定日より6日早い出産

分娩時間	11時間38分
出生時身長	50.0cm
出生時体重	2910g

切迫早産での入院を経て、経膣分娩で無事出産

赤ちゃんがずっと逆子のせいか「おなかが張るなあ」と思っていたら、8カ月の妊婦健診で「切迫早産ですね、このまま入院です」と医師にいわれてビックリ。気が動転し、泣きながら母に「入院するから、荷物を持ってきて」と電話をしました。入院中、歩けるのはトイレのときだけ。点滴を打ちながら、ずっと横になっていました。逆子がなおったのを機に2週間後に退院し、経膣分娩で無事に出産。当時を思い出すたびに「健診は大事だな」と実感します。

男の子が誕生しました。やっと会えたのがうれしくて「こんな顔だったんだ～」「こんな声なんだ～」と、すべてが感動でした。

帝王切開で出産！

DATE

隈部那々子さん

32歳

予定日から4日後の出産

分娩～手術時間	10時間
出生時身長	48.0cm
出生時体重	2698g

予定日を過ぎて陣痛促進剤を使用、途中から帝王切開に

赤ちゃんが小さく、出産に耐えられない可能性があったので、計画分娩をすすめられました。予定日から4日後、陣痛促進剤を打って経膣分娩を目指しました。その時点で、医師から「帝王切開になる可能性は4割」ともいわれていました。お産が始まり、子宮口は8cm程度までスムーズに開いたのですが、その後がなかなか進まず、3時間ほど経ったところで帝王切開に切り替えることに。出産が始まり、手術が終わって部屋に戻るまで10時間くらいでした。

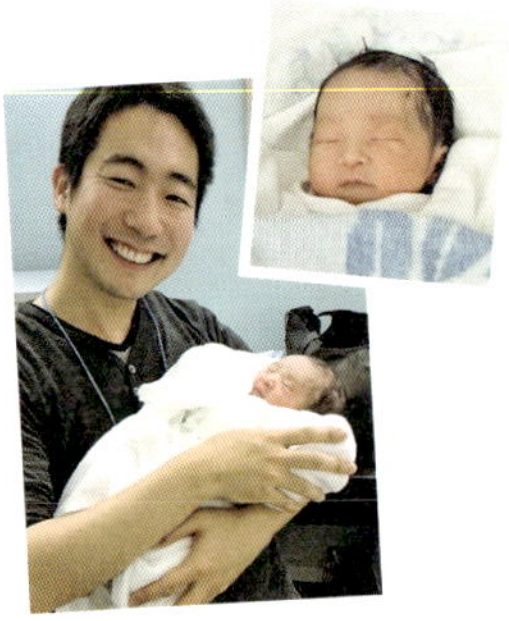

生まれてきた赤ちゃんは女の子でパパ似！　臨月からの座骨神経痛もあり、産後は、回復に2カ月近くかかりました。けれど、赤ちゃんが無事に生まれてくれた、それだけで本当によかったと思います。

らくらく　あんしん

産後の生活と新生児のお世話

生まれたばかりの赤ちゃんの様子や産後のママの体の変化、そして赤ちゃんのお世話のしかたを紹介します。はじめての育児ではママもパパも初心者です。まずはこの本の写真を見ながらお世話のコツをつかみ、少しずつ慣れていきましょう。

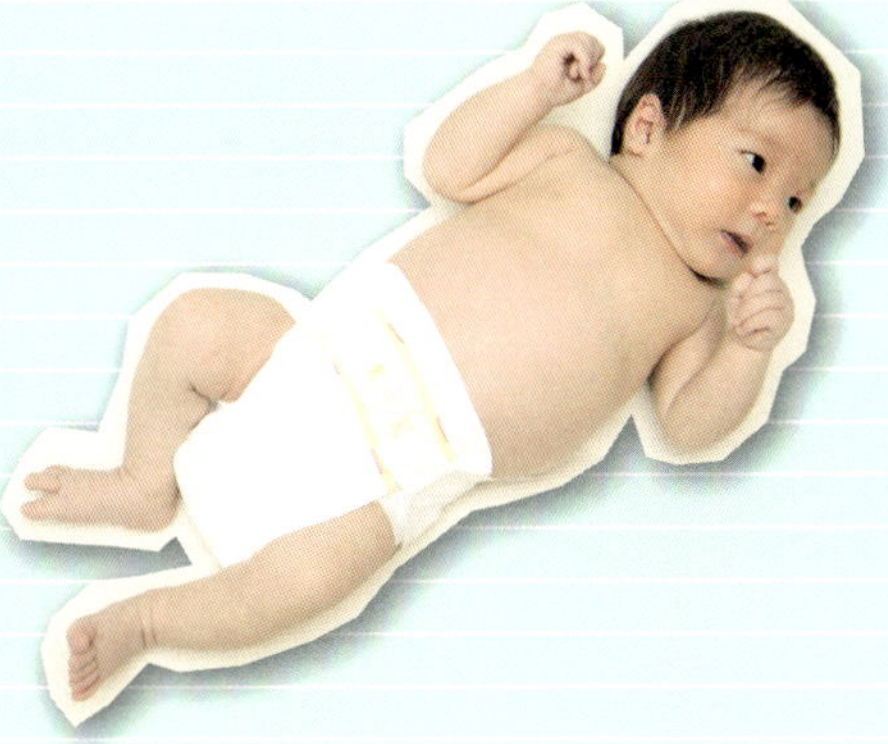

生まれたばかりの赤ちゃんの様子は?

生後4週間以内の赤ちゃんのことを新生児といいます。赤ちゃんが生まれてから生後1カ月間は、ママのおなかの中とまったく違う環境に慣れていく時期です。

生まれたばかりの赤ちゃんは「おっぱい、ねんね、泣く」のくり返し

生まれたばかりの赤ちゃんはだれにも教えられていないのに、母乳やミルクを飲むことができます。これは、**原始反射といって外の世界で生きるために赤ちゃんにもともと備わっている能力です。**五感も胎児時代にほとんど完成しています。味の違いがわかり、母乳やミルクの甘味が好きで、酸味・苦味が苦手です。

このように、赤ちゃんは外の世界で生きるための力を持って生まれてきますが、**朝起きて夜寝るという生活リズムを身につけるのはまだ先。新生児のころは昼夜を問わず「おっぱい、ねんね、泣く」のくり返しです。**母乳は赤ちゃんに吸ってもらうことで、出がよくなります。ほしがるときにどんどんあげましょう。また、授乳のたびにおむつ替えを忘れずに。この時期は1日に10回以上はおしっこを、うんちも7~8回します。

生まれたばかりの赤ちゃんの体の様子と、できること

赤ちゃんは生まれながらにさまざまな能力を持っています。

体 原始反射が備わっている

生まれたばかりの赤ちゃんには、ママのおなかから出てもしっかりと生き抜くことができるよう、原始反射が備わっています。代表的なものとして、手のひらに触れるとキュッと握り返してくる把握反射と、おっぱいや哺乳びんに吸いつく吸《きゅう》啜《てつ》反射があります。

心 泣いて欲求を伝える

生まれてすぐは、泣くことでしか「不快」という気持ちを表すことができません。部屋の温度やおむつ、授乳など、なるべく赤ちゃんの欲求を満たしてあげましょう。

らくらく

笑顔を見せてくれることも

まだ楽しかったりうれしかったりして笑うのではないのですが、「新生児微笑」という生理的なほほえみを見せてくれることも。

五感 胎児時代にほとんど完成

視覚
生まれる前から光は感じていますが、視力は0.03ほど。20~30㎝の距離までしか見えません。

聴覚
おなかにいるときからママやパパの声が聞こえています。大きな音にビクッと反応する原始反射があります。

嗅覚《きゅうかく》
非常に発達しており、ママのにおいや母乳のにおいがわかります。

味覚
胎児のころから味の違いがわかり、甘味が好きで酸味や苦味が苦手です。

触覚
胎児のころから皮膚感覚が発達しており、生後すぐの赤ちゃんはママの乳首を唇で探します。痛みやかゆさなどもわかり、抱っこに温もりを感じます。

新生児の特徴とお世話の注意点

生まれたての赤ちゃんのお世話に不安を感じても、下記の注意点を知っておけば大丈夫。

あんしん

体温の低下に注意して

赤ちゃんの体温は37℃前後が平熱。まだ自分では体温調節ができないので、室温や寝具、衣類や帽子で調整を。

首

気道をふさがないように注意

生まれてすぐの赤ちゃんは首がすわっておらず、ぐにゃぐにゃです。首を強く曲げるなどすると気道をふさがれて呼吸ができなくなってしまう危険があるため、首がすわるまでは、抱っこは赤ちゃんの頭を腕や手でしっかり支えてあげましょう（➡p.175）。

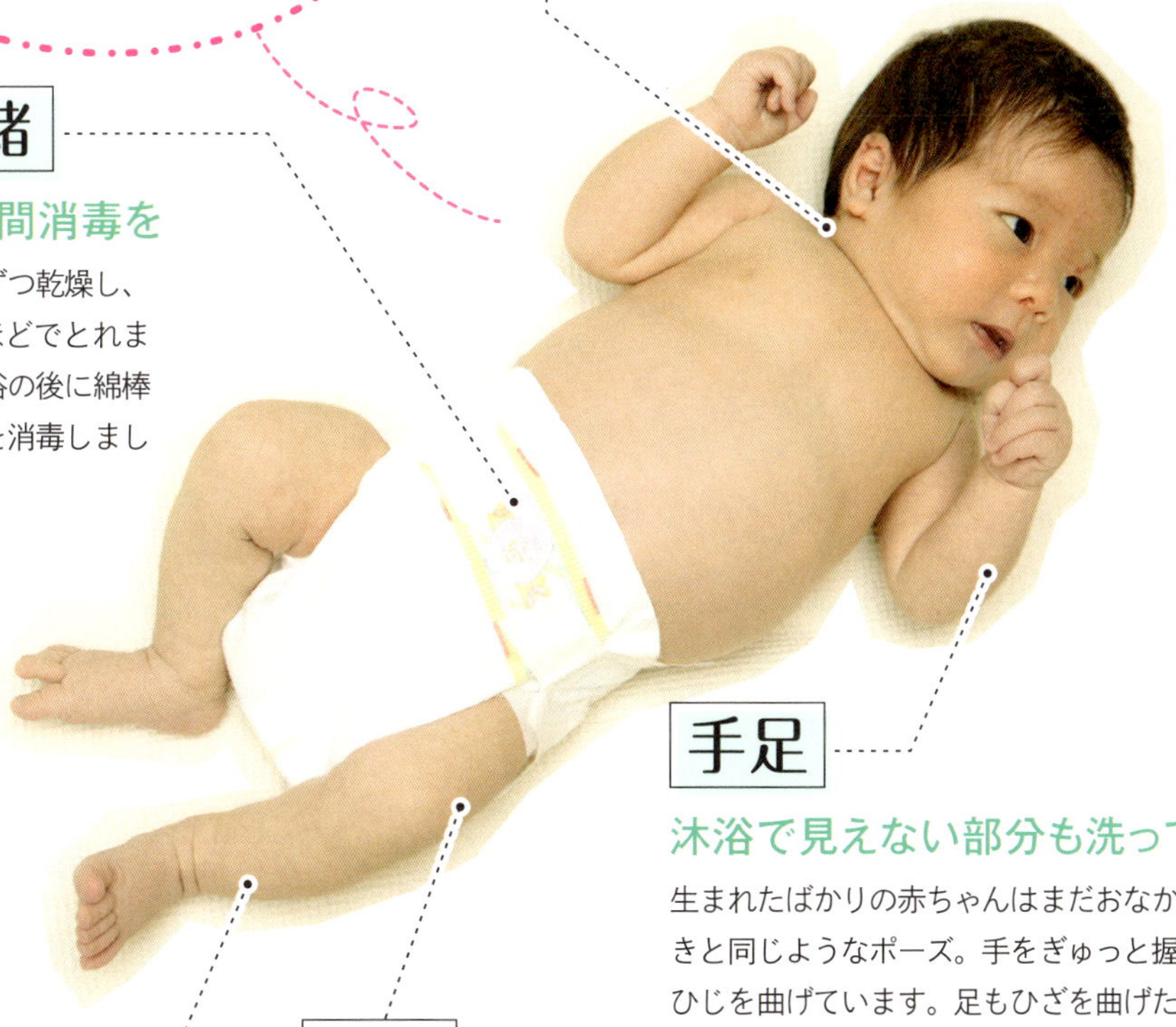

へその緒

生後1～2週間消毒を

へその緒は少しずつ乾燥し、生後1～2週間ほどでとれます。その間、沐浴の後に綿棒を使い、つけ根を消毒しましょう（➡p.186）。

手足

沐浴で見えない部分も洗って

生まれたばかりの赤ちゃんはまだおなかにいたときと同じようなポーズ。手をぎゅっと握りしめてひじを曲げています。足もひざを曲げたM字型。沐浴のときは手のひらやひじ、ひざの内側のしわなどを開いて洗ってあげましょう（➡p.184）。

皮膚

黄疸《おうだん》や乳児湿疹が出ることも

生後数日経つと、皮膚がボロボロむけたり、皮膚の色が黄色くなる黄疸が見られたりします。乳児湿疹といって、顔中に赤いポツポツができることも。いずれも自然に治まることがほとんどなので、心配いりません。沐浴で皮膚の清潔を保ちましょう(➡p.184)。

体重

生後一時的に体重が減少

生後すぐの赤ちゃんはまだおっぱいが上手に飲めないため、排泄やエネルギー消費量のほうが上回り、生後3～4日は体重が減ります。ただしそれは一時的なこと。その後はゆっくりと増えていきます。ママはあせらず授乳に慣れていきましょう(➡p.177)。

あんしん

母乳だと体重の増え方がゆっくりのことも

赤ちゃんの機嫌がよく、おしっこやうんちが出ていて、体重が少しずつでも増えていれば大丈夫です。

産後のママの体と心の変化を知ろう

出産を機に、ママの心と体の状態はガラッと変わります。「私だけ?」と悩まないためにも、どんな変化が起こるか、産後はどう過ごすべきかを知っておきましょう。

産後6週間は産褥期《さんじょく》。心や体が落ち着かないことも

妊娠してから出産までに直径30㎝以上の大きさにふくらんだ子宮は、**産後6週間ほどかけてほぼ妊娠前の状態に戻ります**（この産後6週間の期間を産褥期といいます）。また産後数日は後陣痛と呼ばれる痛みを感じることも。これは子宮が元の大きさへと収縮するときに感じるものです。また、赤ちゃんに母乳を与えるときにもおなかが痛みますが、それは母乳を押し出すホルモンが子宮の収縮を促すためです。

体と同じく心にも大きな変化が。ホルモンの影響に加え、母親という立場の責任、育児疲れなどがまとめてママの心身にのしかかるため、気持ちが落ち込みがちになってしまうこともあります。産後うつ（左記参照）にならないためにも、**問題を1人で抱え込まず、パパや家族、助産師や公的サポートなど周囲の力に頼ることが大事です。**

産後ママの体と心はこう変わる!

抜け毛が増える

ホルモンバランスの影響で髪が抜けたりパサついたりしますが、徐々に治まります。

心が不安定に

子育てなどで、マタニティブルーや産後うつ（下記参照）になることもあります。

乳房が大きくなる

授乳のために大きくなります。乳頭が黒ずむ、乳輪が大きくなる変化もあります。

骨盤がゆるむ

分娩時に開き、少しずつ元に戻ります。ゆっくりでも正しい姿勢で歩くように心がけて。

子宮が少しずつ戻る

ママの子宮は産後6週間ほどかけて、妊娠前の大きさ（鶏卵程度）に戻ります。

悪露《おろ》が続く

月経時の出血のようなものが産後1カ月ほど続きます。専用のナプキンをつけましょう。

知っておこう!

産後うつにおちいりやすい心のトラブル

産後に起こりがちで、見過ごせないのが心のトラブル。「わけもなく泣きたくなる」「イライラ」「不安」などの症状が産後から1～2週間続く「マタニティブルー」になる人もいます。一過性のものなので心配はいりませんが、症状が長引いて重くなることや、産後数カ月以内にうつ病が発症する「産後うつ」になってしまうこともあります。**「マタニティブルーの症状が1カ月以上続く」「眠れない」「食べられない」といった場合は、迷わず受診しましょう。**

産後ママの体のトラブル対処法

赤ちゃんのお世話で大変な時期ですが、悪化しないうちに対処しましょう。

手首が痛い

なるべく手首に負担をかけない生活を

どんな状態？

お世話の影響で多いトラブルのひとつが、手首の痛みです。赤ちゃんを抱っこするときに、落とさないようにと無意識に肩や手首に力が入ってしまい、手首に負担がかかって腱鞘炎《けんしょうえん》になる人も多いようです。

対処法は？

赤ちゃんを逆の腕で抱いたり、家の中でも新生児から使える抱っこひもなどを使ったりするなど、なるべく手首に負担をかけない生活を。がまんしていると悪化してしまうので、早めに整形外科を受診しましょう。

会陰《えいん》の傷が痛む

ドーナツ型座布団などでらくな座り方を

どんな状態？

出産で会陰に裂傷ができた、または会陰切開したケースでは、しばらくその傷が痛みます。痛みから引きつれるような感じにだんだん変わっていき、退院するころには痛みがなくなることが多いです。

対処法は？

ドーナツ型の座布団などで傷が座面にふれないようにするとらくになります。なお、排便のときにいきんで傷が開くことを心配するママもいますが、開いたりすることはまずないので安心してください。

乳房が張って痛む

搾乳などで母乳をためないように

どんな状態？

授乳後も乳房が張った感じで痛むことがあります。軽く搾乳したり、授乳の姿勢を変えたりすることで痛みがなくなることが多いですが、痛みが続く場合は母乳が乳管で詰まって炎症を起こしていることもあります。

対処法は？

搾乳したり授乳間隔を短くするなどして、母乳をためないようにしましょう。乳房が熱を持っている場合は濡らしたタオルなどを当てて冷やします。乳房の激痛とともに発熱する乳腺炎になることもあるので、悪化する前に、母乳外来や産婦人科を受診しましょう。

悪露が長く続く

子宮の状態を確認するため受診を

どんな状態？

悪露とは、胎盤がはがれた部分の出血に、膣《ちつ》などからの分泌物が混ざったもの。出産直後は真っ赤ですが、だんだん茶褐色になり、量も減少。通常、産後１カ月ごろにはほとんど見られなくなります。

対処法は？

悪露がいつまでも続いたり、退院後に月経時よりも多い量の出血があったり、かたまりが出たりしたときは注意。子宮の収縮が順調でないか、子宮内に胎盤や卵膜の一部が残っている可能性があり危険です。念のため医師に診てもらいましょう。

妊娠中に発症した病気、産後はどうなる？

妊娠中に発症した病気は、産後どのような対処が必要になるのでしょうか。

妊娠高血圧症候群

退院時の指示を守って

妊娠中に妊娠高血圧症候群と診断された場合、通常は産後12週までに治ることが多いです。生活上の注意や受診の必要性など、退院時に医師からの指示があるはずなのでしっかり守りましょう。

妊娠糖尿病

バランスよい食事と運動を

産後に血糖値が正常に戻り、治るケースが多いですが、妊娠中に正常だった人と比べ、将来的に糖尿病を発症する確率が高まります。引き続き、バランスのよい食事と適度な運動を心がけましょう。

貧血

引き続き改善につとめて

妊娠中は貧血になりやすく、産後も出産時の出血に伴い、貧血になることがよくあります。貧血になったらそのままにせず、きちんとケアを。とくに、母乳育児のママに鉄分は不可欠。医師の指導にしたがい、改善につとめます。

退院後の育児に少しずつ慣れよう

無事に出産し、退院したら、いよいよ赤ちゃんとの生活が始まります。
ママの体の回復にとっても大事な時期なので、無理はしないようにしましょう。

周囲の力を借りながら赤ちゃんのお世話をしよう

退院後は、ママの体力が回復しないうちに慣れない育児がスタート。疲れや睡眠不足も重なるうえ、ホルモンの変化で情緒が不安定になることも。こうしたマタニティブルーは少しずつ快方に向かうものですが、**産後うつになり、さらに本格的なうつ病へ移行してしまうケースもあるので注意が必要です**（⬇p.170）。

産後は、慣れない育児を無理してひとりで抱え込むのはおすすめできません。**パパや祖父母など、遠慮せずに周囲の手を借りましょう。**周囲に頼れる人がいないときは、自治体や民間で提供しているサービスの活用も検討してみては。**産褥《さんじょく》シッターといって、赤ちゃんのお世話に加え、買い物や洗濯、簡単な食事の支度などを助けてくれるサービスもあります。**産褥シッターには育児経験者が多く、いろいろ相談できるメリットも。

産後1カ月の過ごし方

ママの体の回復を待つこの時期は、無理をせず少しずつ新しい生活に慣れていきましょう。

1週目　ママも体を休めて

家族らの協力を得ながら、**疲れを感じたらいつでも横になりましょう。無理のない生活を。**

2週目　疲れがたまるころ。家事は最少限に

夜中の授乳から寝不足で疲れが出るころ。はじめての赤ちゃんのお世話は、それだけで手いっぱいになってしまいがちなので、**家事はなるべく家族に分担してもらいましょう。**

あんしん
不安になったら相談を

マタニティブルー（➡p.170）は、産後２週間前後にピークになります。不安を感じたら出産した病産院などに相談を。自治体によっては健診費用が無料のところもあります。

3週目　徐々に生活ペースを作って

悪露《おろ》が減り、新しい生活にも慣れるころ。疲れをためないよう注意しながら、生活ペースを作っていきましょう。

4週目以降　入浴や外出ができるように

産後健診で許可が出たら、**ママは湯船に入ってもOK。**赤ちゃんと外に散歩に行くこともできます。

あんしん
産後１カ月はセックスも控えて

産後健診で産後の経過に異常がなく、悪露や会陰《えいん》の痛みなどもなくなっていればOKです。

どうなる? 退院後の1日の生活

赤ちゃんがいる生活の参考例です。お世話のペースは少しずつ慣れていきましょう。

0カ月の赤ちゃんとママ・パパの1日 例

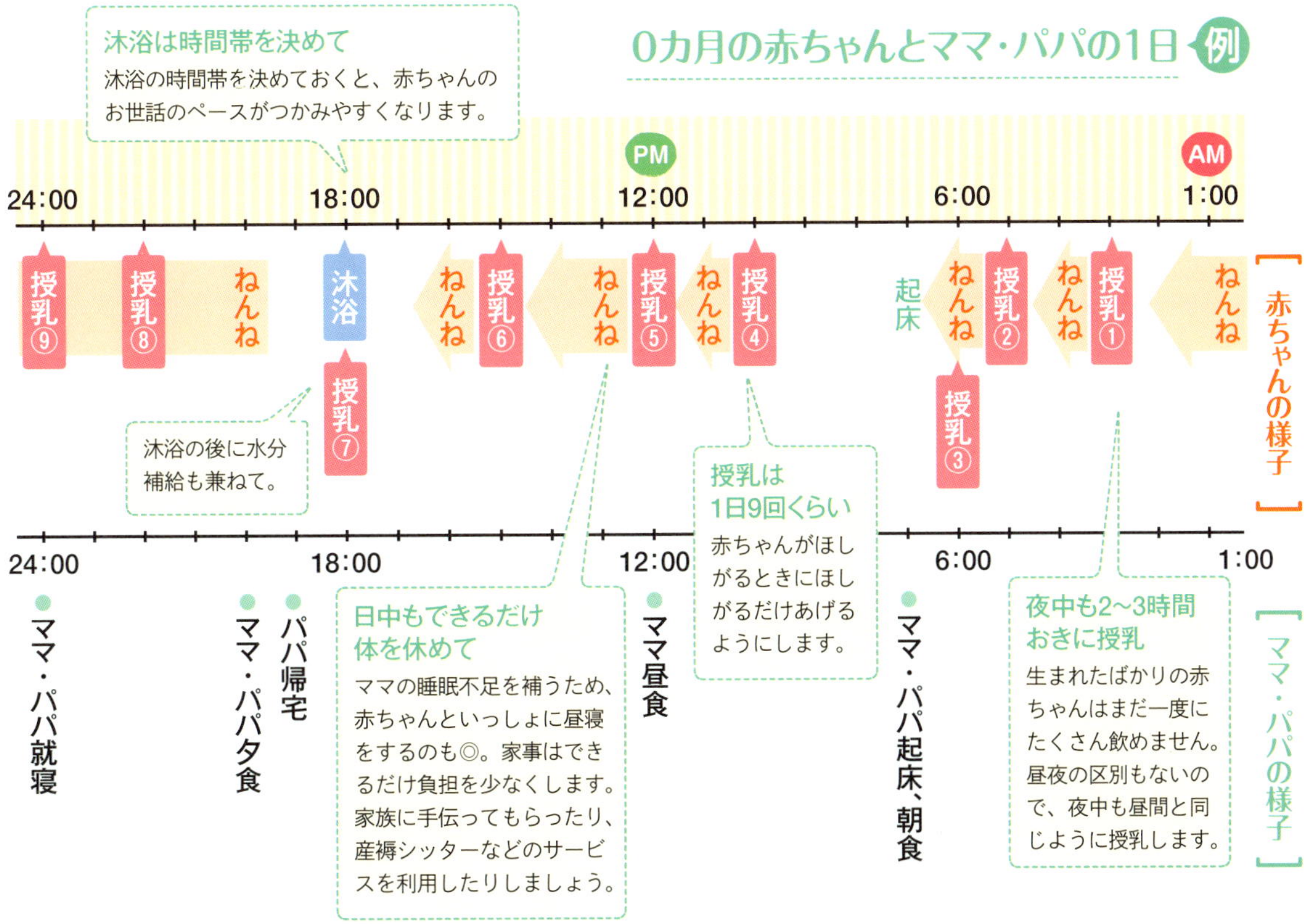

みんなで育児をしよう

退院してきたら、本格的に育児が始まります。みんなでいっしょに子育てをしましょう。

育児は、授乳、おむつ替え、沐浴、寝かしつけなどやることがたくさんあります。育児に参加するパパも増えてきたものの、やはり赤ちゃんといっしょに過ごす時間の多いママが主体になりがちです。そうするとママがひとりで子育てしている感覚となり、心も体も休まらず、無理をしてしまうことに。けれども、ママもパパと同じ育児初心者。**ふたりで協力して子育てしていきましょう。**また、実の父母や義理の父母が近くに住んでいるならば、赤ちゃんを抱っこしてもらったり、おかずを持ってきてもらったり、家事を手伝ってもらったりして、頼るようにしましょう。**まずは、ママの心や体の回復を目指しましょう。**

パパにやってもらうとママがうれしいこと

むずかしく考えなくても、パパは、まずは自分ができることを自分なりにやればOKです。

育児
- 沐浴
- おむつ替え
- ミルクを作る、あげる、片づけ

家事
- 買い物
- 料理
- 後片づけ
- 掃除

赤ちゃんのお世話をマスター！

抱っこ、授乳、おむつ替え……はじめての赤ちゃんのお世話は、何かと大変です。
はじめてママとパパにもわかりやすく、お世話のコツをまとめました。

赤ちゃんも、ママもパパも一年生。家族みんなで慣れていこう

生まれたばかりの赤ちゃんの生活は、基本的には「おっぱい、ねんね、泣く」の3つ。**ママやパパは赤ちゃんが泣いたら、まずは抱っこで安心させてあげましょう。赤ちゃんが泣いている原因を考えて、欲求に応えるのがお世話の基本です。**

新生児の生活の大部分を占めるおっぱいとねんねですが、かなり個人差があります。母乳の場合、母乳の出方は人によって異なりますし、赤ちゃんが飲む量も違います。母乳なら、ほしがったときにあげればOKです。ミルクなら、ミルクの缶の表示と赤ちゃんの様子を見てあげましょう。

赤ちゃんの睡眠時間についても同様で、新生児から3時間くらい続けて寝る子もいれば、20〜30分で起きる子も。赤ちゃんが寝てくれないとママは疲れてしまいますが、赤ちゃんといっしょに寝るなど、無理をしないで乗り切りましょう。

赤ちゃんのお世話はどうやるの？

まだふにゃふにゃした赤ちゃんのお世話は、ママもパパもドキドキしてしまいますよね。生まれたての赤ちゃんのお世話は次の6つを覚えておきましょう。

- **授乳** のしかたは？ ➡お世話2 p.177
- **抱っこ** のしかたは？ ➡お世話1 p.175
- **着替え** のしかたは？ ➡お世話4 p.182
- **おむつ替え** のしかたは？ ➡お世話3 p.180
- **目・耳・鼻などお手入れ** のしかたは？ ➡お世話6 p.186
- **沐浴** のしかたは？ ➡お世話5 p.184

はじめてママ・パパのここが気になる！

何をしても泣きやまない「ためし泣き」

抱っこをしても、授乳しても、何をしても泣きやまないことがあります。生後1〜2カ月ごろの赤ちゃんには、わけもなくとりあえず泣く「ためし泣き」の時期があるとか。赤ちゃんに異常があるのではなく、あやし方が悪いわけでもありません。1〜2カ月で落ち着くので、「今はそういう時期なんだ」と思って受け入れましょう。

お世話 1

2種類の抱っこを覚えよう

赤ちゃんが泣いたらまずは抱っこするのが基本。
抱っこは親子の信頼感を育む大切なコミュニケーションです。

はじめてママ・パパのここが気になる！

たくさん抱っこして赤ちゃんを安心させよう

赤ちゃんが泣いたら抱っこすることをくり返しているときに周囲の人から「抱きぐせがつくよ」といわれて、不安になる人もいるかもしれません。でもそんなことはありません。赤ちゃんが泣いて訴える欲求にきちんと応えることが、赤ちゃんの安心感を生むのです。心配せずに赤ちゃんが泣いたらどんどん抱っこをしてあげましょう。

ママとパパが最初に覚えたいのが「よこ抱き」

生まれてすぐの、首がすわっていない赤ちゃんはよこ抱きが基本。頭がぐらぐらしないようにしっかりと腕で支えます。ママとパパが最初に覚えたい抱っこです。首がすわる3カ月ごろからたて抱き（➡p.176）もできるようになります。

抱っこ① よこ抱き

よこ抱きは、まだ首がすわらない低月齢のうちの抱っこの基本です。

1 頭の下に手を差し入れる

赤ちゃんがびっくりしないよう、「抱っこしようね」とひと声かけてから抱きあげましょう。

2 ゆっくりと抱き上げる

頭の下にゆっくりと手を差し入れます。反対の手はお尻を支えます。

3 首とお尻を支える

抱き上げたらママの胸に密着させると、赤ちゃんも安心。ママの腕の負担も減ります。

4 頭をひじの内側に

お尻を支える手で赤ちゃんの体を抱えるようにして、手のひらで支えていた頭を、ママのひじの内側までずらします。

らくらく

授乳クッションを活用

この状態で長く抱っこするときは授乳クッションなどを使うと手が疲れずにらくです。

▷抱っこから下ろすとき

赤ちゃんが眠ってしまったら、起こさないようにゆっくりと下ろしましょう。

1 頭を手のひらへずらす

背中を支えていた手を上にずらしていきます。また、頭をひじから手のひらへずらし、首をしっかり支えます。

2 お尻から下ろす

お尻からゆっくりと下ろし、最後に頭をそっと下ろします。頭がガクンとならないよう、少しずつ手を抜いて下ろします。

はじめてママ・パパのここが気になる!

抱っこから下ろした瞬間に泣くのはなぜ?

赤ちゃんを抱っこしてやっと寝てくれたと思って、布団に下ろした途端にまた泣き始める……ママの温もりで気持ちよかったところから、急に冷たい布団に下ろされたのがいやだったのかもしれません。抱っこしている赤ちゃんの背中に毛布などを当てておき、寝ついたらその毛布で赤ちゃんの体を包んで布団に下ろすと、落ち着いて寝てくれることもあります。試してみてください。

抱っこ❷ たて抱き

新生児でもゲップのときなどはたて抱きが便利なことも。首すわり前でも、しっかり支えれば大丈夫。

1 頭とお尻を支えて抱き上げる

よこ抱きと同じ要領で頭とお尻の下に手を入れ、ママの体へ赤ちゃんを近寄せて抱き上げます。

あんしん

首から背中を支える

頭を支える手の指が2～3本、背中に当たっていると、赤ちゃんが安定します。

2 脇に両手を入れ、後頭部を支える

指と手のひらで赤ちゃんの後頭部と首、背中を支えるようにして抱き上げます。

3 頭と首は支えたままお尻を支える

赤ちゃんの首がぐらつかないように片手で支えたまま、反対の手をずらして腕でお尻を支えます。

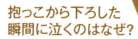

お世話 2

授乳のしかたを覚えよう

さまざまな授乳スタイルとゲップのさせ方（➡p.178）、ミルクの作り方（➡p.179）などを覚えましょう。

母乳、ミルク どっちを選ぶ?

授乳は、母乳にするか粉ミルクにするか、それぞれによい点があります。

母乳のよい点

- 初乳には、免疫物質（免疫グロブリンAやラクトフェリン）が豊富。
- 赤ちゃんがおっぱいを吸うと、子宮の収縮を促すホルモンが出るので、子宮の回復が早まる。
- ミルクより経済的で、外出時の荷物も減る。

ミルクのよい点

- ママの体調が悪いときや、赤ちゃんを預ける必要があるときに、パパや周囲の人も授乳できる。
- 赤ちゃんが必要な量が飲めているか判断しやすい。
- 母乳より授乳時間があくので、ママの負担が減る。

母乳とミルク それぞれのよい点を理解して

授乳の方法は、母乳だけ、ミルクだけ、母乳とミルクの混合と、3種類あります。左の表を参考にして、母乳とミルク、それぞれのよい点を理解しておきましょう。

授乳のポイント

母乳の場合

●左右両方飲ませる

片方だけの授乳は、乳腺が詰まりやすくなるなどのトラブルが起こりがち。左右両方のおっぱいをあげるようにしましょう。

●赤ちゃんがほしがるだけ

飲ませすぎの心配は不要。ほしがるときに、ほしがるだけあげてください。

●吸われるほど出がよくなる

赤ちゃんが吸う回数が増えるにつれ、母乳の出が安定します。また、赤ちゃんもはじめからうまく飲めるわけではありません。だんだん上手になっていきます。あせらずに続けましょう。

ミルクの場合

●グッズを準備する

- 哺乳びんとニプル（乳首）
- 粉ミルク
- ポット
- 洗浄用ブラシ
- 消毒グッズ

●乳首や体勢を見直す

赤ちゃんがミルクを飲まないときは、哺乳びんの乳首が合わなかったり、体勢が落ち着かないことなどが考えられます。見直してみましょう。

●飲ませすぎに注意

生後3カ月ごろまでの赤ちゃんは適量がわからず飲みすぎてしまいます。吐いたりぐずるようであればミルクの飲ませすぎかもしれません。飲ませるミルクの量を少し減らすなどして調整します。

母乳とミルクの混合にする場合

混合の場合は、母乳の分泌量をキープするため、先に母乳を飲ませることが原則です。母乳量が足りなければ、毎回ミルクを足しましょう。また、昼間は母乳のみあげて、母乳の分泌量が減りやすい夕方や夜間のみミルクを足すという方法もあります。状況に合わせて調整しましょう。

あげ方バリエーション

あげ方を変えると乳腺が詰まりにくくなり、乳腺炎などのトラブル予防に。いろいろ試してみて。

よこ抱き

赤ちゃんの頭をママの腕か授乳クッションに乗せます。体勢が安定します。

たて抱き

赤ちゃんの体を起こして太ももにまたがるように座らせ、首を支えながら正面で授乳。赤ちゃんが乳首をしっかりくわえられます。

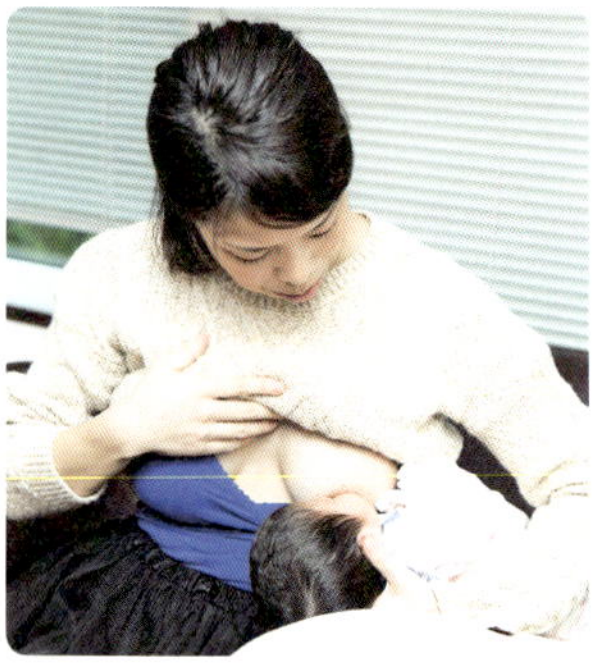

ラグビー抱き

赤ちゃんを脇の下に抱え、頭だけ乳房のほうに出して授乳。高さはクッションなどで調整します。

添い乳《ちち》

横になったままあげるので、夜中の授乳もらくに。乳腺が圧迫される体勢なので、乳腺炎になりやすい人は注意して。

母乳の飲ませ方

乳輪まで深くくわえさせるのがポイント。ママのおっぱいトラブルの予防にもなります。

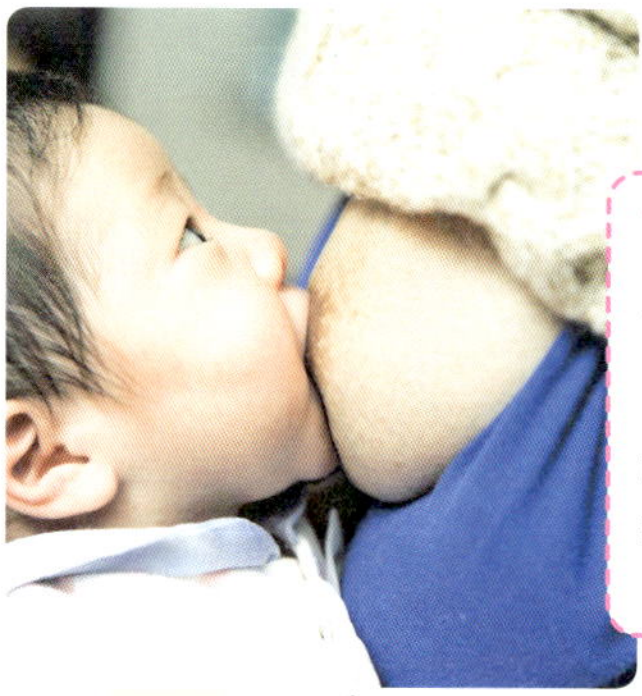

あんしん

両方飲ませる

片方だけだと乳腺が詰まりやすくなります。理想は左右の胸5分ずつの授乳を2回くり返します。

1 乳首を深くくわえさせる

乳首で口をつつくと赤ちゃんは反射で口を開けるので、乳輪まで深くくわえさせます。5分ほど飲ませたら、もう片方でもあたえます。

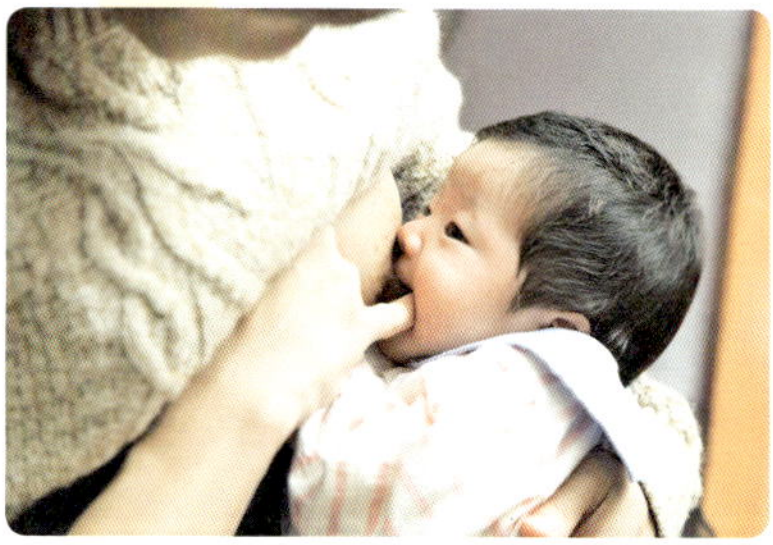

2 口の端に指を入れておしまい

赤ちゃんの口の動きが止まったら、赤ちゃんの口の端にそっと指を入れておっぱいを離します。

ゲップのさせ方

おっぱいやミルクといっしょに飲み込んだ空気を出してあげましょう。

飲ませ終わったら

授乳が終わったら、たてに抱くか肩に担ぎ上げ、背中をさするとゲップが出ます。しばらくしてもゲップが出ず、おっぱいを吐き出さないようであれば、一度寝かせて様子を見ましょう。

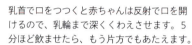

ミルクの飲ませ方

抱っこをして、赤ちゃんの様子を見て、しっかり飲めているか確認しながらあげましょう。

深くくわえさせると飲みやすい

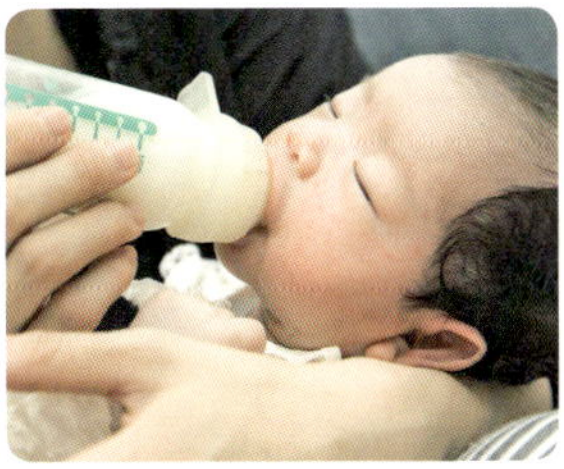

赤ちゃんが飲みやすいようニプルが隠れるくらい深くくわえさせます。飲み終わったら、ゲップをさせます（➡p.178）。

あんしん

温度をチェック

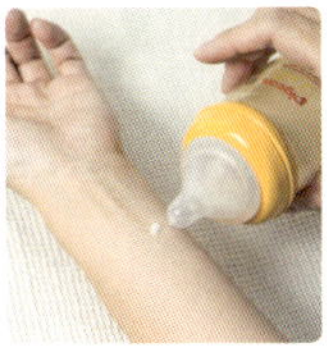

あげる前に腕の内側にミルクを落とし、やや熱く感じるぐらい（約40℃）が適温。必ず温度をチェックしてから飲ませます。

哺乳びんの洗い方

専用のブラシと洗剤を用意し、各パーツを分解して丁寧に洗います。

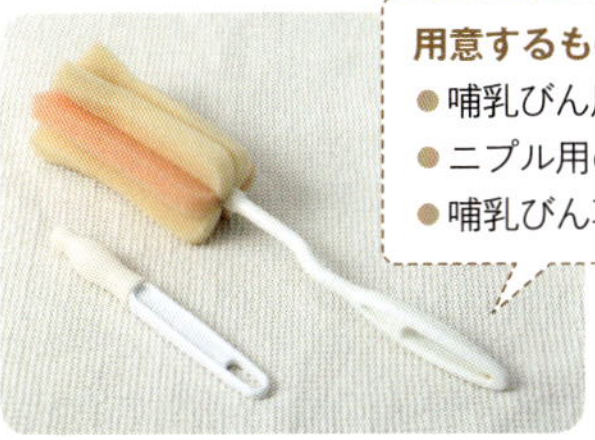

用意するもの

- 哺乳びん用の専用ブラシ（右）
- ニプル用の専用ブラシ（左）
- 哺乳びん専用洗剤

洗い方

1. びんとニプルをそれぞれ専用ブラシで洗う。
2. 流水ですすぐ。
3. 消毒する（消毒方法は下記のように使う道具によって異なります）。

哺乳びんの消毒はどうやる？

哺乳びんとニプルを洗った後に、消毒をします。

煮沸	きれいな鍋で沸騰させた湯に、ニプルと哺乳びんを入れます。ニプルは3分程度、哺乳びんは10分程度、煮沸します。
電子レンジ	洗った哺乳びんとニプルを専用の容器に入れて電子レンジへ。加熱消毒します。
消毒液	水道水に薬品を入れて消毒液を作り、洗った哺乳びんとニプルをつけて消毒します。

ミルクの作り方

1回ごとに調乳して飲ませてあげましょう。作る前には手を洗います。

1 分量を量ってお湯を入れる

粉ミルクの量を量って哺乳びんへ。一度沸騰させて冷ました70℃ほどのお湯を規定量の3分の1ほど入れます。

2 ミルクを溶かして残りのお湯を

哺乳びんを回すように振って混ぜ、ミルクを溶かします。溶けたら、残りのお湯を加えます。

3 よく溶かす

ニプル（乳首）とフードをつけ、哺乳びんを回すようにしてミルクを溶かします。

あんしん

上下に振らない

上下に振って溶かすと、空気が入ってミルクが泡立ってしまい、赤ちゃんが飲みにくくなります。回すように振って溶かします。

4 人肌程度まで冷ます

哺乳びんを流水に当てるなどして、人肌より少し熱い40℃ぐらいの温度に冷まします。

お世話 3

おむつ替えのしかたを覚えよう

生まれたての赤ちゃんは頻繁におしっこやうんちをします。
おむつかぶれを防ぐためにも、汚れたらこまめに交換しましょう。

紙おむつ、布おむつどっちを選ぶ?

おむつには紙と布、2種類あります。それぞれメリットとデメリットがあるので、使いやすいほうを選びましょう。夜やおでかけの際は紙、それ以外は布など、併用しても。

紙おむつ

メリット

- 夜間など長時間でも吸水性がよく、もれにくい
- 使い捨てなので、汚れたら捨てて洗濯の手間がない

デメリット

- 使い捨てなのでコストがかかる
- 赤ちゃんが汚れたことに気づかない

布おむつ

メリット

- 赤ちゃんが不快を感じやすく、汚れたことに気づきやすい
- 2人目以降も、使い回しができるので経済的

デメリット

- 初期費用がかかる
- 洗濯の回数が多くなる

授乳前後は必ずおむつをチェック

赤ちゃんの肌はとてもデリケート。汚れたおむつをそのままにしていると、すぐにおむつかぶれや肌荒れを起こしてしまいます。新生児のころは1日10回以上はおしっこをしますし、うんちも1日7～8回ほどします。授乳前後には必ずおむつをチェックしましょう。

紙おむつの替え方

準備するもの
- 紙おむつ
- お尻ふき
- 汚れたおむつを入れる袋やごみ箱

ママもパパもしだいに慣れて、手早くおむつ替えができるようになります。

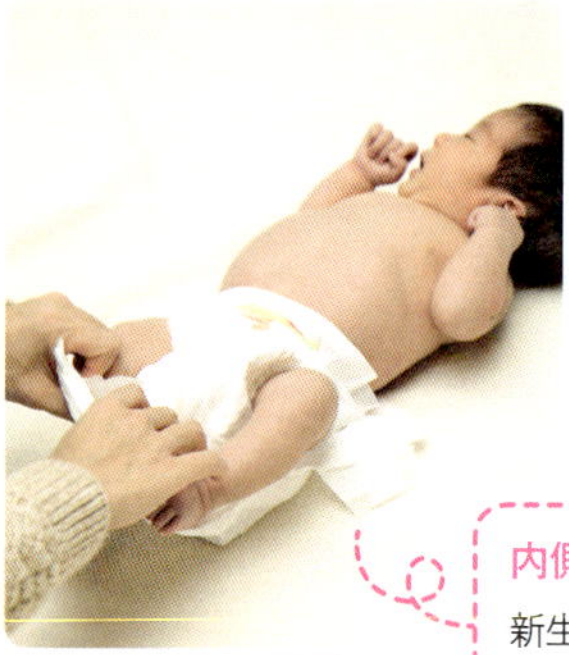

1 新しいおむつを下に敷く

つけているおむつの下に、新しいおむつを敷きます。もれ防止のため、上端がおへそより上ぐらいまでくるように奥に差し込みます。

あんしん 内側のギャザーは立てて

新生児のうんちはゆるめなので、もれないようにギャザーは立てて。

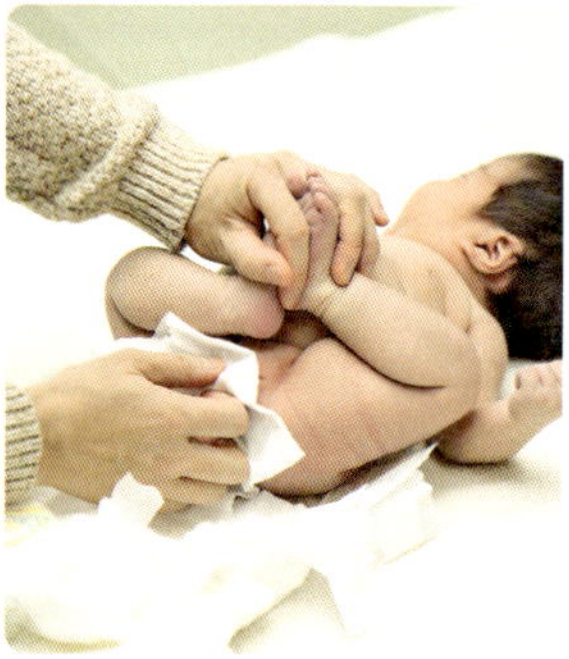

2 細かい部分もふき取る

お尻ふきで男の子ならおちんちんや陰嚢《いんのう》も丁寧にふきます。女の子は汚れが尿道口に入り込まないように前から後ろに向かってふきます。

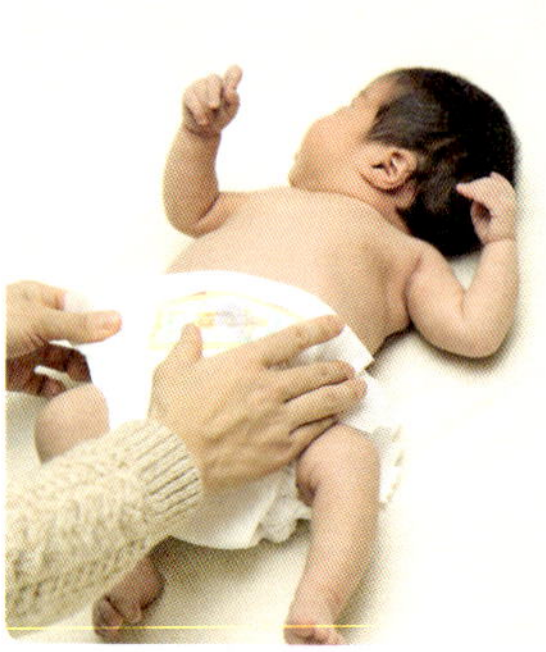

3 汚れたおむつを引き抜く

お尻を持ち上げて汚れたおむつを引き抜き、新しいおむつを当てます。

4 テープを留めて完了!

指でなぞるように股部分にギャザーをフィットさせ、テープを留めます。汚れたおむつは丸めてごみ袋などに。

あんしん 赤ちゃんが苦しくないように

ウエストには指2本分のゆとりをもたせて。

布おむつのたたみ方

たたみ方に決まりはないので、うんちやおしっこがもれないように折ればOK。ここでは、低月齢で、まだおしっこが少ないときの折り方の一例を紹介します。

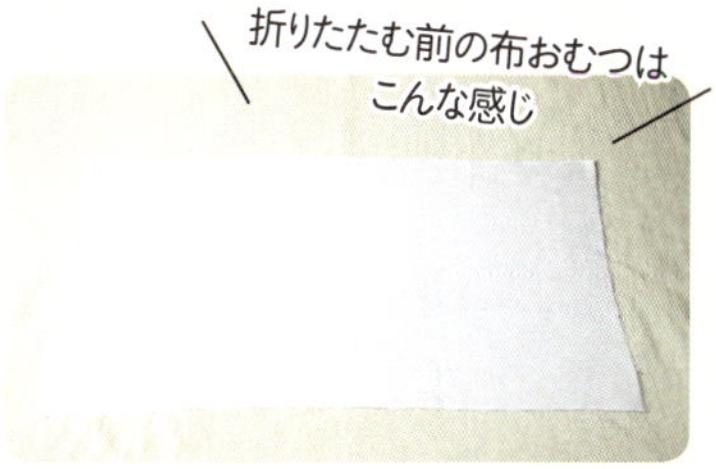

1 たてに半分にたたみ、正方形にする。

2 四隅を中央に向けてたたみ、さらに小さな正方形にする。

3 さらにたて半分に折り、長方形にする。

らくらく

様子を見ながら工夫して使えるのが利点

おむつ替えのとき、どこがいちばんぬれているかをチェック。その部分を厚くするような折り方にしたり、端を折ってギャザーのように厚みを持たせ、横もれを防止してもOK。

布おむつの替え方

赤ちゃんが苦しくないように、また、うんちやおしっこがもれないように替えます。

準備するもの

- 布おむつ、おむつカバー
- お尻ふき
- 汚れたおむつを入れるバケツ

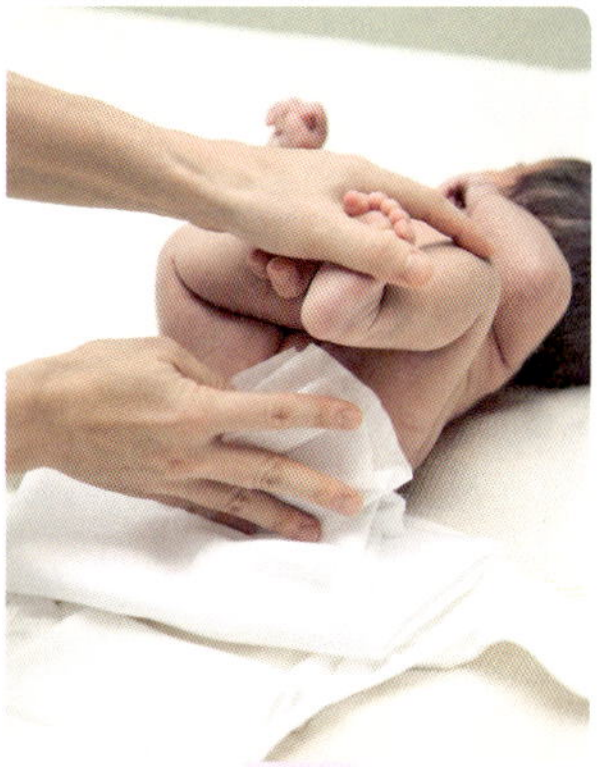

1 お尻をふく

おむつカバーを開き、まずは布おむつの汚れていない部分で汚れをふき取り、お尻ふきで細かいところも丁寧にふきます。

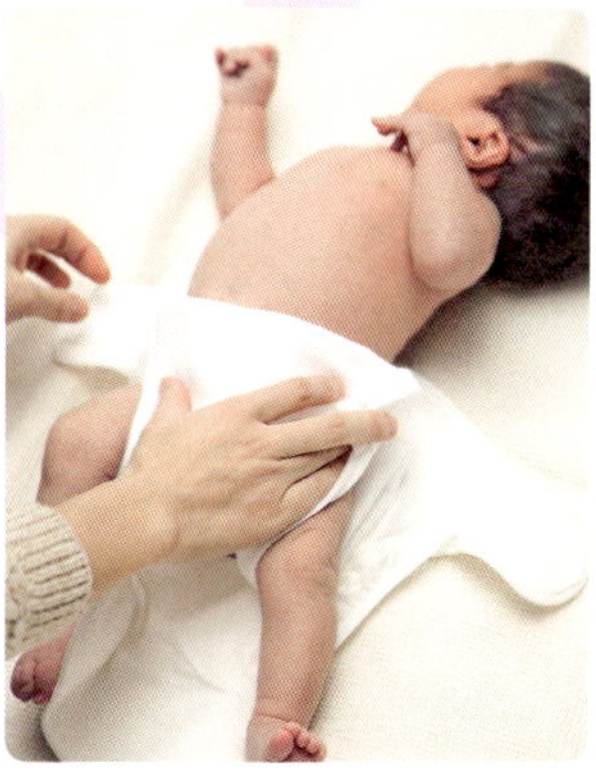

2 新しいおむつに交換

赤ちゃんのお尻を持ち上げて汚れたおむつを外し、新しいおむつを当てます。汚れたおむつはバケツへ。

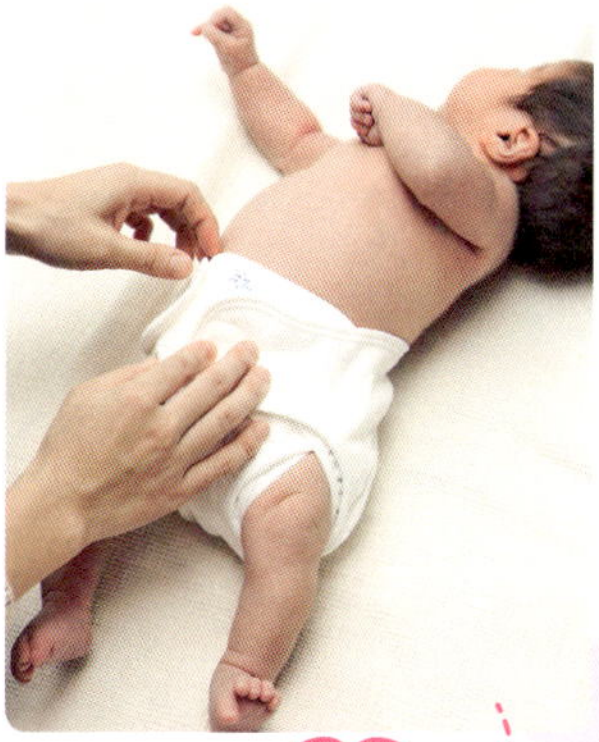

3 おむつカバーを閉じる

おむつカバーからおむつがはみ出さないように気をつけながら、おむつカバーを閉じます。

あんしん

紙おむつ同様に

赤ちゃんが苦しくないように、ウエストには指2本分のゆとりを。

布おむつの洗い方

基本は、汚れたおむつを手洗いした後、水を張ったバケツに洗剤を入れて浸けおきを。新生児のゆるいうんちはバケツなどに水を張っておむつを振り洗いし、うんちがとれたらバケツの水はトイレに流して。それから手洗いをします。浸けおきした後は、他の洗濯物とは分けて洗濯機で洗い、乾かします。

お世話 4

赤ちゃんが快適な着替えのコツ

汚れたり、汗をかいたときなど、赤ちゃんには、
お風呂の後以外にも着替えたいタイミングがたくさんあります。

はじめてママ・パパのここが気になる!

どんなときに着替えたり、もう1枚着せればいい?

● **赤ちゃんが暑いときのサイン**
首すじや背中が汗ばんでいれば、暑がっているサインです。汗をかいたままにすると体が冷えてしまうので、着替えさせてあげて。

● **赤ちゃんが寒いときのサイン**
おなかや背中など服に包まれている部分を触ってみて、冷たければ寒がっているサイン。ベストなど着るものを足して暖かくしてあげましょう。

新生児のころは大人よりも1枚多めに

赤ちゃんは汗をたくさんかくうえ、ミルクの吐き戻しも多く、着替えが頻繁になります。また、自分で体温調節ができないために、室温や衣服での調整が必要です。新生児のころは大人よりも1枚多め、生後1カ月以降は大人と同じ枚数が目安です。室温にも注意しましょう。エアコンの温度設定は、夏は25〜28℃、冬は18〜22℃くらいが目安です。

肌着・ベビーウエアの種類

いずれも素材は保温性が高く汗を吸いやすい、綿100%のものがおすすめ。

水通しをしましょう
赤ちゃんの服は着せる前に、一度水通しをします。洗剤を使わずに水だけで洗います。妊娠中にすませておきましょう。

肌着

短肌着

オールシーズン使えて丈が短いので、おむつ替えがスムーズ。動きが活発になる3カ月くらいまでは短肌着を使いましょう。

長肌着

赤ちゃんの足元まで隠れるくらいの丈の長い肌着。おむつ替えしやすいですが、スナップがないので前がはだけやすいです。

コンビ肌着

股下をスナップボタンで留める肌着。足の動きが活発になってくるころからは、この肌着を使うのがおすすめです。

ベビーウエア

ドレスオール

股下がスカートのように開いているウエア。おむつ替えがしやすく新生児の時期におすすめ。足の動きが活発になってくるとはだけてしまうため、生後1カ月くらいまでしか使いません。

カバーオール

肌着の上に着るつなぎのようなウエア。かぶるタイプと前開きのタイプの2種類があり、股下はスナップになっています。首がすわる前は、着替えさせやすい前開きがおすすめ。

ツーウェイオール

スナップボタンの留め方で2通り使えます。おむつ替えが頻繁な新生児期はドレスオールとして。足の動きが活発になったらカバーオールとして。長い期間使えます。

組み合わせの基本は「肌着」＋「ベビーウエア」

新生児期は体温調節がうまくできないので、暑すぎたり寒すぎたりしないよう、肌着やベビーウエアを上手に着せて調節しましょう。

秋・冬（寒い時季）

短肌着　長肌着

短肌着と長肌着、あるいは短肌着とコンビ肌着と2枚着せて暖かくしてもOK！

＋

厚手のベビーウエア

秋冬生まれの赤ちゃんには、フライスやパイルなど、保温性がある素材のベビーウエアをチョイス。

外出時 ＋靴下、厚手の上着、帽子

春・夏（暑い時季）

短肌着

暑い時季は短肌着だけでOK！

＋

薄手のベビーウエア

春夏生まれの赤ちゃんには、ガーゼ素材や天竺《てんじく》など、通気性・吸汗性がよいものがおすすめ。

外出時 ＋靴下、薄手の上着、帽子

着替えの仕方

ウエアの準備をすませた後に着替えさせるとスムーズです。

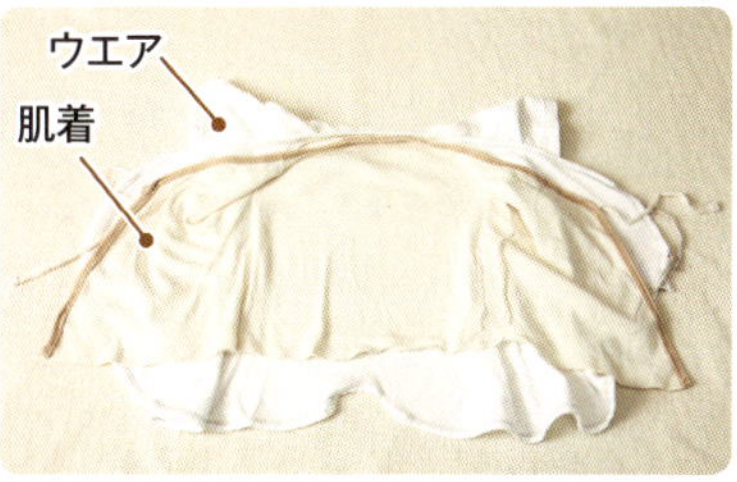

新しい服の準備

ウエアを開き、その上に肌着を重ねます。両方の袖は先に通しておきます。

1 赤ちゃんは肩口から、ママは袖口から

開いた服の上に赤ちゃんをのせ、肩口から手を入れます。ママは袖口から手を入れ、赤ちゃんの手を迎えに。赤ちゃんの手ではなく、服のほうを引っ張って着せます。

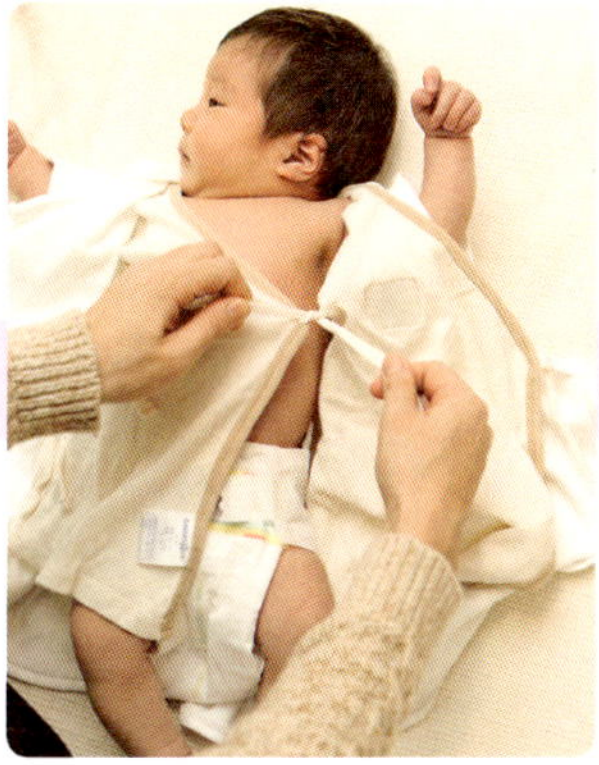

2 肌着の内側のひもから結ぶ

肌着の打ち合わせの内側のひもをまず結び、次に外側のひもをしっかり結びます。結んだ後に首元が「y」の形になるようにします。

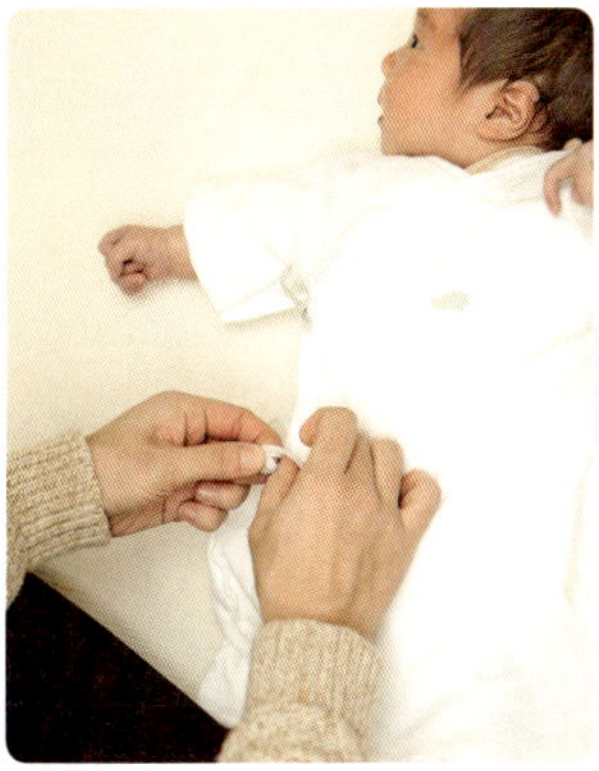

3 ウエアの裾を留める

ウエアの左右のひもを留めたら完成です！

お世話 5

沐浴のしかたを覚えよう

沐浴をさせるときは授乳から１時間以上、時間をおいてからにします。
いつも同じ時間に入れるようにすると、生活リズムがつきやすくなります。

あんしん

1日1回、5～10分程度

１日１回は、沐浴をしましょう。汗をたくさんかく夏場は、１日２回沐浴してもよいでしょう。

沐浴で赤ちゃんの体を清潔に保とう

新生児のうちは、大人と同じお風呂に入ることはできません。とはいえ赤ちゃんは、新陳代謝も皮脂分泌も盛ん。沐浴で体を清潔に保ち、肌トラブルを防ぎましょう。なお、産後健診で医師の許可が下りれば、大人と同じお風呂もOKです。

沐浴の仕方

ベビーバスに浸かっている時間は5～10分くらいにします。
赤ちゃんが疲れてしまわないように、長くなりすぎないようにしましょう。

1 足からゆっくりと入れる

「お風呂だよ」などと声をかけながら、足からゆっくり入れます。大きめのガーゼ（沐浴布）をおなかにかけると、赤ちゃんは安心します。

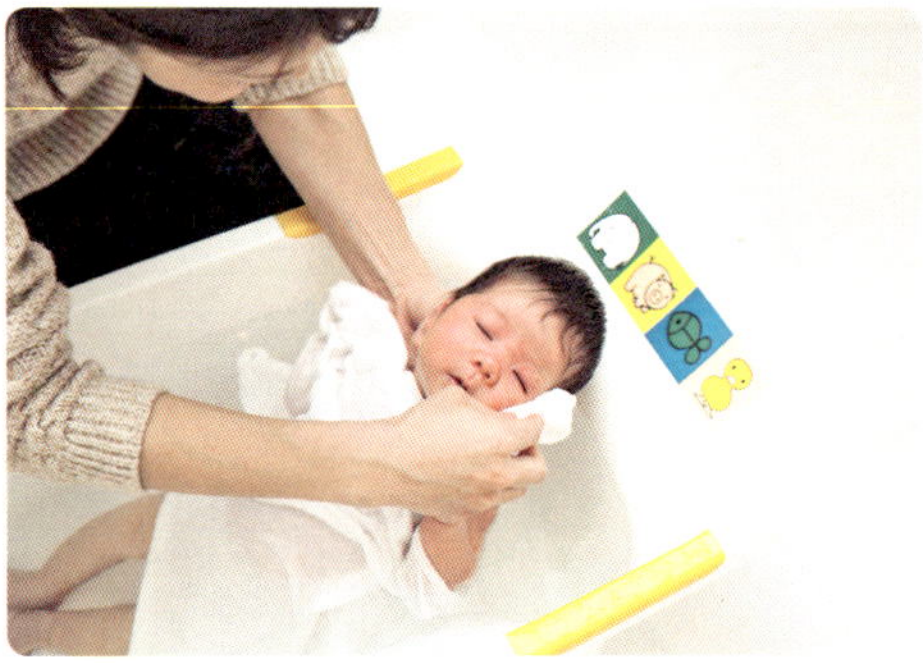

2 顔から洗う

小さいガーゼを濡らして絞り、顔をやさしくぬぐいます。

新しい服などの準備

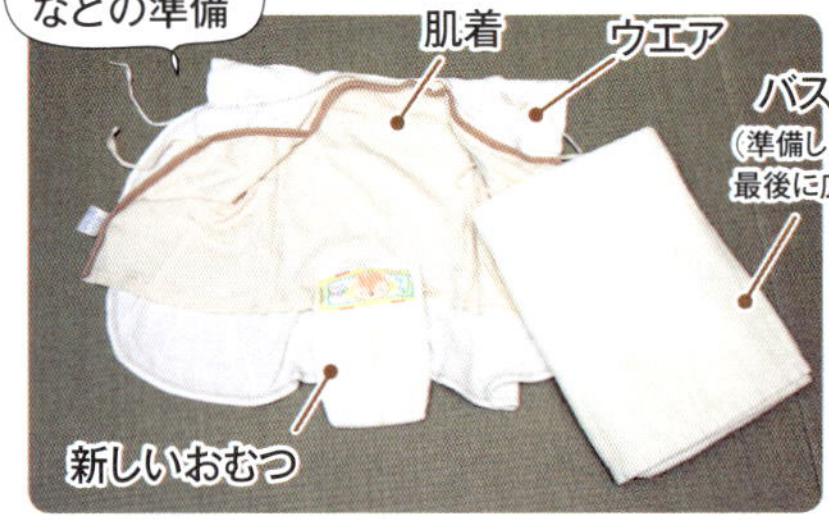

沐浴後にすぐ服が着られるよう、袖を重ねて通した衣類とおむつ（広げる）、そのうえにバスタオル（広げる）を準備。

用意するもの

- **ベビーバス**
種類はさまざま（➡p.114）。洗面台やキッチンシンクで使えるベビーバスだとママやパパが立って赤ちゃんを沐浴させられるので、腰を痛めません。
- **ベビーソープ**
赤ちゃん用の刺激の少ないものを選んで。泡で出るポンプ式だと、片手で赤ちゃんを支えながら逆の手で洗いやすいのでおすすめです。
- **洗面器**
最後にかける、上がり湯を入れておくために使います。
- **湯温計**
お湯の温度は、夏は38℃、冬は40℃くらいが目安。なお、室温は20～25℃に保ちます。
- **ガーゼ**
体を洗うときに使います。

らくらく

湯温計がないときは

大人のひじをお湯につけ、ややぬるく感じる程度を目安に。

あんしん

大きめのガーゼもあると◎

赤ちゃんをお湯に入れるとき、大きめのガーゼ（沐浴布）があると赤ちゃんが安心します。手ぬぐいで代用したり、着ていた肌着をかけてお湯に入れてあげるのでもOK。

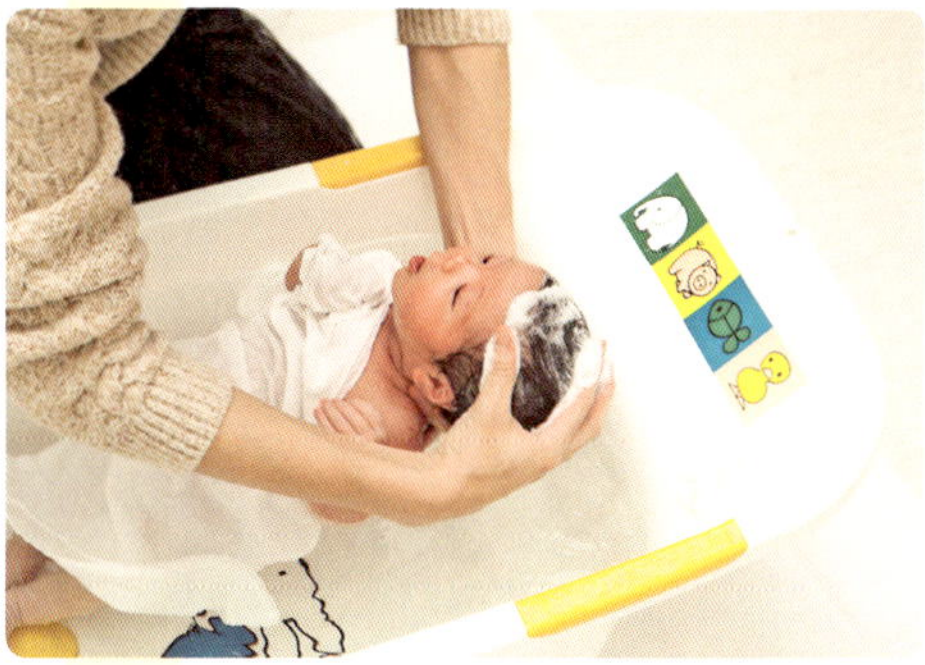

3 頭を洗う

ベビーソープをつけて頭を洗い、すすぎ残しがないように丁寧に流します。

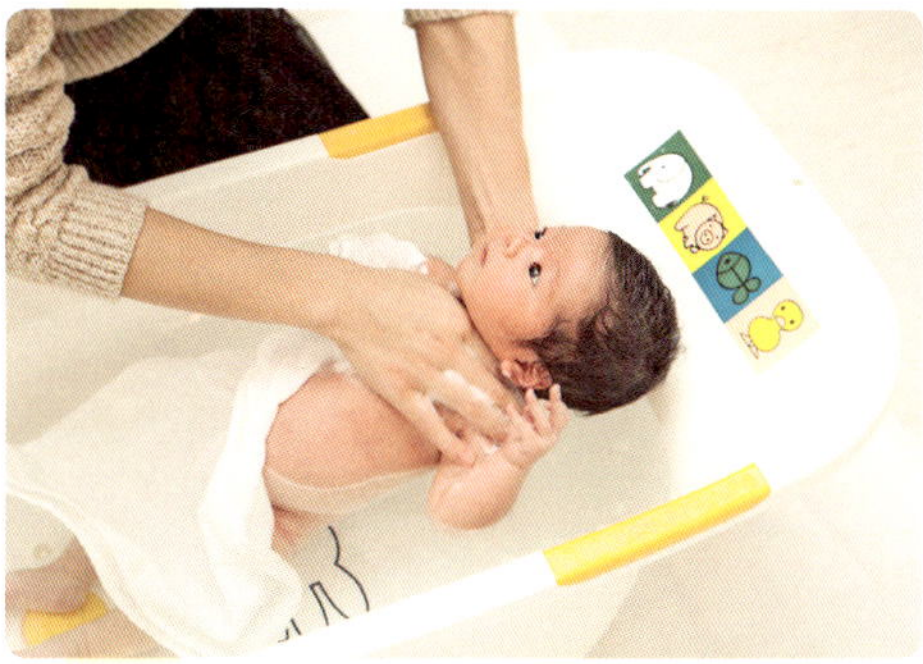

4 首・胸・おなかを洗う

ガーゼや手・指を使ってやさしく洗います。皮脂がたまりやすいので、首のしわの間のくぼみも指でなでるようにして洗います。

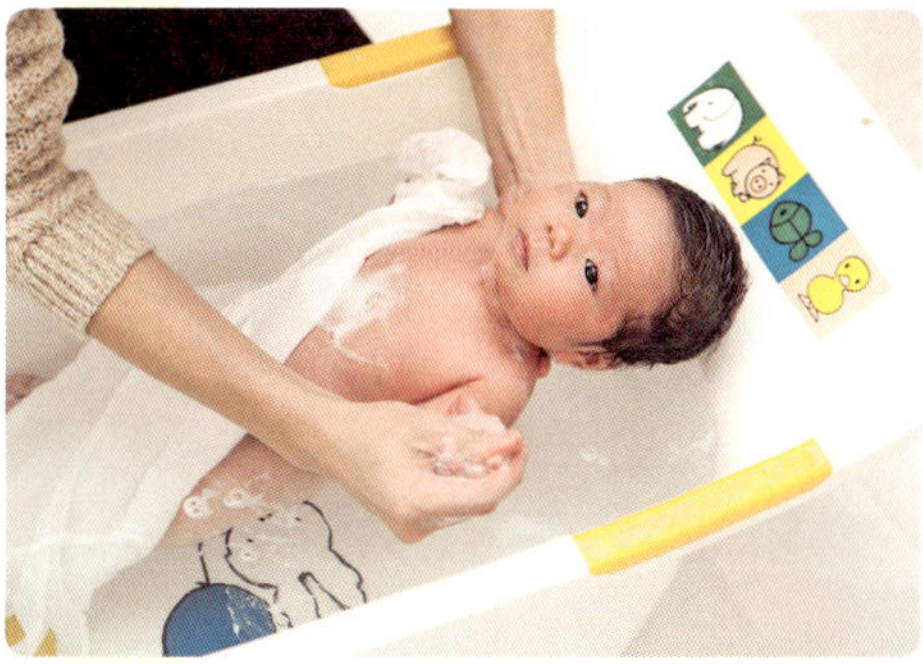

5 手足を洗う

手をぎゅっと握っていることが多いため、ほこりなどがたまりがち。やさしく開いて、指を１本ずつ洗いましょう。

6 背中を洗うときは体を裏返す

大人の手首に赤ちゃんのあごを乗せるようにして体を裏返し、背中・お尻・お股を洗います。赤ちゃんの両腕はママの腕にかかるようにしましょう。

7 最後に上がり湯を

もう一度上向きにし、用意しておいた上がり湯を全体にかけて終了。ベビーソープはしっかり洗い流します。

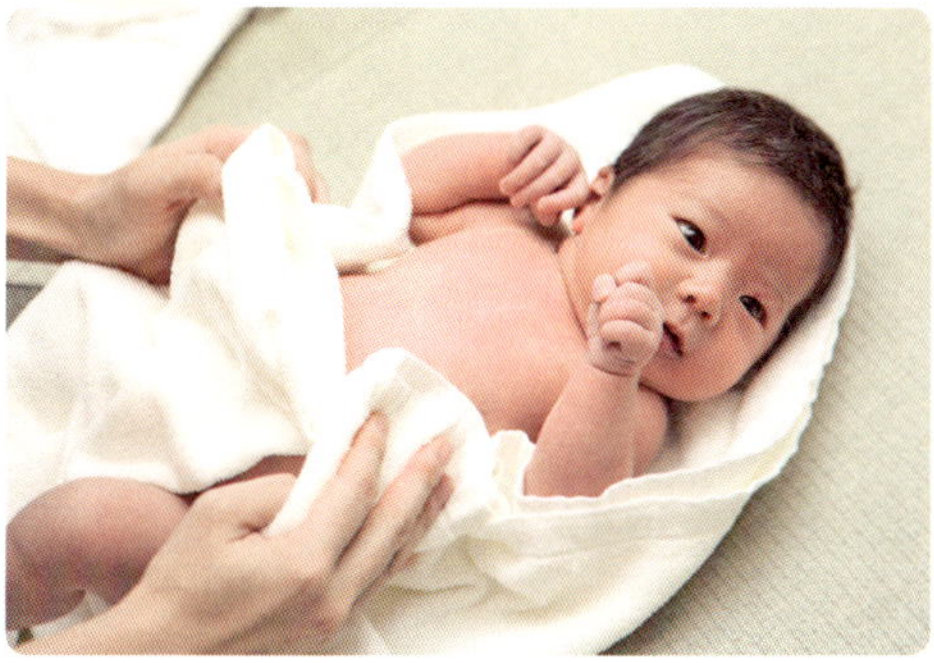

8 軽く押さえながらふく

バスタオルで赤ちゃん全体を包み、軽くトントンするようにして水分をタオルに吸収させます。

お世話 6

目・耳・鼻などのお手入れをしよう

目・耳・鼻といった部分の清潔を保つのも、大切なお世話のひとつです。

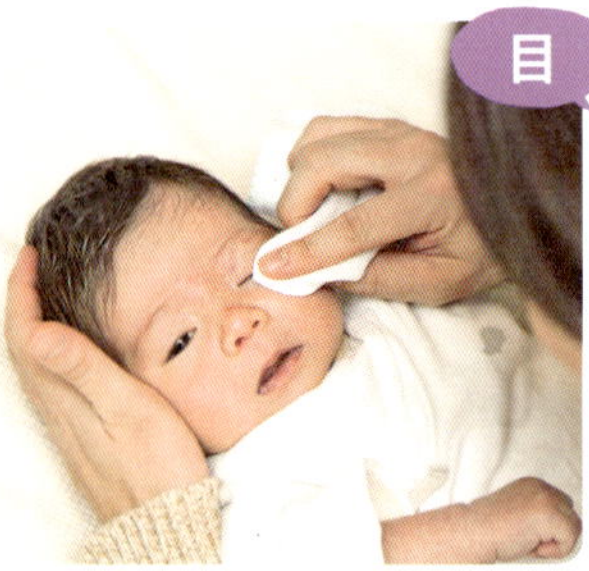

目 ガーゼの面を替えて両目をふく

用意するもの ▶ ガーゼ

目やには、湿らせたガーゼを人差し指に巻いてふきます。ガーゼの面を替えてもう片方もふきます。

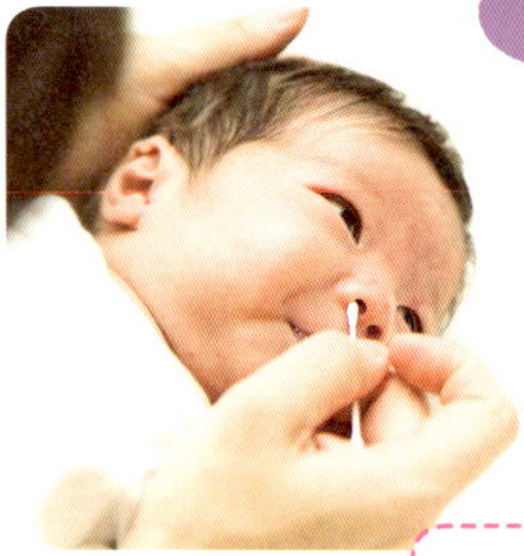

鼻 綿棒を奥まで入れないよう注意

用意するもの ▶ 綿棒

鼻水や鼻くそが気になるときは、綿棒を短く持ち、鼻の入口に当てて穴に沿ってクルッと回し、見える汚れだけをとります。赤ちゃんの頭が動かないように押さえます。

あんしん

鼻水が多いときは

加湿してあげると鼻が通りやすくなります。少し冷ました蒸しタオルで顔を拭きながら蒸気を吸わせ、やわらかくしてから取り除きましょう。

つめ 少しずつ切る

用意するもの ▶ 赤ちゃん用のつめ切り

つめが伸びてきたら、白い部分がちょっと残るぐらいに少しずつ切っていきます。深づめしないよう注意。

あんしん

足のつめを切るときは

指の肉を押し下げ、つめと皮膚の間にすき間を作ってから切ります。

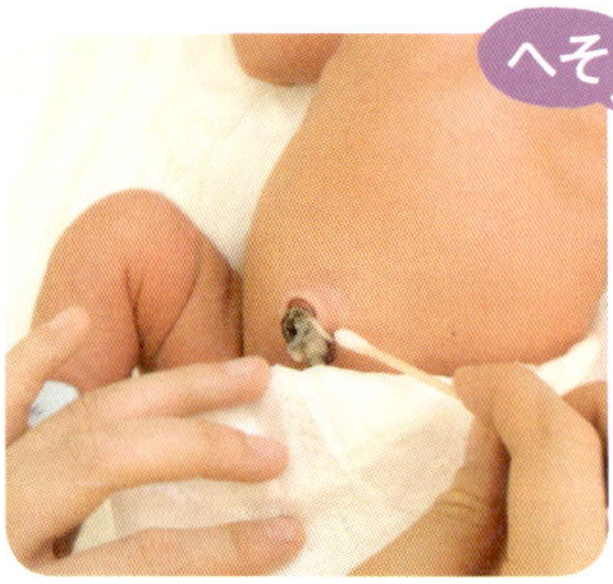

へそ じゅくじゅくしている間は消毒を

用意するもの ▶ 消毒液、綿棒

消毒用アルコールをつけた綿棒を使い、しわの間までしっかり消毒します。完全に乾燥するまで、沐浴の後は消毒を習慣にします。

お風呂上がりがベストタイミング

目、鼻、おへそなど体の各パーツのお手入れは、沐浴の後やお風呂上がりがおすすめ。つめもやわらかく、切りやすい状態になっています。赤ちゃんが嫌がるときは、寝ているときに行ってもいいでしょう。ケアをしながら赤ちゃんの全身をチェックします。

耳 綿棒を奥まで入れないよう注意

用意するもの ▶ ガーゼや綿棒

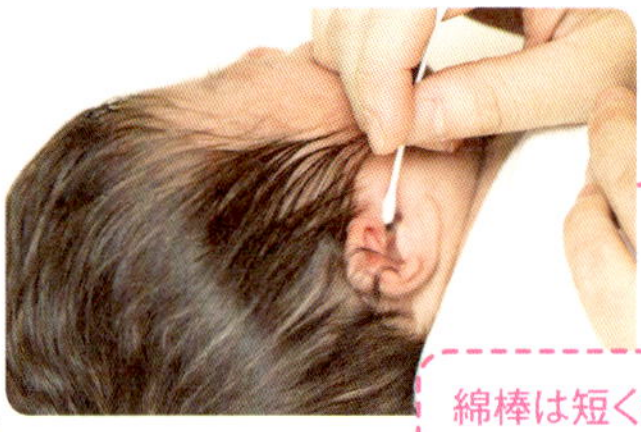

1 耳の穴の入口

見える部分だけで十分。綿棒に耳あかをつけるようにしてかきとります。

あんしん

綿棒は短く持つ

耳の奥まで入らないように、綿棒は短く持ちます。

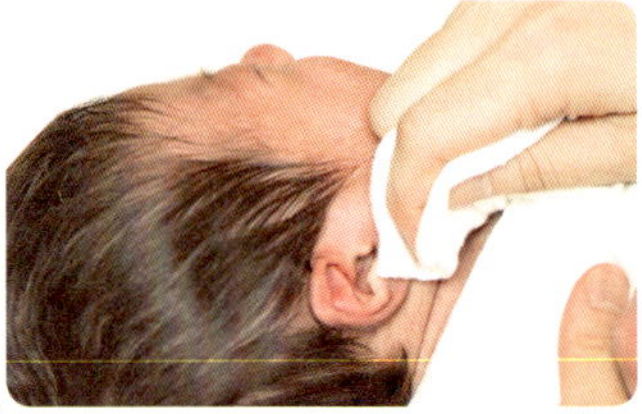

2 耳のくぼみ

湿らせたガーゼで耳のくぼみをふきます。

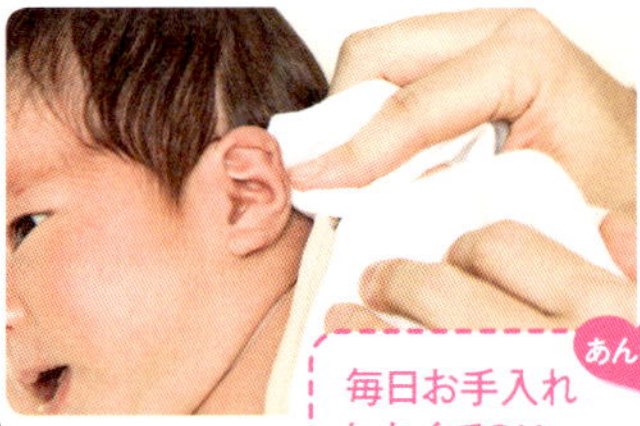

3 耳の裏側

意外と汚れがたまりやすいのでよくお手入れを。

あんしん

毎日お手入れしなくてOK

耳のお手入れは汚れが気になったときだけで十分です。

お世話の気がかりなことQ&A

Q 母乳が足りているか、わかりません。

A 少しずつでも体重が増えていればOK。

授乳前後に赤ちゃんの体重を量り、体重が1週間で140〜210g増えていれば問題ありません。体重計がないときは「1日に8回以上飲む」「おしっこが1日6回以上出ている」を目安に。

らくらく

赤ちゃんの体重の量り方

ベビースケールがなくても、普通の体重計で量れます。①大人が赤ちゃんを抱き、体重計に乗って体重を量る、②大人1人で体重計に乗って体重を量る、③「①の体重」から「②の体重」の数字を引く。それが、赤ちゃんの体重になります。

Q ミルクを飲んでくれません。

A 使う道具を替えてみては。

ミルクの味はメーカーによって差があるので、違う商品に替えてみるのもひとつの方法です。また、ニプルも材質や穴の形がさまざまで、赤ちゃんによっては好き嫌いがあるので、いろいろ試してみましょう。

Q ミルクをよく吐き出します。

A 吐いても体調や機嫌がよければ心配いりません。

赤ちゃんは胃の入口の筋肉が未発達なため、胃に入ったものが逆流しやすくなっています。授乳後にゲップといっしょに出したり、口からタラタラと流したりするのはよくあることです。

らくらく

飲みすぎかもしれません

吐いても体調や機嫌が悪くなく、元気があれば病気ではないので心配する必要はありません。

Q おむつかぶれしてしまったようです。

A 清潔と乾燥を意識しましょう。

おむつが触れる部分の肌が赤く炎症を起こしたときは、お尻ふきで強くこすってはダメ。とくにうんちのあとは、ぬるま湯で洗い流してからうちわで風を送って乾かすなど、清潔にして乾燥させましょう。

あんしん

悪化する前に早めに対処

ただれてしまうなど症状がひどい場合は、皮膚科を受診しましょう。

Q 手足がとても冷たいです。室内でも靴下を履かせたほうがいい？

A 手足が冷たくても背中やおなかが温かければ大丈夫。

体温調節機能が未発達なこの時期の赤ちゃんは、体温を調節するために手足を冷やし、体の中心に熱を集めています。手足が冷たくても背中やおなかが温かく、機嫌がよければ問題ありません。厚着をさせすぎると体温調節機能の発達を妨げてしまうので、室内では靴下を履かせません。

1カ月（0〜3週）
2カ月（4〜7週）
3カ月（8〜11週）
4カ月（12〜15週）
5カ月（16〜19週）
6カ月（20〜23週）
7カ月（24〜27週）
妊娠後期
8カ月（28〜31週）
9カ月（32〜35週）
10カ月（36〜39週）
出産の流れ
産後の生活と新生児のお世話

赤ちゃんが生まれた後にすること

産後は、赤ちゃんのお世話や日々の家事の他にも、やることがたくさんあります。
出産報告や内祝い、出生届、健診など、まとめてチェックしておきましょう。

出産報告や内祝い、産後健診など産後にやることはたくさん

出産すると、今度は赤ちゃんのお世話で大変な毎日がやってきます。忙しい中でも、忘れてはいけないのが出産報告。両親や兄弟姉妹など近い家族、職場の人、友人など、その関係性に応じて、よいタイミングで報告しましょう。

出産後、お祝いをいただいたら、まずは早めに電話や手紙などで、**お祝いを受け取った旨の報告と感謝の気持ちを伝えます。**そして、1カ月以内を目安に出産祝いのお返しとして、内祝いを贈ります。もれのないよう、**お祝いをいただいた人と品物のリストを作っておくと便利です。**

また、**産後は1カ月後をめどに、赤ちゃんとママの産後健診が行われます。**赤ちゃんは体重の変化や栄養状態、先天性の病気の有無などを、ママは体の回復具合を診ます。育児で気がかりなことなども、ここで相談できます。

産後にやること 1 出産報告

関係性に応じて適したタイミングで報告を

1 両親・兄弟姉妹、親しい友人

報告が遅れると心配をかけてしまうので、家族には赤ちゃんが生まれたらすぐに連絡を。親しい友人にも、産後すぐに出産報告ができるとよいでしょう。

2 職場の上司・同僚

出産当日〜翌日などできるだけ早めに報告しておくことで、出産手当金など産休・育休関係の手続きの準備が、スムーズに進められます。

3 あまり近しくない知人、遠い親戚

出産後、すぐ知らせるとお祝いの催促をされたと感じることも。ある程度時間をおいて報告することが多いようです。

産後にやること 2 内祝い

お祝いをいただいたらお返しの内祝いを

贈る時期は？

出産祝いをいただいてから3週間〜1カ月後、お宮参りの時期を目安に内祝いを贈るといいでしょう。

金額はどれくらい？

いただいたものの3分の1から半分ぐらいが相場。高価なものへのお返しは、1万円台まででよいとされています。

連名でいただいたときは？

1人あたり3000円以上と思われる場合は、ひとりひとりにお礼を。それより少額であれば、小分けのお菓子やハンカチなどでよいでしょう。

何を贈る？

先方の好き嫌いに関係なく、必ず使えるもの（たとえば食べ物）がおすすめです。また、ギフトカタログも、最近では定番化しています。

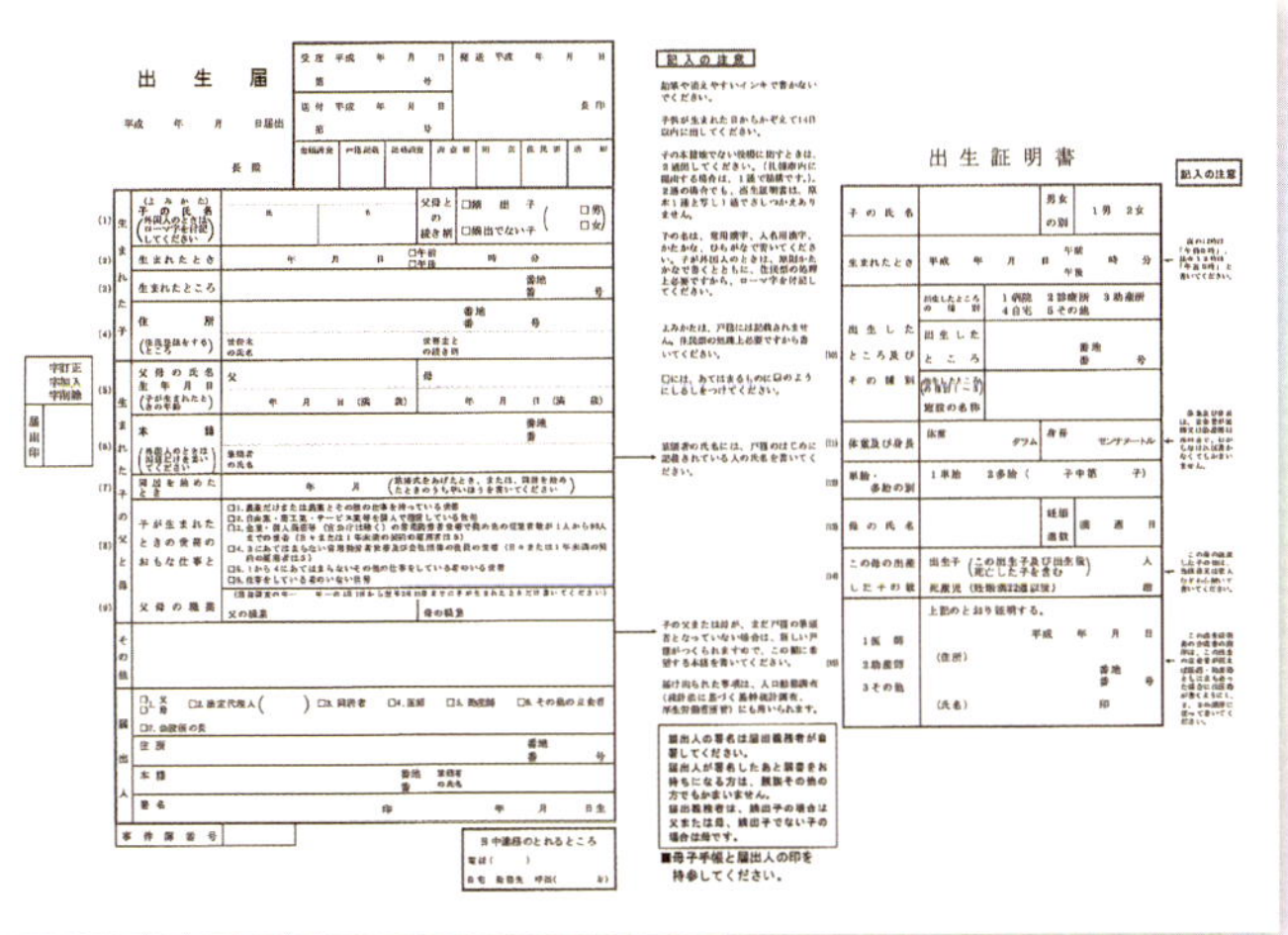

出生届

平成　年　月　日届出

長殿

受理 平成　年　月　日 第　号
送付 平成　年　月　日 第　号
発送 平成　年　月　日
長印

(1) 子の氏名（よみかた）（外国人のときはローマ字を付記してください）　父母との続き柄 □嫡出子 □嫡出でない子　□男 □女
(2) 生まれたとき　年　月　日 □午前 □午後　時　分
(3) 生まれたところ　番地 番　号
(4) 住所（住民登録をするところ）　番地 番　号　世帯主の氏名　世帯主との続き柄
(5) 父母の氏名 生年月日（子が生まれたときの年齢）　父　年　月　日（満　歳）　母　年　月　日（満　歳）
(6) 本籍（外国人のときは国籍だけを書いてください）　番地 番　筆頭者の氏名
(7) 同居を始めたとき　年　月（結婚式をあげたとき、または、同居を始めたときのうち早いほうを書いてください）
(8) 子が生まれたときの世帯のおもな仕事と
(9) 父母の職業　父の職業　母の職業
その他
届出人 □1.父 □2.母 □3.法定代理人（　） □4.同居者 □5.医師 □6.助産師 □7.その他の立会者 □8.公設所の長
住所　番地 番　号
本籍　番地 番　筆頭者の氏名
署名　印　年　月　日生
事件簿番号
日中連絡のとれるところ　電話（　）　自宅 勤務先 呼出（　方）

記入の注意

鉛筆や消えやすいインキで書かないでください。

子供が生まれた日からかぞえて14日以内に出してください。

子の本籍地でない役場に出すときは、2通出してください（札幌市内に提出する場合は、1通で結構です。）。2通の場合でも、出生証明書は、原本1通と写し1通でさしつかえありません。

子の名は、常用漢字、人名用漢字、かたかな、ひらがなで書いてください。子が外国人のときは、原則かたかなで書くとともに、住民票の処理上必要ですから、ローマ字を付記してください。

よみかたは、戸籍には記載されません。住民票の処理上必要ですから書いてください。

□には、あてはまるものに☑のようにしるしをつけてください。

筆頭者の氏名には、戸籍のはじめに記載されている人の氏名を書いてください。

子の父または母が、まだ戸籍の筆頭者となっていない場合は、新しい戸籍がつくられますので、この欄に希望する本籍を書いてください。

届け出られた事項は、人口動態調査（統計法に基づく基幹統計調査、厚生労働省所管）にも用いられます。

届出人の署名は届出義務者が自署してください。届出人が署名したあと願書をお持ちになる方は、親族その他の方でもかまいません。届出義務者は、嫡出子の場合は父または母、嫡出子でない子の場合は母です。

■母子手帳と届出人の印を持参してください。

出生証明書

記入の注意

子の氏名　男女の別　1男 2女
生まれたとき　平成　年　月　日　午前 午後　時　分
出生したところ及びその種別　出生したところの種別　1病院 2診療所 3助産所 4自宅 5その他　出生したところ　番地 番　号　施設の名称
体重及び身長　体重　グラム　身長　センチメートル
単胎・多胎の別　1単胎 2多胎（　子中第　子）
母の氏名　妊娠週数　満　週　日
この母の出産した子の数　出生子（この出生子及び出生後死亡した子を含む）　人　死産児（妊娠満22週以後）　胎
1医師 2助産師 3その他　上記のとおり証明する。　平成　年　月　日　（住所）　番地 番　号　（氏名）　印

産後にやること

3 出生届

赤ちゃんが誕生した日から14日以内に提出

出生届は赤ちゃんが生まれた日を含む14日以内に提出します。提出は市区町村の役所で、夜間・土日祝日でも、365日24時間、受理してもらえます。里帰り出産の場合は滞在先の役所でもOK。また、届出人の欄に両親どちらかが署名すれば、代理人でも提出できます。

赤ちゃんの名前は慎重に考えて

後になっての改名はとても困難。慎重に考えて出生届を提出しましょう。使える文字は法律で決められています。ふだんよく見かける漢字でも名前に使えないものもあるので、注意が必要です。

出産した施設で出生証明書をもらって

出生届の右半分は出生証明書になっています。出生証明書は、赤ちゃんが生まれた施設の医師や助産師が記入し、署名・押印することが必要です。基本的には、入院中にもらえるものです。

らくらく

出生届といっしょに他の手続きも

児童手当や乳幼児の医療費助成などの申請手続きは、役所の受付時間内に出生届といっしょに手続きするとよいでしょう。なお、手続きは親の住民票のある居住地の役所でしかできません。

産後にやること

4 産後健診

赤ちゃんとママの健康をチェック

産後1カ月を目安に、赤ちゃんを産んだ病産院で健診を受けます（1カ月より前に健診を受けられる施設もあります）。病産院を退院した後、はじめて赤ちゃんの健康状態、成長や、ママの体を診る大事な健診です。育児のことやママの体のことなどについて、気がかりなことがあれば、遠慮せず質問や相談をしましょう。

らくらく

「新生児訪問」でも、育児の気がかりなことを相談できる

新生児期は、保健師が自宅に訪問して母子の健康状態をチェックする「新生児訪問」が行われます。育児の気がかりなことはここで相談しても。

1カ月健診で持っていくもの

- □ 健康保険証
- □ 乳幼児医療証
  （※治療や薬を処方された場合、助成を受けるのに必要）
- □ 母子健康手帳
- □ 診察券
- □ 現金
  （※健診は保険適用外のため実費）
- □ おむつ、お尻ふき
- □ 赤ちゃんの着替え

その他、筆記用具、ミルクセットなど必要に応じて。

産後健診でチェックすること

赤ちゃんについて　身長・体重・胸囲・頭位など成長ぐあいを調べるほか、先天性の病気の有無についても確認。施設によっては、栄養相談を行うところもあります。

ママについて　内診で子宮の回復状況や悪露《おろ》の状態について調べるほか、母乳の量などについても問診があります。

妊娠・出産準備品&育児用品チェックリスト

妊娠・出産、そして育児に必要なものは、買い忘れがないようにリストを用意するといいでしょう。

●マタニティグッズ チェックリスト

妊娠中に使用するものです。妊娠期間中しか使わないので、購入するなら早めがおすすめ。長く使えます。

そろえたら□にチェックマークを入れましょう。

数量は目安です。

◎=必ず必要なもの。
○=あると便利ですが必ずしも用意しなければいけないものではありません。

準備済み	グッズ名	個数	必要度	解説
□	マタニティブラ	3～4枚	◎	妊娠するとバストサイズがアップします。乳房を締めつけないものを。
□	マタニティショーツ	3～4枚	◎	おなかを締めつけず、すっぽりおおって冷えの予防になるものを。
□	妊婦帯	1～2枚	○	おなかをサポートし、腰痛や背中の反りを防ぎます。
□	マタニティ用ストッキング・タイツ	2～3枚	○	むくみがひどい場合は着圧タイツやストッキングを使いましょう。
□	マタニティ用パジャマ	2～3枚	○	前開きで長めの丈のものが出産・入院時に必要になります。
□	マタニティ用ボトムス	2～3枚	○	大きくなっていくおなかを締めつけないものを選んで。

●出産・入院に必要なグッズ チェックリスト

①臨月になったら外出時はいつも持ち歩きたいもの

いつ陣痛や破水が起きて入院することになっても大丈夫なように準備。

準備済み	グッズ名	個数	必要度	解説
□	母子健康手帳	1冊	◎	外出先で陣痛などが起こってもそのまま病産院に行けるように。
□	健康保険証	1枚	◎	母子手帳といっしょに携帯しておきましょう。
□	診察券	1枚	◎	健康保険証といっしょに携帯しておきましょう。
□	現金	1～2万円	◎	タクシーで病産院に行く必要が生じることもあります。
□	携帯電話・スマートフォン	1台	◎	いつでも家族に連絡がとれるようにしておきましょう。

②入院時に持参するもの

①にプラスして。出産施設により異なるので、確認のうえ準備しましょう。

準備済み	グッズ名	個数	必要度	解説
□	パジャマ	2組	◎	前開きで長めの丈のものなら何でもOK。
□	靴下	2～3足	○	足元を冷やさないようにします。
□	授乳用ブラジャー	2～3枚	◎	産後に始まる授乳用に。乳房を締めつけないものを。
□	産褥ショーツ	2～3枚	◎	股の部分が開閉できるショーツ。入院先で用意してくれることも。
□	産褥パッド	1～2パック	◎	産後の悪露を吸収。入院先で用意してくれることも。
□	骨盤矯正ベルト	1個	○	用意するなら産後すぐから使えるものを。
□	バスタオルとハンドタオル	各2～4枚	◎	洗顔や入浴などで使います。
□	ガーゼハンカチ	5～6枚	◎	ミルクの吐き戻しをふくときなど、赤ちゃんのお世話に。
□	スリッパ	1足	◎	院内を歩くときに必要です。
□	携帯電話・スマホの充電器	1個	◎	頻繁に使うことになるので忘れずに。
□	入浴グッズ	1セット	◎	シャンプーやボディソープ、洗顔料など。
□	スキンケアグッズ	1セット	◎	化粧水や乳液、リップクリームやハンドクリームなど。
□	歯ブラシ&歯みがき剤	1セット	◎	好みでコップやマウスウォッシュなども。
□	ボール（ゴルフ・テニス）	1個	○	陣痛中、いきみ逃しをするために、肛門に当てるとらくになることも。
□	ストローつきキャップ	1個	○	陣痛中や入院中、横になったまま水分補給ができます。
□	必要書類	適宜	◎	働くママは、勤務先に提出する書類も忘れずに持参しましょう。
□	印鑑	1個	◎	入院時や退院時に必要なところもあります。
□	筆記用具	1セット	◎	提出書類を書くときなどに必要です。
□	クッション（円座・授乳）	各1個	○	会陰切開の傷が痛むときや授乳時にあると便利。

③退院時に持ってきてもらうもの

入院前に用意して、退院時に家族に頼んで持ってきてもらうだけにしておくとらくです。

準備済み	グッズ名	個数	必要度	解説
□	ママの退院服	1セット	◎	赤ちゃんのお世話や授乳がしやすい服装がおすすめ。
□	赤ちゃんの退院服	1セット	◎	季節によって帽子や靴下など、防寒対策も万全に。
□	おくるみ・抱っこひも	各1個	○	退院時に赤ちゃんを抱っこするときに（➡p.191おでかけグッズ）。

育児用品 チェックリスト

育児用品は最低限のものを用意して、必要に応じて少しずつ買い足すとむだがありません。

		準備済み	グッズ名	個数	必要度	解説
肌着・ベビーウエア		□	短肌着	季節に応じて 4～5枚	◎	春夏生まれの赤ちゃんなら、短肌着のみでも。秋冬生まれの赤ちゃんは、短肌着の上にコンビ肌着や長肌着を着せて暖かく。
		□	コンビ肌着			
		□	長肌着			
		□	ドレスオール	季節に応じて 4～5枚	◎	ドレスオールはおむつ替えがしやすい。カバーオールは足の動きが激しくなったらおすすめ。スナップの留め方でどちらにも使えるツーウェイオールは長く使えるウエアです。
		□	ツーウェイオール			
		□	カバーオール			
		□	ベストやカーディガン	1枚	○	寒暖差が激しい時季の体温調節に必要です。
		□	スタイ	4～5枚	○	ミルクを吐くことが多かったり、よだれの多い赤ちゃんに。
おでかけグッズ		□	帽子	1個	○	防寒や日差しよけに必要です。
		□	ソックス	1～2足	○	秋冬に外出するときは必要です。
		□	防寒服（季節に応じて）	1枚	○	首から足もとまで包むカバーオールなど。
		□	おくるみ	1枚	○	防寒だけでなく、寝かしつけにも使えます。
		□	抱っこひも	1個	○	退院時や産後健診など外出のときに。
		□	チャイルドシート	1台	○	車で退院する人は必須です。
		□	ベビーカー	1台	○	新生児期は寝かせた状態で使えるものを。レンタルしても。
		□	マザーズバッグ	1個	○	軽量で大容量のかばんなら何でもOK。
		□	授乳ケープ	1枚	○	外出先で授乳するときの目隠しに。
おむつグッズ	紙おむつの場合	□	紙おむつ（新生児用）	1～2袋	◎	すぐにサイズが合わなくなるので買いすぎに注意。
		□	お尻ふき	2～3袋	◎	肌に合わない場合もあるので買いすぎないように。
		□	お尻ふきウォーマー	1個	○	秋冬生まれの赤ちゃんに。お尻ふきを温めます。
		□	おむつ用ごみ箱	1個	○	使い終わった紙おむつの匂いをブロックします。
	布おむつの場合	□	布おむつ	30～40枚	◎	輪おむつ、成形おむつなどさまざまなタイプがあります。
		□	布おむつカバー	4～5枚	◎	成長に合わせてサイズアップするので買いすぎに注意。
		□	お尻ふき	2～3パック	◎	紙おむつのときと同様に用意します。
		□	おむつ用洗剤	1個	◎	さまざまな種類があるので好みのものを。
		□	つけ置き用バケツ	1個	◎	使用済み布おむつをつけ置きし、まとめて洗います。
		□	布おむつライナー	1箱	○	布おむつの上に重ねて使用。洗濯がらくになります。
授乳グッズ	母乳の場合	□	授乳用ブラジャー	3～4枚	◎	乳房を締めつけないものを選びます。
		□	母乳パッド	1パック	◎	母乳が服にしみ込むのを防ぎます。
		□	搾乳器	1個	○	赤ちゃんに直接母乳を与えられないときなどに使用。
		□	授乳クッション	1個	○	腱鞘炎や肩こりの予防にもなります。
	ミルクの場合	□	哺乳びんとニプル	1～3セット	◎	ミルクがメインなら2～3セットあると安心です。
		□	粉ミルク	1～2缶	◎	混合なら、保存が効くキューブタイプも便利。
		□	調乳ポット	1台	○	ミルクを調乳するときの温度を適温に保ちます。
		□	哺乳びん洗浄グッズ	1セット	◎	哺乳びんやニプルを洗うブラシや洗剤。
		□	哺乳びん消毒グッズ	1セット	◎	消毒液や電子レンジを使うタイプなどさまざまです。
睡眠グッズ		□	ベビー布団	1組	○	大人といっしょの布団で寝る場合も、昼寝用などにあると便利です。
		□	シーツ類	1～2セット	○	洗い替えもあると清潔を保てます。
		□	ベビーベッド	1台	○	ペットがいる家はあると安心。レンタルでも可。
沐浴グッズ		□	ベビーバス	1台	○	洗面台やシンクで沐浴させることもできます。
		□	ベビーソープ	1個	◎	赤ちゃん用の低刺激なものを。
		□	ガーゼハンカチ	10枚ほど	◎	沐浴時だけでなく、よだれなどをふくときにも使えます。
		□	湯温計	1個	○	お湯は夏なら38℃、冬は40℃が目安。湯温計で測ると確実。
		□	沐浴布	1枚	○	お湯に入るときに赤ちゃんの体にかけると安心します。
		□	保湿剤	1個	◎	ベビーローションなど肌の乾燥が気になるときは必要です。
パーツケアグッズ		□	ベビー用つめ切り	1個	◎	先が丸いベビー用の小さいつめ切りを用意。
		□	ベビー用綿棒	1箱	◎	おへその消毒などにも使います。

さくいん

※50音順に並んでいます。
※ページ数のあとの❶、❷などは、妊娠何カ月かをさしています。
※妊娠初期の1～4カ月までは緑、妊娠中期の5～7カ月までは青、妊娠後期の8～10カ月まではピンク、「出産の流れ」はオレンジ、「産後の生活と新生児のお世話」は青緑で区別しています。

監修

荻田和秀（おぎた・かずひで）

泉州広域母子医療センター長、りんくう総合医療センター（大阪府泉佐野市）産婦人科部長。1966年、大阪府生まれ。香川医科大学卒業。大阪警察病院、大阪府立母子保健総合医療センター等を経て、大阪大学医学部博士課程修了。産科医にしてジャズピアニスト。「週刊モーニング」（講談社）の連載漫画「コウノドリ」の主人公・鴻鳥サクラのモデルとなった医師でもある。

畠中雅子（はたなか・まさこ）<p.140-143>

ファイナンシャルプランナー。セミナー講師のほか、新聞、雑誌、ウェブにて連載を持つ。妊娠・出産ほか、子育てのお金情報に詳しい。『ラクに楽しくお金を貯めている私の「貯金簿」』（ぱる出版）ほか、著書は70冊を超える。

STAFF

カバー・本文デザイン ···› ごぼうデザイン事務所
カバーイラスト ···› ヨシヤス
本文イラスト ···› カガワカオリ、成瀬瞳、中小路ムツヨ
撮影 ···› 対馬綾乃
執筆協力 ···› 細井秀美、竹川有子
校閲・校正協力 ···› 草樹社、ヴェリタ
撮影協力 ···› 麗タレントプロモーション、小松原陽子、小松原華
イラスト協力 ···› ピクスタ
資料協力 ···› メディカルランド
編集協力 ···› オメガ社

※本書の情報は2021年7月時点のものです。

最新改訂版 らくらくあんしん妊娠・出産

2021年9月7日　第1刷発行
2023年2月22日　第3刷発行

発行人　土屋　徹
編集人　滝口勝弘
発行所　株式会社Gakken
〒141-8416　東京都品川区西五反田2-11-8
印刷所　大日本印刷株式会社
DTP製作　株式会社グレン

●この本に関する各種お問い合わせ先
本の内容については、下記サイトのお問い合わせフォームよりお願いします。
https://www.corp-gakken.co.jp/contact/
在庫については　Tel 03-6431-1250（販売部）
不良品（落丁、乱丁）については　Tel 0570-000577
学研業務センター　〒354-0045　埼玉県入間郡三芳町上富279-1
上記以外のお問い合わせは　Tel 0570-056-710（学研グループ総合案内）